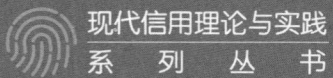

商业信用管理

COMMERCIAL CREDIT MANAGEMENT

关伟　袁星煜　左波 ◎ 主编

中国金融出版社

责任编辑：黄海清
责任校对：潘　洁
责任印制：程　颖

图书在版编目（CIP）数据

商业信用管理/关伟，袁星煜，左波主编．—北京：中国金融出版社，2018.12

（现代信用理论与实践系列丛书）

ISBN 978 – 7 – 5049 – 9888 – 0

Ⅰ.①商…　Ⅱ.①关…②袁…③左…　Ⅲ.①商业信用—信贷管理　Ⅳ.①F830.56

中国版本图书馆 CIP 数据核字（2018）第 272672 号

商业信用管理
SHANGYE XINYONG GUANLI

出版
发行　中国金融出版社

社址　北京市丰台区益泽路 2 号
市场开发部　（010）66024766，63805472，63439533（传真）
网 上 书 店　http://www.chinafph.com
　　　　　　（010）66024766，63372837（传真）
读者服务部　（010）66070833，62568380
邮编　100071
经销　新华书店
印刷　北京市松源印刷有限公司
尺寸　169 毫米×239 毫米
印张　18
字数　273 千
版次　2018 年 12 月第 1 版
印次　2018 年 12 月第 1 次印刷
定价　56.00 元
ISBN 978 – 7 – 5049 – 9888 – 0
如出现印装错误本社负责调换　联系电话（010）63263947

现代信用理论与实践系列丛书编委会

主　　任：关　伟　左　波

副 主 任：戴征洪　潘　军

执行主任：袁星煜

委　　员（按姓氏笔画排序）：

于英杰　于博文　王　帅　王玉婷　关一濛　冯彩虹
陈文虎　陈晓云　杨淑华　杨　燕　何　超　何亚丽
郑金花　张小宁　张　坦　张文博　张晓戈　宗　民
周泽伽　俞　立　段小龙　徐义国　独孤雨晴
赵泽皓　陶　璁　黄鸿星　董文汇　蒋　逸　解安东
颜　芳

本书编委会

主　　编：关　伟　袁星煜　左　波

副主编：宗　民　黄鸿星　杨　燕

总　　序

　　信用是市场经济运行的前提与基础。市场经济主要通过市场机制实现资源配置，而作为市场机制核心内容的商品交换的基本原则是建立在信用基础上的等价交换。随着交换关系的复杂化，整个经济活动被彼此相连、互为制约的信用关系所联结。这种信用关系作为一种独立的经济关系维系、支持、形成市场秩序。可以说，没有信用就没有交换与市场，也就没有经济活动存在与扩大的基础，更难以形成人类赖以生存和发展的社会秩序。

　　现代经济既是市场经济，更是信用经济。自商业交易发轫之始，信用对经济运行，进而对道德文化、法制理念和社会秩序等方方面面的影响便深远悠长。伴随社会变迁和文明交流，各国都已将信用作为经济社会发展中的基本理念和基础原则，并致力于打造符合各自发展需要的信用体系，形成了多样化的信用体系建设模式。

　　信用体系建设模式并无优劣和先进落后之分，唯有建设水平的差异与不同。发达国家信用体系建设实践起步和探索早，在信用意识普及、信用环境优化、信用秩序规范、信用产品服务和信用工具运用等方面发展良好，极大地发挥了信用对经济发展和社会运行的积极作用。对于新时代中国特色社会主义现代经济建设具有重要的经验借鉴。

　　我国改革开放40年来，随着中国特色社会主义市场经济建设进程的推进与不断完善，市场信用交易规模迅速扩大，市场结构逐渐优化，信用关系日益渗透于社会生活的各个方面。全社会对于信用观念、信用行为及信用管理制度安排与社会信用体系建设重要性的认识普遍提高。人们对于信用管理、信用基础设施建设、失信惩戒机制与相关法律建设、完善的呼声日益强烈，对于信用管理活动及实践发展效用的认知日益深化。

围绕上述领域，越来越多的教学、科研、政府及第三方机构不断从理论探索、教学科研和实践发展等方面深入研究和推进，为我国现代信用理论与实践发展作出了重要贡献。

商业信用中心作为国务院国有资产监督管理委员会举办、中央机构编制委员会办公室于2002年正式批准设立，国家事业单位登记管理中心注册登记的国家中央事业单位，其职能是为维护社会经济秩序提供商业信用服务。中心目前拥有"国有企业供应商信用管理平台""公共资源交易信用服务平台""信用商业""商业信用培训平台"等覆盖全行业企业商业信用信息系统及专业权威的信用信息资源与基础数据库，包括国家最具权威的企业信用等级评价指标体系、模型及商业信用服务新型专业化平台，可为政府部门及信用中介机构提供翔实、可靠、动态、及时的信用信息参考依据。

近年来，商业信用中心积极响应国家构建覆盖全社会信用体系建设规划要求，依托中心专业权威的专家委员会、海量商业信用数据库和十余年来的行业积累以及强大的技术能力，保证了信用评级评价工作具有专业性、权威性、公允性。先后主持承担并完成了国家发展改革委、财政部、商务部、工信部、国资委、国管局等相关部委的信用相关课题研究和行业标准起草、制定和修订，主持和开展了中石化集团、鞍钢集团、中国航发集团等中央企业供应商法人信用评价等项目，增强了企业信用观念和风险防范意识，实现企业信用信息的公开与共享，促进企业诚信经营，推进国家层面的商业信用评级体系建设。

中国人民大学是国内最早开设信用管理专业的院校，早在2001年，中国人民大学财政金融学院秉承"高起点、有特色、国际性、重实践"的建设理念，在教育团队建设、教学方式创新、应用前沿实践、学科水平等方面都取得了显著成效。累计培养信用管理专业或方向毕业生千余名，编写和出版了经济管理类课程信用系列教材，完成数十项重大课题，开创了我国高校信用管理专业教育发展的新局面，成为信用管理领域教学科研的"领头羊"。以信用管理教学科研团队为核心的中国人民大学信用管理研究中心（CMRC），依托学校人文社会科学优势资源，专注于理论研究、政策咨询、信用管理科研成果转化应用等社会服务。先后参与了《社会信用体系建设规划纲要（2014—2020

年)》讨论起草、社会信用体系建设示范城市评估、前海蛇口自贸片区信用体系的建设与培训、惠州社会信用体系建设规划等工作，与中国人民银行征信中心等业界机构建立了良好的合作关系。

商业信用中心与中国人民大学信用管理研究中心的战略合作已有十余年，在商业信用理论与实践研究、商业企业评价评级、第三方信用机构服务等方面都取得了丰硕成果，本套"现代信用理论与实践系列丛书"即是双方战略合作成果的集中展示。

本套丛书从国内外的实践发展与先进经验出发，立足我国国情，坚持中国特色，致力于服务新时代信用理论发展和信用体系建设。通过梳理基础实践、借鉴总结经验、比较发展模式，明确实践方向、完善路径机制、凝练实务成果、丰富场景应用、探求理论创新。致力于我国信用管理学科建设与行业人才培养体系完善，助力推动社会信用体系建设。

本套丛书既可作为高校教学辅助教材，也可作为相关领域从业者、研究人员和管理人员学习参考书。由于时间仓促及水平有限，本书尚有许多不足之处，敬请广大读者、学界同仁、业界专家批评指正。

现代信用理论与实践系列丛书编委会
2018 年 12 月

前　　言

在现代市场经济中，信用无所不在。信用关系的发展，拓展了交易活动的时空界限。如今，信用关系已扩展到几乎所有的社会生活和交易领域，信用交易已日益成为经济交易的主要方式。

对企业而言，信用活动既能够在销售产品、扩张市场、降低交易成本、发展企业协作关系等方面给企业带来效益，大大提升企业的经营能力，同时也使交易支付承受一定的风险。信用销售的扩大，为企业"开疆辟地"乃至建立全球化的市场营销网络提供了现实可能性。然而，信用也是一把双刃剑，在信用经济时代，企业无法忽视也不能逃避信用所带来的喜与忧。逃避是一种倒退，盲目利用又可能使企业陷入困境，甚至破产倒闭。因此，加强商业信用管理、提高交易风险管理水平，是提高工商企业的生存能力和竞争能力的重要基础，是现代企业管理的重要内容，也是经济平稳、快速发展的重要前提。我国当前的现状是，真正了解商业信用管理的企业并不多，建立规范的商业信用管理制度和体系的企业更少。在当今经济全球化大趋势下，中国企业将面对更加激烈的全球化市场竞争，加强企业的商业信用管理刻不容缓、迫在眉睫。

商业信用管理是现代企业管理的核心内容之一，也是完善现代企业公司治理、防范信用风险、加强企业内部控制、提升企业市场竞争力的重要手段和措施，是进一步规范信用市场秩序、推动社会信用体系建设、促进中国特色社会主义市场经济发展和完善的强大动力。

中国改革开放已经经历了四十年的发展历程，经济社会整体发展已经得到了巨大的提高，并大大地缩短了与发达国家之间的差距，在国际分工体系中所处的地位也得到了明显的改善。但是，在软实力方面，尤其是在信用文化和信用制度建设上，我国要赶上发达国家还有很长一段路要走。我国企业目前还比较缺乏先进的商业信用文化和完善的信用管理制度。为了适应这一发展趋势，更好地认识和把握商业信用管理的内涵和客观规律，探索在制度约束下企业经济价值最大化的实现方式并将其普及、推广到各种类型和层次的企业。为了使商业信用管理从业者能够全面地掌握现代商业信用管理的理念、基本原理、方法以及相关政策等内容，我们编著了这本教科书。

在本书知识结构的安排上，我们遵循严谨、务实的基本准则，注重对商业信用管理知识的系统性、原理性、发展性、可操作性的结合以及理论与实际的融会贯通。本书阐述了商业信用管理的内涵与意义，介绍了商业信用管理机构设置、商业信用征信管理、商业信用风险分析方法、商业信用政策的运用与评价，详细阐述了工商企业应收账款管理的目标、方法和管理流程以及商业信用风险转移的方式与途径，同时介绍了商业信用管理中的相关法律问题。

参加本书编写的人员如下：第一章，关伟；第二章，袁星煜、宗民；第三章，关伟、袁星煜；第四章，独孤雨晴、杨燕；第五章，袁星煜、赵泽皓；第六章：关伟、宗民；第七章：袁星煜、冯彩虹；第八章，关伟、王曼莹；第九章，赵泽皓、宗民。在本书编写过程中，关伟、袁星煜负责前期策划，宗民、黄鸿星、杨燕负责全书的校对与调整，最后由编委会主要负责同志通读全书并审定。

在本书策划与编写的过程中，我们深深认识到：商业信用管理既是现代商业管理的重要内容，又是一个需要在实践中不断丰富和发展的新课题。对于本书的编写，我们虽然付出了很大的努力，但难免存在不尽如人意之处，恳请读者批评指正！

编者

2018 年 12 月

目　　录

第一章　导论 ·· 1
　　第一节　信用与信用概念 ·· 1
　　第二节　商业信用 ·· 11
　　第三节　商业信用管理 ·· 15
　　第四节　商业信用管理的意义 ·· 20

第二章　商业信用管理机构设置 ·· 29
　　第一节　商业信用管理部门设置 ··· 29
　　第二节　商业信用管理与各部门之间的关系 ···································· 37
　　第三节　商业信用管理与第三方信用评级的关系 ······························ 42
　　第四节　商业信用管理的考核与报告 ··· 50

第三章　商业信用征信管理 ·· 62
　　第一节　商业信用征信 ··· 62
　　第二节　商业信用征信管理与过程 ·· 66
　　第三节　客户信息归集 ··· 70
　　第四节　制定客户信用档案 ··· 78

第四章　商业信用风险分析 ·· 88
　　第一节　商业信用风险概述 ··· 88
　　第二节　商业信用风险财务指标分析 ··· 94
　　第三节　商业信用风险分析模型 ·· 117

第五章　商业信用政策 ··· 128
　　第一节　商业信用政策的定义与类型 ·· 128

第二节　商业信用政策的内容与制定……………………………… 133
　　第三节　商业信用政策的评价……………………………………… 146

第六章　应收账款管理……………………………………………………… 161
　　第一节　应收账款管理概述………………………………………… 161
　　第二节　应收账款管理分析………………………………………… 165
　　第三节　逾期账款回收和坏账管理………………………………… 174

第七章　采购供应管理……………………………………………………… 193
　　第一节　采购供应管理概述………………………………………… 193
　　第二节　采购供应管理分析………………………………………… 197
　　第三节　信用风险预警和动态监测管理…………………………… 204

第八章　商业信用风险转移………………………………………………… 213
　　第一节　信用担保…………………………………………………… 213
　　第二节　信用保险…………………………………………………… 218
　　第三节　保理………………………………………………………… 231
　　第四节　债权融资…………………………………………………… 239
　　第五节　其他商业信用风险转移手段……………………………… 244

第九章　商业信用管理中的相关法律问题………………………………… 249
　　第一节　签订和履行合同中的法律问题…………………………… 249
　　第二节　结算中的法律问题………………………………………… 255
　　第三节　担保中的法律问题………………………………………… 257
　　第四节　客户破产的法律问题……………………………………… 266
　　第五节　其他相关的法律问题……………………………………… 269

参考文献……………………………………………………………………… 275

第一章 导　　论

第一节　信用与信用概念

一、信用的产生和发展

（一）"信用"的产生和发展历程

"信用"一词的起源最早可以追溯到古希腊时代，迄今为止存在了将近三千年。古希腊的雅典已经出现了一些富有的放贷人，他们往往在热闹的城镇广场中摆一张长方形的桌子进行交易，这个桌子在希腊语中被称为"trapeza"（这一单词用来表示"用于开展借贷业务的桌子"）。

当然，这种借贷交易赖以进行的基础是双方对彼此的信任。放贷人在放出一笔款项之前，要凭借自己所掌握的信息和经验对借款人的偿债能力进行判断，如果判断错误无法收回借出的款项，放贷人就要自己承担损失的风险，有可能使自己经营的借贷生意陷入困境。

"信用"真正在商业活动中扮演主要角色是在16世纪以后。随着全球探险和越来越多"新大陆"的发现，欧洲一些国家的经济开始迅速发展，其国内企业活动和跨国的商品进出口变得异常活跃，赊销在一定程度上发展起来。商人们一般把经过长途跋涉、远洋运输、通常需要数月才能到达的货物存放在异地，交给当地的"贸易代理商"代为销售，等到货物销售完毕后才能收回货款，远洋商人与"贸易代理商"之间就逐渐形成了一种赊销的商业企业信用关系。17世纪后，欧洲银行加快企业发展步伐，开始大量向贸易融通资金。

同时，由于银行的贷款利率低，销售商也大大放宽了销售条件，赊销行为更为普遍。20世纪前半叶，残酷的战争和贫乏的资源，商品变成了紧俏品，商品投放市场，立刻就被抢购一空。这时，生产商和销售商对"商业信用"的概念很淡薄，企业关心的是生产管理和技术革新，实现最大限度的生产。

两次世界大战以后，世界经济格局再次发生了深刻的变化，经济在世界范围内得到发展，新技术新产品不断涌现，商品市场空前繁荣，市场在不知不觉中由卖方市场转为买方市场，竞争使销售压力加大，信用销售又开始盛行。

到20世纪八九十年代，在欧美发达国家的贸易中，信用销售已经达到全部销售的90%以上，整个市场经济在向其高级阶段——信用经济发展。进入21世纪，随着国际化的发展，整个国际市场经济正处于信用经济的时代。

（二）信用的普遍发展阶段划分

信用的产生发展过程实质上就是商品货币经济的历史进程。商品货币经济经历了小商品经济、资本主义商品经济和现代商品经济阶段。与这三个商品经济发展阶段相对应，信用也经历了高利贷信用、借贷资本运动的资本主义信用和现代信用三个阶段。

1. 高利贷信用。高利贷信用就是以牟取高额利息为特征的借贷活动。产生于原始社会末期，在奴隶社会和封建社会得到广泛发展，成为占统治地位的信用形态。高利贷资本的主要特点是高利率、非生产性和保守性。

2. 资本主义信用。资本主义信用表现为借贷资本的运动。借贷资本是为了牟取剩余价值而暂时贷给职能资本家使用的货币资本，是生息资本的一种形式。与既有实物又有货币形态的高利贷信用相比，借贷资本是货币形态的。主要特点是借贷资本是所有权资本、商品资本，具有独特的运动形式和规律。

3. 现代信用。现代信用与资本主义信用在信用职能与作用上没有本质的区别，对商品经济的发展具有促进作用而非高利贷的桎梏作用。现代信用形式随着现代货币的存在形式而不断变化，随着现代货币的逐渐抽象而越来越抽象，将脱离任何载体，独立存在。

二、信用的概念与内涵

关于信用的概念和内涵，长期以来国内外学者对此有着相当丰富的论述。

第一章 导 论

尤其是英国银行学派、古典自由主义经济学派对这一问题的阐述非常细致。例如，熊彼特将信用定义为信任，约瑟夫·马西认为信用是货币的使用价值，亚当·斯密认为信用是货币的购买力，魁奈则认为信用是财富的使用权。马克思总结了古典经济学家、思想家们对于"信用"内涵的阐述，提出了广为西方经济学界所认可的概念定义，他引用和重释了英国哲学家约翰·洛克的一段话来阐述这一问题："信用，在它最简单的表现上，是一种适当或不适当的信任，它使一个人把一定的资本额，以货币形式或以估计为一定货币价值的商品形式，委托给另一个人，这个资本额到期一定要偿还。"

马克思对信用的定义是从最简单的"信任"意义上引申出来的，信用的原始基础即是"一个人对另一个人的信任"。由此，他在理解"信用"时又上升到了两个不同的层次，一个属于精神和心理范畴，基于心理上的信任使得人们发生了借贷关系。又是基于这种借贷关系，将信用再次上升到另一个层次，即在经济范畴内，信用是作为一种商品和货币关系而存在的，建立在货币价值的借贷与偿还的能力上。马克思"信用"理论，主要体现了以下三个方面的内容：首先，信用是一种相互提供的信任，这种信任基础是偿付能力；其次，信用是商业信用、银行信用等信用制度的基础；最后，商业信用、银行信用等属于商品与货币关系的经济范畴，反映一种发达的生产关系。这种生产关系实际就是经济利益关系的具体体现。

《辞海》（1999年版缩印本）指出信用有三种含义：其一为"信任使用"；其二为"遵守诺言，实践成约，从而取得别人对他的信任"；其三为"以偿还为条件的价值运动的特殊形式，多产生于货币借贷和商品交易的赊销或预付之中，其主要形式包括国家信用、银行信用、企业信用和消费信用"。

《辞海》中关于信用的前两个定义，实际上是从社会学的角度界定信用的内涵；后一个定义，则是从经济学和金融学角度界定信用的内涵。

从社会学的角度阐述，作为道德范畴的信用，其内涵是信任、资信、诚信；从经济学和金融学的角度阐述，作为经济活动中的信用，其内涵是以偿还和付息为基本特征的借贷行为。作为道德范畴的信用是一种广义的信用概念，它是一切社会活动和经济活动的基础。作为经济和金融范畴的信用是一种狭义的信用概念。信用是和商品生产、货币流通、市场贸易、资本借贷等市场经济关系相联系的范畴，在市场经济中，信用主要表现为资本借贷运动，是资本价值运动的一种特殊形式。我们可以看出，从这三种含义的概括来看，基本涵盖了国内外著名学者们对于信用内涵阐述的主要核心内容。

信用是一个多侧面、多层次的概念，正如马克思所言，最广义的信用的基本内涵是指信任。各种信用所指的都是以信任为基本内容的，大体上可以把信用划分为四个层次。

1. 信用是一种心理现象。信用作为一种心理现象，其心理特征和基本表现就是信任和安全感。在现实生活中，企业或个人是否"讲信用"，"信用好"或"信用低"，出现了"信用危机"等，这些指的就是信用的心理现象，强调是否有信任以及信任的程度。信用这种心理现象最终表现为人与人之间的社会关系，构成整个社会运行的信用环境。心理上的信任是一切信用形式的共同基础，是人类社会有序发展的基础。

2. 信用是一种能力。信用作为一种能力，是指在商品交换过程中，交易的一方以未来偿还的承诺为条件，获得另一方财物或服务的能力。从这个角度来看，信用是一种资源，是一种无形资产。信用越高，这种资产就越大，相应可以产生的负债也越多。信用资产与信用负债是平衡的。

3. 信用是一种以营利为目的的投资活动。信用的直接表现为所有权的转移交易，其表现形式主要为实物投资与货币投资。实物投资的信用活动主要表现为投资建厂、投资开发项目等；货币投资的信用活动主要表现为以货币资金投入建厂、投产、开发项目等和以投资入股形式参与实体经济活动交易。信用活动构成的所用权关系转移的背后，是社会资产与财富的转移与重组。

4. 信用是一种有时间间隔的经济交易活动。信用是在交易中形成的债权债务关系，债权债务关系发生在先，经过一定的时间间隔后，通过债务的履行，债权得以实现。

在市场经济中，信用与商品生产、货币流通、市场贸易、资本借贷等市场经济关系相联系，主要表现为资本借贷运动，是资本价值运动的一种特殊形式，是现代市场交易的必备要素。

经济领域中的信用大都指的是形成债权债务关系的信用活动。一般而言有两种划分标准：一是根据交易内容的不同，划分为实物交易信用、货币交易信用、票据交易信用、债券信用；二是按债务人主体的不同，划分为公共部门的信用、私人部门的信用、金融部门的信用等。后一种划分方式在国际上比较通行。

三、信用的功能

信用是现代市场经济运行的基础，在现代市场经济中，任何经济交易行为都是以信用为前提条件的。市场经济形态的演进划分为三个阶段：一是以物物交换方式为主的自然经济时期；二是以货币作为交换媒介的货币经济时期；三是以信用交易为主导的信用经济时期。任何市场经济国家或地区，如果其经济持续增长，那么其市场经济形态会按上述演进顺序变化，即一国或地区的经济活动日益信用化。信用经济是市场经济发展的高级阶段，因此信用经济更能反映市场经济的特征。

（一）信用的流通功能

信用的流通功能产生的基础是商品生产和交换以及货币的流通手段功能。信用的迅速发展、使用及各种信用工具的出现都借助了货币的表现形式，货币的功能在信用领域得到了发挥，各种信用工具，从一定的角度上讲都是"准货币"，都可以流通。信用的流通功能主要表现在两个方面：首先，现代货币包括各种形式的电子货币，都是信用的载体，都是信用货币，其本质就是信用。货币的流通功能是信用流通功能的基础。其次，信用交易的发展创造了大量的信用工具，使信用的流通功能与货币的流通功能共存。

信用具备货币的一些基本特征，可以用货币单位进行度量，体现着交易的债权和债务关系。但是，信用不同于货币，信用是一种有条件限制的交易媒介，是受信人对未来付款或交货的一种承诺。信用方式改变了现金交易"一手交钱，一手交货"的付款形式，"先提货，后付款"或"先付款，后提货"的信用交易形式，使授信方对受信方的承诺承担风险。

（二）信用的分配功能

通过信用可以实现社会资本的再分配，使一切暂时闲置的生产资本、货币资本和货币收入转化为现实资本，投入生产和流通部门，促进社会生产平衡发展。这种分配不仅包括对社会产品的再分配，而且包括对生产要素的再分配。在这种分配过程中，所有权并不改变。但是，社会生产与流通得到了重新组织与安排。在社会资本总量不变的情况下,信用使个别资本转化为社会资本,使个别部门支配社会资本成为可能。

(三)信用是一种无形资产

信用行为记录可以通过征信系统在全社会得到传播,从而使信用成为一种宝贵的资源和财富,为企业和个人的经济活动带来便利和收益。企业在进行信用销售时,会对受信方的信用情况进行调查、评估,根据其信用状况决定授信额度;企业在进行资金融通时,金融机构根据企业的经济实力和信用状况来发放贷款;个人以往的信用记录直接关系到以后信用消费的审批。信用作为一种无形资产,经济主体的信用度越好,无形资产的价值越高,可产生的负债越多,给经济主体带来的潜在收益也越高。

(四)信用的治理功能

信用制度是社会制度的重要组成部分。而治理理论是20世纪80年代在西方国家兴起的一种较为新颖的理论,它的兴起主要是为了解决政府宏观调控的滞后性以及市场自发秩序的失灵所带来的社会问题。现代市场经济又可以被视为"信用经济",在现代市场经济中,信用无处不在。因此,信用作为一种心理现象,直接受到社会历史、文化、习惯等的影响,最终表现为人与人之间的社会关系,这种社会关系构成了社会运行的信用环境,成为人类社会有序发展的基础。社会信用环境的构建和信用经济的发展具有相辅相成的关系,社会信用环境有利于信用经济的快速、健康发展,信用经济的发展客观上要求有好的社会信用环境,促进社会信用环境的形成。这一过程,我们可以将其视为一种"信用治理"的过程,信用治理可以起到对社会经济危机的事前预防、事中干预以及事后处置。通过这一系列的治理手段一方面使得社会经济始终在平稳、安定的环境下有序运行;另一方面一旦危机发生也可以尽快妥善地解决危机带来的影响和对经济社会的冲击。同时,通过信用治理,也可以预见并延缓下一次危机发生的时间,最大限度地降低危机发生所带来的危害。

四、信用的种类和特征

信用的种类很多,根据发生信用的主体和表现形式不同可分为商业信用、银行信用、政府信用、消费信用等。

第一章 导　　论

（一）商业信用

商业信用是指企业之间以赊销和预付货款等形式提供的信用。这种信用的具体表现形式有赊销商品、委托代销、分期付款、预付定金、按工程进度预付工程款、延期付款等。发生商业信用的对象可以是有形商品的生产企业与原料供应企业之间，或是有形商品的生产企业与代销企业之间；可以是无形服务的提供企业与消费企业之间；也可以是一项工程项目的委托企业和受托企业之间；等等。在信用经济的时代，商业信用无处不在，商业信用的主要特点有以下五点。

1. 商业信用是在以营利为目的的经营者之间进行的，是经营者相互以商品或服务形式提供的直接信用。授信企业给予受信企业短期的资金融通，受信企业承诺到期付款，对授信企业来说存在一定的商业信用风险。授信企业之所以采用商业信用是基于其扩大销售或者促销的需要，其向客户提供比竞争对手更好的支付条件，从而更好地占有市场份额，保持竞争优势。

2. 商业信用的规模和数量有一定限制，是经营者之间对现有的商品和资本进行的再分配，社会总资本不变。授信企业结合自身和受信方的各种因素和具体情况，给予其一定额度的商业信用规模，将企业自身的闲置资本转化为受信方的短期资金融通，从而保持企业间的正常运行，在社会总资本不变的情况下，实现社会总资本的有效运作和社会总盈利的增加。

3. 商业信用有较严格的方向性。商业信用的最主要形式是赊销，往往是上游企业为下游企业提供赊销，即生产资料的生产企业为需要该生产资料的商品生产企业提供赊销，商品生产企业为该商品的代销企业提供赊销，赊销严格遵守社会生产销售程序，遵循社会总生产的循环。但是在个别紧俏商品或高科技产品的卖方市场上，商业信用表现为逆方向性，其表现形式为预付款，即下游企业先付款，上游企业后提供商品，下游企业承担商业信用风险。

4. 商业信用容易形成社会债务链。在经营者之间有方向性的互相提供商业信用的过程中，形成了连环套的债务关系。在企业之间，如果商业信用缺失，一个企业失信，将导致其下游企业的资金不能按时回收，出现资金短缺问题，资金链不能及时补充必然导致新的违约行为的出现，形成"黑色三角债"。

5. 商业信用具有一定的分散性，且期限较短。企业为其不同的客户提供商业信用，客户不同提供商业信用的额度和期限也不同，但是所提供的信用期限一般都较短，相当于企业之间的短期融资。每个企业都有自己的商业信用政策，针对不同的客户，通过资信调查和信用评估，企业会为每一个客户量身定做具体的授信政策，不同的客户采取不同的信用风险防范措施。

（二）银行信用

银行信用，就是银行和各类金融机构以货币形式向社会各界提供的信用。银行信用是在商业信用发展到一定程度以后产生的。银行与企业、个人之间的信用是相互的，首先，银行要从企业与个人取得信用，获得企业与个人的存款，取得银行信用资本；其次，企业与个人也需要向银行取得信用，获得银行的贷款，解决企业与个人的资金短缺问题。一般提到的银行信用往往指后者，即银行为社会大众提供的信用融资。银行信用的主要特点有以下三点。

1. 银行信用是以货币形式提供的间接信用，调动了社会各界闲置资金，并为社会各界提供信用。银行以存款给付利息的形式获得社会各界的信用，然后以贷款获得利息的形式向社会各界发放信用，银行作为信用中介从中获得存贷利息差额。同时，通过银行信用，银行扮演了将社会总资本进行有效重新分配的重要角色，使其获得价值的有效利用，为社会创造更多的财富。

2. 银行信用的信用性强，不受方向限制，不受数量限制，范围广、规模大、期限长，具有广泛的接受性。银行信用不受方向性的限制，可以为任意企业和个人提供信用，信用审批程序不受具体交易业务的影响。银行信用的期限较灵活，有短期的（一年以内），有中期的（五到十年），也有长期的（十年以上），不同期限对应不同的利息率，可以根据自身的实际需要选择适合的信用期限。对于个别企业或项目所需的大额信用融资，一般也只有银行可以提供，因为银行的资金充足，承受信用风险的能力强。

3. 银行信用的发生集中统一，可控性强。银行具有严格的贷款审批程序，对客户档案进行系统化管理，信用风险的防范意识强，信用风险的可控和转移手段多。银行对同类型贷款采用统一的审批核准程序。

（三）政府信用

政府信用是指政府以债务人身份，借助债券等信用工具向社会各界筹集资金的一种信用活动。政府信用的主要形式是发行公债，企业和个人购买政府公债，在政府与企业、个人之间形成了一种借贷关系，即政府向企业、个人借款，然后通过借款来调剂政府收支不平衡，并承诺到期偿还企业和个人所购买公债的本息。政府信用的主要特点有以下四点。

1. 政府信用的目的单一，主要是通过借款调剂政府收支不平衡，作为弥补财政赤字的重要渠道。政府税收无法弥补财政支出时，政府会利用发行公债向社会大众筹资，以弥补财政赤字。政府发行公债等利用政府信用进行筹资的行为，实质上将政府的未来税收收入提前用于支出。

2. 政府信用的用途单一，主要用于公益事业建设，如修筑道路、水利建设、发展科教文卫事业等。为了促进国家或地区经济的快速发展，以及改善公众的社会福利，政府支出的很大一部分是用于公益事业建设。公益事业建设一般投资大、收益小，甚至无收益，没有特殊政策或者政府参与，一般投资者是不会投资公益事业项目的。此外，进行公益事业建设也是政府的主要职责，所以政府一般发行公债时都是为具体的公益事业建设进行筹资，真正做到用公众的钱为公众谋利益。

3. 政府信用的信用性强，信用风险小，安全性高。政府信用有政府未来的税收收入做保证，只要不出现政治风险，政府不垮台，公债到期偿还本息的政府承诺总能实现。此外，公债利息率一般较低，略高于银行存款，政府在发行公债时都有严格的财政预算和国家审批程序，不会出现违约现象。政府形象就是国家形象，从某种意义上说，政府信用的安全性高于银行信用的安全性。

4. 政府信用日益成为政府调节经济的重要手段。随着经济的过热发展，公众闲置资金的增多，公众的投资意识高涨，很多行业由于过度投资都出现了泡沫。政府发行公债，可以将社会上的一部分闲置资金用于公益事业，从而减少社会上闲散资金对个别行业的冲击，起到宏观调控的作用。

（四）消费信用

消费信用是指经营者或金融机构以生活资料为对象，向社会消费者提供的信用。一般表现为赊购、分期付款、延期付款、消费贷款等。目前对于住房、装修、购车以及家电等大额日常耐用品，消费者一般都采用信用消费方式。一种方式为消费者与银行直接签订消费贷款合同，银行一次性给予消费者申请的全额款项，消费者一次性交付消费品价款，然后采用分期付款的形式在一定期限内向银行偿还本息。另一种方式为经营者与银行之间先达成协议，要求消费者先用自有款项支付消费品价款的一定比例，剩余款项银行以消费品为抵押提供贷款，消费者先获得的是消费品的使用权，当贷款本息全部还清后才获得消费品的所有权。这两种形式产生的消费信用风险都由金融机构承担。还有一种特殊形式是银行只负责消费品价款的分期收取，即银行是经营者的收款代理，经营者给予消费者的消费信用风险由自己承担。消费信用的主要特点有以下三点。

1. 消费信用可以扩大需求，提高大众的消费水平，刺激经济发展，缓解消费者有限的购买力与不断提高的生活需求之间的矛盾。消费信用让消费者实现了提前消费，消费者可以利用未来的钱来提高低收入时的生活质量。

2. 消费信用是有力的促销手段，可开拓销售市场，促进商品生产和流通。对于大件耐用品消费，现金折扣的促销手段只能使原本具有购买力的消费者在折扣的诱惑下决定购买，而消费信用作为一种新的销售方式，使原本无力购买商品的消费者具有了潜在的购买力。

3. 消费信用容易给经济增加不稳定的因素，造成需求膨胀。

（五）其他信用

除上述的信用形式外，其他形式的信用主要包括以下几种。

1. 民间信用。民间信用指社会公众之间以货币形式提供的信用，是商业信用和银行信用的补充。民间信用的基础是商品经济的发展和社会贫富不均以及金融市场与其他信用形式的不发达。民间信用的主要存在形式有直接货币借贷、通过中介人进行的货币借贷、以实物作抵押取得借款的"典当"等。其主要特点是信用的目的既为生产，又为生活；期限较短，规模有限；自发性和分散性较强；风险性较大；利率较高。

2. 租赁信用。租赁信用是经营者之间以营利为目的，出租设备和工具，收取租金的一种信用形式。租赁信用的表现形式主要是融资租赁和经营租赁。

3. 证券国际信用。证券国际信用即国际信贷，是指国际间的借贷关系，是信用的各种形式在地域上的发展和扩大。其主要表现形式是国际商业信用、国际银行与国际金融机构信用、政府间信用等。

4. 证券投资信用。证券投资信用是指经营者以发行证券的形式，向社会筹集资金的一种信用方式。这种信用的主要表现形式是生产销售型企业、商业金融机构向社会发行债券、股票和股票配股等。

第二节　商业信用

一、商业信用的定义

商业信用可以分为广义与狭义两个范畴，广义而言，商业信用是指商业主体在经营过程中应遵循并切实履行的各种服务准则和规范，然而，人们对于商业信用这种理解更近于"商业信誉"，强调要诚实守信。除了经济内涵外，更多地加入了社会伦理色彩，体现了商业信用的道德价值，容易与"信誉""信义""信任"等概念混淆起来。因此，本书所讨论的商业信用是在狭义的范畴之内。

狭义的商业信用专指企业之间发生的信用经济活动，是企业之间以采购、赊销和预付货款等形式提供的信用，具体方式有采购准入、资质审核、赊销商品、委托代销、分期付款、预付定金、预付货款及补偿贸易等。发生商业信用的对象可以是有形商品的生产企业与原料供应企业之间，或是有形商品的生产企业与代销企业之间；可以是无形服务的提供企业与消费企业之间；也可以是一项工程项目的委托企业和受托企业之间；等等。商业信用直接与商品生产和流通相联系，其发展既增加了购货企业的资金融通渠道，又加快了销货企业资源的循环和周转，对于经济发展起到重要作用。

商业信用具有如下特点：

1. 商业信用与特定商品买卖相联系。商业信用是一个企业以商品形式提供给另一个企业，借贷对象是待实现价值的商品。商业信用活动同时包含着两种性质不同的经济行为——买卖行为和借贷行为。在供大于求的买方市场，企业为了生存和发展，扩大市场占有率，减少产成品库存，努力扩大销售，改变了客户的付款方式，将商品卖出的同时，并未立即获得商品的价值，而是将商品价款以延期付款或分期付款的方式借贷给买方企业。

2. 商业信用在授信规模和方向上受到局限。商业信用的提供者是商品提供者,提供信用的数额受企业资金规模的限制,因此其总规模也是有限的,此外授信规模与受信企业的自身经济实力和信誉也有直接的关系。授信企业在确定具体的授信规模时要通过信用调查,综合考虑各种因素。商业信用的需求者是商品的购买者,这就决定了信用具有方向性,即由商品的生产者提供给商品的需求者。但这种方向性并不是固定不变的,对于特殊商品,商业信用以预付款形式出现,即商品购买者提供给商品生产者信用。

3. 商业信用具有期限短的特点。商业信用受企业资金周转时间限制,因此,期限通常都比较短,它属于一种短期资金融通。资金链的连续性是企业生存的必要条件,企业在授予交易企业商业信用的同时,要考虑企业自身资金的回收周转问题。

4. 商业信用是加剧经济危机和信用危机的一个重要因素。商业信用的发展使参加者结成紧密的支付链条,该链条中任一环节的中断,都会直接影响其相关的一系列支付,加剧经济危机和信用危机。同时,应该注意的是,合理利用商业信用有利于促进经济发展,降低交易成本,具有提高经济治理水平和熨平经济危机的功能。

二、商业信用的形式

在市场经济中,企业除了以赊销商品的方式提供信用外,还有其他形式,如预付货款、分期付款、经销、委托代销、补偿贸易等,归纳起来主要是赊销和预付两大类。

(一)赊销是企业最常用的商业信用形式

赊销是指买方与卖方签订购货协议后,卖方让买方取走货物,而买方按照协议在规定日期付款或以分期付款形式逐渐付清货款的销售方式。赊销一般发生在买方市场的情况下,激烈的市场竞争,企业为了提高自身的竞争力,多采用赊销的方式来吸引客户。

1. 赊销的发生有两种情况。其一,买方对产品性能、质量等信用问题不确定,要求产品先试用、后付款,而产生一种事实上的赊销行为。这种赊销形式对购买大型成套设备等产品时表现极为普遍。其二，买方资金不足，需要卖方给予资金的暂时融通，先取得产品，缓期交付货款。这种赊销形式是卖方为买方提供了资金融通。

2. 赊销过程包含的两个因素：所期望的未来付款和对客户的信任。在商品买卖中，由于赊销行为发生是建立在对未来付款预期和对客户信任上，其不确定性很大，由此产生的信用风险的可能性也很大，很容易导致坏账、三角债、欺骗等失信现象。

3. 企业赊销采取的常用形式：账面信用形式，即于户式的信用销售和合同式的信用销售。

（二）预付货款的商业信用形式

预付货款是买卖市场最主要的商业信用形式，是一种由买方以货币形式的信用订购卖方商品、授予卖方以信用的形式，其信用的对象是货币资金。在实际交易中最常用的是预付定金，预付定金具有提前支付货款的性质，在已交纳预付定金的情况下，销货方必须优先保证购货方的需求，表现出一种信用关系。

（三）分期付款

分期付款是指按交货批量分期偿付货款，其信用的对象经常发生在完工的工程或提供的商品交易中，是一种由提供商品授予分期付款者信用的形式。分期付款的商业信用形式通常是在商品的使用价值未形成或未全部转移到分期付款者手中的情况下发生的。

（四）商业信用的其他形式：经销和代销

就其一般意义而言，经销和代销都是代销货方推销产品，但两者的授信内容不同，经销是自行购销、自负盈亏，而代销则只是接受委托收取佣金；经销是买卖关系，代销不是买卖关系。

从信用关系说，由于销货方给予经销商独家经营的权利，以及价格、折扣和货款支付等方面的优惠权利，因而经销是提供一种权利信用，信用的对象是独家经营权和其他方面的优惠权利。而代销则是企业凭借对代理人的信任将一定数量的产品委托给代销商的销售，也属于信用销售。代销产品一般为品牌产品，产品的所有权属于委托代销商，承托代销商虽无支付货款的义务，但是其要承担代销产品的安全,享有获取佣金的权利,所以代销也是一种债权债务关系。

(五) 补偿贸易

补偿贸易通常发生在国际经济关系中,通常是国外厂商提供生产设备(即投资),国内厂商以使用该设备生产出来的产品清偿货款。补偿贸易具有二重性,既是借贷,也是买卖。补偿贸易一般交易额大、时间长,为了解决资金来源问题,往往有银行参与,即提供卖方信贷或买方信贷,所以补偿贸易是一种特殊的商业信用形式。

三、商业信用的作用

商业信用促进了商品生产和销售过程中的连续运动。商业信用是规模经济中不可缺少的因素,在促进经济运行方面发挥着重要的作用。其具体作用如下。

1. 商业信用促进了再生产过程的正常运行,有利于提高效率。在以商业信用为手段的交易中,卖方通过提供商业信用形成债权,保证了商品及时销售,可避免因积压而影响再生产过程的正常进行,另外这种债权作为企业的一种短期投资,可以吸引更多的客户,扩大销售,增加收益。从购买方的角度讲,通过商业信用企业虽然形成了负债,但是获得的资金融通,使其及时购进原材料,从而保证了再生产的正常运行,对于购买方企业商业信用解决了其资金暂时短缺的困难,降低了资金使用费用,提高了效益。

2. 商业信用加强了企业之间的合作和相互监督,使企业之间建立起比较固定的经济联系网络,有利于企业生产和流通的发展。在信用经济高度发展的今天,企业之间的信用被认为是对双方都有利的,商业信用使交易双方都承担资金投入的风险,从而形成企业之间的合作氛围。制造商和销售商之间的关系,建立在信用的基础上,并受法律的保护。商业信用使企业直接加强合作,相互监督,相互制约,企业之间形成了比较固定的经济联系网络。

3. 商业信用有利于加速资金周转,提高资金的使用效益。商业信用的债务方,获得了资金的短期融资,在信用期限期间可以实现原有资金的有效利用,增加新的投资项目,增加资金来源,从而增加利润收入。商业信用的债权方,使自己的多余资金得到了使用,增加了利息收入,双方都得到了经济效益。

4. 商业信用促进企业不断加强自身信用管理,完善现代公司治理体系。商业信用是企业之间相互提供的信用,向企业提供商业信用时,不仅要考虑到资金的安全性、收益性,而且要考虑到资金的流动性,这些都取决于受信方的实力和信誉,如果对受信方的实力和信誉没有真实的了解,企业是不会提供信用的;接受对方企业的商业信用时,不仅要考虑是否适销对路,而且要考虑在价格上能不能得到补偿并获得一定收益,而这些又取决于受信者对生产状况、市场情况的考察,对生产状况、市场状况没有真实的了解,企业也是不会轻易接受信用的。所以,企业之间相互提供信用具有一定规范性和制约性,有利于企业都把商业信用的交易方式置于市场供求关系之中,促进企业自身的信用管理能力的加强。企业通过优化自身的信用管理能力,也可以反向起到完善现代公司治理体系的效果。

工商企业在社会信用活动中,既需要受信,需要融入资金,又可以授信,支持他人;既可能以存款授信于银行,又可能以商品授信于消费者,最终授信于资金的现期使用权。但总的来说,企业对信用的需求超过供给。由此可见,企业是社会信用活动中最活跃的层次,是巨大的信用需求者和供给者。

第三节 商业信用管理

一、信用管理的概念

信用管理是社会经济管理体系的重要组成部分,也是信用的一个重要方面,是指各经济主体(包括政府、一般意义上的企业、金融机构、个人以及专业的信用管理机构)为了实现信用活动的目的、维持信用关系的正常运行、防范或减少信用风险而进行的收集分析征信数据、制定信用政策、配置信用资源、进行信用控制等管理活动。信用活动存在信用风险,而信用管理为信用活动服务并与其相互融合。

一方面,信用活动的发生必然伴随着信用风险的存在,信用活动的一大共性就是具有时间间隔性，即承诺在先，履约兑现在后。只有全部的交易活动完成以后，经过一定的时间间隔，才能知道对手是否兑现以及兑现的程度，才能了解信用活动的具体结果。这种时间间隔性，使得信用活动天然具有风险性。在追求自我利益最大化的动机作用下，不守信用、有借不还就可以无偿地占有、享受别人的财产，失信的激励天然存在。信用风险无处不在，使得信用活动往往不能顺利进行，需要信用管理的支持。信用管理可以控制和减小信用风险，以利于信用活动的开展。信用管理是为信用活动服务的，其根本目的就是提高信用活动的质量，使信用活动的开展更有效率，从而促进信用活动的开展。

另一方面，信用活动和信用管理都属于信用的基本范畴，对于建立信用管理制度的企业、银行等组织机构和有较强的信用管理意识的个人而言，信用管理和信用活动相互交融，信用管理已经成为信用活动的有机组成部分，是开展信用活动的必要环节。举例说明，某企业要决定是否对客户授信，首先就要进行客户信息的收集和分析，解读征信机构的客户信用报告，利用信用分析模型对客户的信用级别进行科学分析，在此基础上，才能给出对客户的信用期限、信用额度、信用条件等授信决策，这部分是传统信用活动的主体。由于时间间隔性，现代信用活动还要求企业选择正确的结算方式和实行信用风险转移，以使企业的债权得到合理安全的保障，如对应收账款等进行适时的管理和监控以及对拖欠款项进行及时追收等。信用管理活动渗透到现代信用活动的各个环节，丰富了信用活动的内容。信用管理已成为社会有序化发展不可或缺的内在规律和重要功能。信用管理是为达到预期目标而进行的一系列活动，具有明确的目的性，需要广泛地应用现代科技新成果，如网络技术、预测、概率论等。信用管理的主体涵盖所有的经济主体，信用管理渗入经济生活的各个领域和方面。

二、商业信用管理的内涵

商业信用管理是对企业的受信活动和授信决策进行的科学管理，有广义和狭义之分。

广义的商业信用管理是指企业为获得他人提供的信用或授予他人信用而进

行的以筹资或投资为目的的管理活动。工商企业通过全面的信用管理活动，完善在赊销、赊账、投资、担保等各项经济活动中的企业信用管理流程和技术手段，保持应收和应付账款的最合理持有、保障应收账款及时足额的收回和投资、担保等业务的安全性，达到企业价值最大化，并保持良好的企业信用形象，以满足企业长期可持续发展。

狭义的商业信用管理是指企业为提高竞争力、扩大市场占有率而进行的以信用销售为主要管理内容的管理活动。工商企业通过制定信用管理政策，指导和协调内部各部门的业务活动，对客户信息进行收集和评估，对信用额度的授予、债权保障、应收账款收回等各交易环节进行全面监督，以保障应收账款安全和及时收回的管理。本书所讲的商业信用管理是狭义的商业信用管理。

传统的商业信用管理具有客户的档案管理、客户授信以及应收账款管理三大基本功能，指导和协调内部各部门的业务活动，对客户信息进行收集和评价，对信用额度的授予、债权保障、应收账款回收等各交易环节进行全面监督，以保障应收账款安全和及时收回的管理。随着现代信息技术、云计算、大数据、区块链的发展，企业的商业信用管理部门又多了一项新的功能，即"利用征信数据库开拓市场"的功能。各大企业的征信数据库开始具备数据快速分类检索的能力，可以向客户提供便捷的数据库检索服务。

三、商业信用管理的目标和职能

（一）商业信用管理的目标

商业信用管理的总体目标就是力求企业在实现销售和采购最优化的同时，将信用风险降至最低，使企业的效益和价值得到最大程度的提高。通过信用销售和采购，工商企业可以扩大销售，提高盈利水平，但是与此同时，信用销售产生的应收账款每天都在消耗着企业的利润。代表企业血液的现金流被众多应收账款占压着，企业预期利润损失是巨大的。商业信用管理就是要解决企业采用信用销售和采购带来的双重难题，把好信用风险门槛，管理好应收、应付账款，实现经营最优化的同时保持信用风险特别是坏账损失的最小化。

企业的商业信用管理是一个动态的过程，其目标随着管理活动的变化而变化，在社会经济发展的不同阶段，商业信用管理活动及其目标有着不同的要求和内容。根据我国目前市场经济的发展现状，商业信用管理的基本目标是：规范市场经济秩序，维护公平竞争，促进商业信用体系的建设，弘扬诚实守信行为，服务经济发展。确立这一目标，商业信用管理的各项活动要服从和服务目标的要求，对有利于目标实现的优良行为予以褒扬和鼓励，对不利于目标实现的不良行为，应根据不同情况分别给予教育引导，限制行为或依法取缔和打击。因此，商业信用管理目标，决定着信用管理活动的性质和方向，是构造商业信用管理框架的首要问题。

成功的商业信用管理是在销售额很大的情况下也能保持资金的及时回笼和低比率坏账，从而创造最大利润。商业信用管理的具体目标如下：

（1）建立规范的信用风险管理制度，全面提高商业信用管理素质；

（2）强化客户资信管理，防范信用销售中的信用风险；

（3）规范信用销售业务，提高企业的市场竞争力和信用约束力；

（4）控制逾期应收账款，加速资金周转，提高财务质量；

（5）加强欠款追收，减少坏账损失，提高企业的经营利润。

商业信用管理对工商企业信用的发展起着积极的促进作用。商业信用活动对其经营者有着重要影响，因为企业的商业信用活动从根本上说是一种投融资决策，而投融资决策是企业经营中最重要的基础性决策。如果放任企业的商业信用活动无限制地发展而不加以任何引导和管理，那么带给企业的将是灾难性的后果。商业信用扩大市场规模、促进经济发展作用的有效发挥，要求企业有一套完整的信用管理制度。企业信用的发展与商业信用管理制度的完善相辅相成，缺一不可。

（二）商业信用管理的职能

1. 尽职调查，进行客户档案管理。商业信用管理的具体工作是采集客户信息、开展信用评级、授予信用额度、保障债权、保障及时供货、保障应收账款安全和及时收回。了解客户、合作伙伴和竞争对手的信用状况，是企业防范风险、扩大交易、提高利润、减少损失，在激烈竞争市场获胜的必由之路。所以尽职调查是进行商业信用管理的首要职能。为实现客户档案管理的职能，企业需要建立和维护客户数据库，定期更新客户经营信息、财务信息和交易记录，向企业内的相关管理人员提供客户信用信息的查询服务和分析服务，出具信用信息报告。

2. 开展信用评级，进行采购供应管理。根据客户档案的信息，开展对客户信用评级，信用评级必须委托专业的第三方评级机构。根据"独立、公正、客观、科学"的原则以及相关的法律、法规、制度与有关标准，运用科学的指标体系与评级方法，按照规范化的程序，对履行相应经济责任的能力与意愿，进行调查与综合评价。信用评价结果作为采购部门对投标人资格审查、评标、定标和合同签订的重要依据，并将投标人信用等级作为招投标评分项内容。同时，利用年度投标人信用评价结果，进行信用评价等级分析，将信用评价报告结果纳入投标人信用等级动态池及转移矩阵，可以清晰查看投标人每年信用等级的变化，结合重大失信行为、行政处罚、违运行为开展实时预警监管，建立和完善企业供应商风险预警机制，实现实时动态评测，并作为投标人信用资质水平波动的风险重要管理工具，根据评级报告和监管结果选择优质的供应商，保障供货的及时性、合格性、安全性。

3. 开展信用评级，进行客户授信。根据调查的客户信息，评价客户的信用状况，决定授予客户的信用额度和采用的结算方式，是企业控制信用风险的重要手段。企业委托专业的商业信用管理机构在评价客户信用时，制定适合本行业特点和本企业特征的信用评价指标体系、模型、评估系统，通过信用评估系统最大限度地体现客户的信用特征，对其信用状况作出正确评价并出具评级报告。具体包括，检验企业在公共信用信息，市场信厌信息中是否有重大失信行为，确定客户的商业信用条件（包括信用形式、期限、金额等），保证在信用期限期满时及时收回账款；迅速从客户群中识别存在的信用风险、可能无力偿还货款的客户；在新客户授信和年度信用等级评定中，以客户信息为依据，以分析模型为工具，评估客户的信用得分，并推导出使用的信用政策；对本企业的客户群进行经常性监控，做到既要及时注意发生信用风险的迹象，又要及时发现可能使企业获得最大利益的机会；通过信用分析找到对企业利润真正有贡献的优质客户，为销售和采购指明方向等。

4. 应收账款管理。商业信用管理属于风险管理范畴，是对企业信用销售等信用交易进行的科学管理，主要是为了规避信用销售产生的信用风险，而信用销售产生的信用风险主要来自应收账款。应收账款管理职能是进行全面的欠款分析和决策，包括多角度分析财务欠款记录，跟踪整体的欠款规模，跟踪各客户的动态欠款水平，对逾期应收账款作出原因诊断和收账政策诊断以及设定对每个客户所能承受的最大损失的限额，以此作为警戒线，防止损失扩大，并与其他部门合作，尽可能地弥补已发生的损失。

5. 利用征信数据库开拓市场。商业信用管理不只是要控制已有的风险，而且要利用征信数据库开发和挖掘潜在客户，开拓企业的市场，扩大企业的市场占有份额，增强企业的市场竞争力。企业必须保证自己的销售额中绝大部分来自经营得法、信用卓越的客户签订的交易合同，只有这样才能使企业的销售额及利润额稳步增长，不致因客户的信用危机而发生过大波动。从这个意义上说，信用管理部门指出哪些客户信用良好，可能比指出坏账客户的职能更重要。

此外，企业还应密切注意客户的竞争对手。企业都愿意从潜在客户中来选择竞争实力最强的签订合同，但是客户的竞争地位是经常处于变动之中的，信用管理部门或机构的一项重要任务，就是借助信用分析，及时发现客户竞争地位的变化。如果客户在竞争中已处于劣势，企业就要考虑更换优质客户，信用管理部门或者没有设立专门信用管理部门的企业采购、销售和财务部门可以委托专业的第三方信用评价机构对客户开展基于信用评级的动态履约和偿债管理，主动筛选客户，利用征信数据库给企业作出风险预警，同时提出更多信用方面的优质建议。

第四节 商业信用管理的意义

一、提升企业管理水平、优化现代公司治理

商业信用可以丰富和优化现代公司治理，增强工商企业的竞争力。

在买方市场条件下，企业要获得市场竞争力，提供信用销售是其不可缺少的有效途径。信用销售作为一种信用经济活动，存在一定的信用风险，企业必须建立完善的商业信用风险管理制度，有效地控制信用风险，保障自身的权益，提高信用销售的效率，保障信用交易的顺畅进行。

企业在决定对客户授信之前，首先要对客户信用信息进行收集和分析，解读征信机构的客户信用评级报告，利用信用分析模型对客户的信用级别进行科学判断，通过这些商业信用管理活动大大降低信息不对称的程度，使企业对授信对象有一个比较全面和准确的判断，筛除资信差的客户，使信用风险在信用活动的最初阶段就得到根本性的控制。再通过应收账款管理、信用风险转移等商业信用管理活动，就能够大大地降低信用交易损失，提升企业的管理水平，使企业在市场竞争中占据有利地位。

二、为科学的信用风险管理提供支持

信用风险管理是商业信用管理的有机组成部分，但是商业信用管理不限于信用风险管理，商业信用管理还包括征信和评价等内容。信用风险管理是在具体的信用活动中进行的商业信用管理所使用的主要手段之一，信用风险管理的发展和完善对于商业信用管理的科学化具有重要的意义。

（一）防范信用风险的发生

商业信用管理是全程管理，具体包括资信调查阶段、营业决策阶段和收账催账阶段。具体实施过程就是通过调查授信对象的能力和意愿，与合适对象签订合约，最后采取各种催收技巧收回账款。资信调查属于事前控制，经营决策为事中控制，收账催账为事后控制。

商业信用管理部门对客户资信情况及其相关情况进行调查、分析，对交易的信用风险进行识别、分析、评估；财务部门对交易事项的成本进行核算；信用管理部门对企业拟与客户签订的合同进行审查确认；对于高风险的交易事项、重大风险事项的处理方案要经过信用风险管理决策机构的审查批准，从而确保授权批准的依据和保证，对可能存在的风险予以充分论证，防范风险于未"燃"之中。

（二）控制信用风险的程度

商业信用管理在业务程序控制中强化信用风险的控制环节。商业信用管理过程中的重要环节就是债权保障机制以及应收账款管理和回收机制。在业务处理程序上，商业信用管理部门对供应商合同履约情况、应收账款情况进行跟踪、监控，对应收账款采用适当的收款和追款方式，对将要发生的信用风险程度及时发现并有效控制，使信用风险降到可能发生的最小程度。

（三）信用风险的有效转移

商业信用风险是不可避免的，即使把将要发生的信用风险控制到最低程度，还是会有信用风险损失的发生，商业信用管理就是要将可能产生的信用风险损失减到最小。通过选用恰当的信用风险转移手段，如信用担保、信用保险、保理服务等，实现信用风险损失的最小化。

信用风险量化管理是信用风险管理的一个重要发展趋势。JP 摩根在 1997 年推出的 Creditmetics 信用计量模型中就充分利用了信用评级体系的作用。模型的基本思想就是信用风险取决于债务人的信用状况，而企业的信用状况可以由被评定的信用等级表示。因此，信用计量模型认为信用风险可以说直接源自企业信用等级的变化。在假定信用评级体系是有效的前提下，信用计量模型的基本方法就是利用评级公司提供的评级数据进行信用等级变化分析，以此度量信用风险的大小。一个有效率的信用管理体系可以积累和披露大量的有价值的信用信息，可以丰富对违约风险的防范方法和对违约对手的惩戒方法，为信用风险管理的发展提供支持。

三、提升企业的综合竞争力

商业信用管理是企业诸多管理中有效的管理措施之一，同时也是一项立竿见影的管理活动。有效的商业信用管理可以使企业大幅度地减少管理费用、财务费用，增加销售收入，缩短应收账款的平均回收期限，提升企业市场占有率和综合经济效益指标。完善的商业信用管理改善了企业对客户的服务质量，使企业的各项财务指标全面高于行业平均水平，从而显著提升企业的综合竞争力。

在企业经营管理体系中，信用风险属于一种交叉性和综合性的管理领域，涉及企业的计划、采购、生产、营销、销售、财务等各个环节。在现代市场经济体系中，以买方市场为特点的激烈竞争以及企业间贸易方式的改进，信用销售已成为国际上占据主导地位的贸易方式。但是以前由销售部门或者财务部门间接承担的信用管理职能已经远远不能满足企业信用活动的发展要求，而且两者在信用方面存在严重缺陷。一般而言，销售部门看重销售额的扩大，在高报酬的销售激励机制带动下,业务人员往往滥用其信用管理权力,不顾客户的资信水平,盲目扩大信用规模,提高销售量,给企业造成巨大的信用风险。实践证明,仅靠财务部门也不能有效控制信用风险,这是因为财务部门并不了解客户背景和交易状况,无法对信用风险作出准确的判断,也无力承担收账工作。同时,一般财务人员日常工作以会计核算为主,在信用管理和风险控制上同样缺乏专业知识和经验。

企业应建立专门商业信用管理部门实现销售、采购、财务与信用管理的综合性解决方案,通过商业信用职能的增加,将企业的销售、采购、财务和信用管理工作有机地结合起来,从而实现企业整体的经营管理战略目标,形成集客户资信管理制度、内部授信制度、应收账款管理制度和信用风险转移制度等在内的综合管理制度,从而在项目决策中不断实现企业价值的最大化,不断提升企业的综合竞争力。

四、规范信用市场秩序,推动市场经济发展

商业信用管理是一项系统管理,企业内部通过设立专门进行内部商业信用管理的部门、机构和人员,形成有效的企业内部商业信用管理体系。企业外部环境通过规范市场运作,建立商业信用管理体系,完善法律制度,使信用管理体系形成有效的合力,推动市场经济的发展。

商业信用管理的发展和完善为企业开辟了新的直接投融资渠道,促进了征信业和资信评级业的快速发展,不断规范市场秩序,提高企业经营投资的透明度,防止欺诈行为。市场信用环境的形成,增强了信用的社会监督力量,使无形的监管范围更广、弹性更大、包容性更强,成为政府监管的有益补充。

此外,商业信用管理为金融服务创新奠定了基础。无论是银行还是证券公司等其他非银行金融机构,都需要提高开发客户和关系营销能力。充分利用征信数据库挖掘客户信息,不仅是企业的商业信用管理职能,而且是金融机构不断向优质客户提供包括信用结算方式等便利在内的全套服务的需要。优质的信用企业吸引金融机构不断进行服务改革,以达到双赢。

企业内外部信用环境的不断优化,推动整个信用经济的快速、稳健发展,使各个企业得到优势发展的同时,实现整个社会的和谐发展。

【延伸阅读】商业信用管理理论发展脉络

最早的信用管理教材是在美国问世的。早在1924年,为了解决"人们进入信用领域而没有准备"的问题,时任美国俄亥俄州立大学教授的西奥多尔·贝克曼出版了《信用和追账的理论与实践》。此后,工商企业在自身的信用活动和实践中总结和阐述了一些较为零散的商业信用管理理论。

早期的征信机构千方百计地向赊销商品的厂商提供征信产品和服务,例如了解赊购客户的声誉;取得赊购客户的背景资料;评估赊购客户的信用价值并推荐信用额度。比较赊销商品的厂商和放贷的商业银行,征信机构能用更宏观和独到的眼光找到商业信用风险的来源,发现和控制信用风险的经验更丰富,也非常有意愿与客户分享其见识和经验。因此,征信机构更愿意系统地和有逻辑性地向赊销商品的厂商提供消弭信用风险的经验,开发出信用风险控制的理论和方法。

如果我们以商业信用管理理论作为一门学科是否成体系,其功能是否健全为判断标准,那么,毫无疑问,第一代商业信用管理理论应该形成于20世纪初期。西奥多尔·贝克曼教授出版的《信用和追账的理论与实践》一书应该是标志性著作。这本专著是世界上第一部涉及企业商业信用管理的专著,它标志着商业信用管理已经由实践逐渐抽象至理论层面。

第一代商业信用管理理论尚未有对商业信用管理全过程实施信用管理的提法,只是针对企业面临的赊销客户筛选和逾期应收账款处理这两个信用管理的薄弱点提出系统的解决方案。鉴于第一代商业信用管理理论是在征信机构参与下形成的,因此它具有如下特点:

(1)以尚不成熟的4C理论(1910年提出)为基础理论依据;

(2)只强调客户信用档案管理和逾期应收账款管理两项基本功能;

(3)提出了信用管理功能的实现须得到外部技术支持的理念,但限于征信和追账服务;

(4)未采用量化分析方法;

(5)经典著作未能从商业信用经理人的角度出发,而是站在征信机构服务的角度编写的;

第一章 导 论

（6）特别重视客户财务数据分析。

在操作方法和设施方面，在那个年代，信用经理人使用普通办公家具，客户信用档案全部是纸质的，商业信用管理工作全部是手工操作的。

第二代商业信用管理理论形成于第二次世界大战之后，美国纽约州立大学奥本尼分校的罗伯特·科尔和朗·密施勒二位教授合著的《消费者和企业信用管理》一书应该是标志性著作。这也是一部大学教材，它的第一版于1960年问世。该理论具有如下特点：

（1）以5C和5C1S理论作为理论基础；

（2）形成商业信用管理的5项基本功能；

（3）强调赊销风险控制的全程信用管理操作；

（4）客户信用档案使用以普通版本企业征信报告为基础的成套信用信息；

（5）大征信行业十多个分支提供外部技术支持；

（6）追求量化指标的研发和使用，例如1956年FICO评分出现，1968年Z－Score方法出现；

（7）赊销企业和征信机构均具有经济全球化意识和能力，征信机构支持跨国公司的信用风险控制，基本实现了全球无差异化的企业征信服务；

（8）征信相关法律建立健全，信用标准逐步配套；

（9）个别国家出现不太健全的信用经理人从业执照考试。

自20世纪70年代起，发达国家企业的信用管理工作逐步实现了计算机化。由征信机构开发的商业信压管理专业软件也被大量使用。

我国是在改革开放之后才从西方学习和引进商业信用管理方法的，而且直接引进的就是第二代商业信用管理理论。

进入21世纪以来，我国商业信用管理理论在总结西方理论的基础上有了更新的突破和更大的进展。2007年，经中国人民大学出版社出版的《企业信用管理》教材，站在企业信用的视角，对企业的商业信用管理从理论到实务进行了完整的全过程梳理，成为当前各大高校信用管理专业和业界商业信用管理学习的经典教材。

在此后十年中，中国市场上先后出现了很多商业信用管理理论与方法方面的著作，它们无一例外地运用或诠释了第二代商业信用管理理论。

两代商业信用管理理论在不同历史时期流行，它们之间的异同如表1所示。

表1　　　　　　　　两代商业信用管理理论的异同

主要影响因素	第一代理论时期 （1900's—1940's）	第二代理论时期 （1950's 至今）
基础理论	4C	5C 和 5C1S
信用管理功能	2项、部分功能	5项、全程
外部技术支持	征信、商账追收	征信、评级、信保、保理、商账追收等全行业
量化指标	无	风险指数、信用等级、个人信用评分
法律/标准环境	无	基本完善的法律环境，信用标准化工作起始
操作方法/设施	手工操作	计算机化
从业执照	无	有，但不成熟

自21世纪以来，经济全球化造成市场环境的诸多变化，信用工具的设计和赊销方法的复杂性在增加，由此引发了一些新的问题，产生了新型的信用风险。特别是自2008年国际金融危机以来，社会对国家和企业的诚信度要求不断提高，企业环保压力越来越大，国际社会对劳工的保护形成法律和标准，企业承担社会责任已经成为必然（企业社会责任的国际标准ISO 26000于2010年颁布）。企业的经营目标已经从追求股东利益最大化转变为追求受道德约束的利润。

外部市场环境的变化，社会诚信道德意识的提升，促使商业信用管理理论的升级换代，第三代商业信用管理呼之欲出。自2008年以来，经过前几年的探讨，第三代商业信用管理理论的雏形已经显现，它的特征包括：以"企业的商业信用制度"取代"企业的商业信用风险管理制度"；适应社会信用体系建立的新市场规则规范；成套信用信息的完整和规范；增加征信产品和服务的新品种；提高量化指标的精度和研发新的量化分析方法；近20个国家信用标准颁布，信用管理工作标准化在推进；以商业信用中心为代表的国家机构以及市场化征信公司异军突起，信用管理专业的人力资源市场形成，企业可以要求信用经理人持证上岗；响应企业社会责任各项要求；企业应对政府的信用监管；信用管理外部服务增加等。在设施建设和工具研发方面，商业信用管理可以全面实现计算机网络化；拥有海量信用信息的数据仓库形成；成套的商业信用管理软件推广使用，包括在 ERP 系统中安装插件；信用风险量化分析工具配套；便携式远程信用管理工具出现。

本章小结

在市场经济中，信用与商品生产、货币流通、市场贸易、资本借贷等市场经济关系相联系，其主要表现为资本借贷运动，是资本价值运动的一种特殊形式，信用是现代市场交易的必备要素。信用具有流通、分配的职能，是一种无形资产，是社会制度的重要组成部分。根据发生信用的主体和表现形式不同可分为商业信用、银行信用、政府信用、消费信用等。

在市场经济发展中，商业信用是最重要的信用形式。其具体方式有赊销商品、委托代销、分期付款、预付定金、预付货款及补偿贸易等。商业信用直接与商品生产和流通相联系，其发展既增加了购货企业的资金融通渠道，又加快了销货企业资源的循环和周转，对于经济发展起到重要作用。商业信用可以促进生产过程的正常运行，有利于提高效率；可以加强企业之间的合作和相互监督，使企业之间建立起比较固定的经济联系网络，有利于企业生产和流通的发展；有利于加速资金周转，提高资金的使用效益；可以促进企业不断加强自身信用管理能力。

信用管理是社会经济管理体系的重要组成部分，也是信用的一个重要方面，为信用活动服务并与其相互融合，其已成为社会有序化发展不可或缺的内在规律和重要功能。商业信用管理是对企业的授信活动和授信决策进行的科学管理，有广义和狭义之分。传统的商业信用管理具有客户的档案管理、信用评级、客户授信以及应收账款管理等基本功能，随着现代信息技术、云计算、大数据、区块链的发展，企业的信用管理部门又多了一项新的功能，即"利用征信数据库开拓市场"的功能。

商业信用管理是企业管理的核心内容之一，其为科学的信用风险管理提供支持，防范信用风险的发生，控制信用风险的程度，对信用风险进行有效的转移。商业信用管理是企业诸多管理中有效的管理措施之一，同时也是一项立竿见影的管理活动。有效的商业信用管理可以提升企业市场占有率和综合经济效益指标，改善企业对客户的服务质量，使企业的各项财务指标全面高于行业平均水平，从而显著提升企业的综合竞争力。商业信用管理是一项系统管理，形成有效的企业内部商业信用管理体系和企业外部规范的信用市场运作环境，从而推动市场经济的快速发展。

本章要点

- 信用的内涵与功能
- 信用的种类与特征
- 商业信用的定义与特点
- 商业信用的形式与作用
- 信用管理的概念
- 商业信用管理的内涵与目标职能
- 商业信用管理的意义

本章关键术语

信用　商业信用　信用管理　商业信用管理

本章思考题

1. 简述信用的内涵及其主要的功能。
2. 简述信用发展的历史进程与发展阶段。
3. 简述商业信用的主要形式及其特点与作用。
4. 简述商业信用管理的内涵与其目标职能。
5. 论述商业信用管理的意义。

第二章　商业信用管理机构设置

第一节　商业信用管理部门设置

一、商业信用管理部门的地位和作用

企业建立健全规范化的治理结构就必须全面开展信用管理，明确信用风险治理策略，一般通过设立内部商业信用管理部门来实现信用管理功能，从而在保证物资采购、招标预审、信用销售中取得高成功率和低风险率。商业信用管理部门的主要职责就是对企业的采购招标管理、客户风险预警、信用销售和授信工作进行科学管理，其日常工作包括客户信用评级档案管理、信用风险分析、信用政策制定、应收账款管理、信用风险转移等。为保证以上功能的正常发挥，商业信用管理部门需要得到相应的授权，有权对各部门的招标采购、信用销售和信用风险活动作统筹协调。

在企业中信用管理部门是按照一个中层级别的管理部门设置的，与采购、财务、销售、审计等部门是同一级别的部门，经常需要协同企业内部若干部门一起工作。作为独立的部门，信用政策是信用管理部门的工作纲领，也是协调相关部门工作的依据。商业信用管理部门的功能和权限，完全由企业的信用政策定义，信用管理工作在信用政策的指导下进行，即企业的信用管理部门是执行企业信用政策的工具，也是信用政策最直接的执行部门。

从信用管理部门的职能看，商业信用管理的工作一部分属于"监管"性质的工作，是强制性和独立性的管理，另一部分是服务性质的工作。商业信用

管理的传统功能主要包括客户信用档案管理、信用评级结果应用、客户授信、应收账款管理和商账追收等，其主要目的是规避和转移信用风险，减少企业的损失。利用征信数据库、风险预警系统开拓市场，挖掘潜在客户，是信用管理部门向采购、销售、财务、审计等部门提供的一项服务。信用管理部门的有效工作，在扩大了企业销售的同时，通过应收账款的管理实现了加速资金周转、减少融资成本、合理控制库存水平等目标，有效转移了信用风险，将企业损失降到最低。信用管理部门的职能可以具体分为以下几个方面：

1. 用信息化和大数据技术，建立合格的客户信用信息档案及各项管理制度，对客户档案数据进行动态管理。制定设计出既与国际信用评价体系接轨，又符合企业自身咨询风险偏好及业务实际的信用管理制度、评级指标体系和模型、良好的客户授信工作程序和科学的客户信用评级系统及风险预警系统。

2. 在客户基本信用信息的基础上，开展供应商、服务商法人主体信用评价，对供应商管理、招投标采购环节引入商业信用评级报告分级分类管理模式、评标标准信用分制度，做好招标资格预审和风险预警，以有效管控信用风险，提升采购和招投标效率，形成科学、合理的信用管理体系。

3. 在客户信用评级的基础上，按照标准化程序依据评级结果和评级报告做好客户授信和跟踪评级工作，定期对客户的信用状况进行统计分析，及时向相关业务部门通报客户信用等级和信用风险状况发生的变化。

4. 做好企业应预付和应收账款的管理工作，日常监控预付、应收账款的账龄，随时将潜在的不良账款进行技术处理，建立标准的催账程序和专业的账款催收机制，及时制订对逾期应收账款的处理方案，并组织有效的追账工作，将坏账损失率降到最低。

5. 积极配合销售部门的工作，帮助销售部门作出正确的销售决策，同时利用征信数据库的资源，开拓潜在的销售市场，随时调整企业库存，适当调整政策的松紧程度。

6. 加强与专业权威的第三方信用评级机构的合作，利用第三方信用机构为企业开展公共信用信息、市场信用信息数据验证、比对，获取企业信用信息报告，开展尽职调查出具信用调查报告和评级报告，随时了解新的信用管理手段、工具、征信产品和服务的发展动态，不断提高企业的信用管理水平。

二、商业信用管理部门机构设置的原则

商业信用管理部门机构设置遵循一定的原则，这些原则包括企业组织机构设计的一般原则以及信用管理部门设置的特定原则。在一定的原则指导下，才能使设置的部门组织机构合理高效工作，发挥其职能，与企业其他部门相互协作，实现企业的总体目标。具体包括以下几条基本原则。

（一）任务目标原则

所谓任务目标原则就是指商业信用管理部门的机构设置必须要把一定的组织目标作为出发点，是总的指导原则。

将企业的经营任务和目标作为出发点，这里的任务和目标有两层含义：一方面是指信用管理部门自身的目标，主要有保障及时供货、采购品质、扩大销售收入、降低坏账数量、与信用良好的客户建立稳定的交易关系等，其中最重要、最基本的目标就是在财务上实现企业现金流的最大化；另一方面是指企业的总体经营目标，比如企业利润最大化，在同行业中保持更强的竞争力等，这是企业各个部门共同追求的目标。后者是商业信用管理部门机构设置时考虑的首要因素，是实现前一目标的前提条件。因为企业的总体目标，是信用管理部门的工作方向，是更有效地与企业其他部门进行沟通与协调的基本前提。

（二）分工协作原则

所谓分工协作原则就是指商业信用管理部门内部要实行专业分工，按工作职能设立多个岗位，从而提高信用管理工作的质量和效率。

商业信用管理部门的总体工作应该进行细化和分工，根据细化的工作职能安排相应的岗位，配备合适的人员，根据业务量的大小和人员的基本素质能力来合理分工，发挥专业人员的专长和优势，提高工作效率。注意各岗位之间的相互协作配合，只有通力合作的团队才能发挥出组织的整体功能，提高组织的整体效率。

（三）权责利相互结合原则

权责利相互结合原则就是要求商业信用管理部门各岗位人员的权力、责任和利益要紧密联系、相互协调，三个方面不可偏颇。

信用管理部门在机构设置时，必须全面考虑集权与分权、指挥与操作、职

责评价、人员奖惩以及利益分配等问题，权责利要相互结合。首先，在制定企业的信用制度时，要将各个二级部门的责权明文规定，各个部门不能越权，在做好本职工作的同时，做好部门间的相互配合、协调工作；其次，要制定科学的奖惩制度，将工作质量和报酬绩效直接挂钩，对不能保质保量完成工作的要给予一定的惩罚；最后，对于员工的奖惩，不能只着重于报酬方面，还要适当考虑员工的假期，给予员工晋职上升的空间。

（四）行业分析原则

信用管理理论对行业划分的实质在于确定企业所面对的客户群体，最基本的划分方法是将企业划分为商贸流通服务类和研发制造类两大类企业，对于制造业企业，其涵盖面也非常广泛，行业分析是其商业信用管理部门机构设置时最基本的考虑因素。

三、商业信用管理部门的组织机构设置

商业信用管理部门在设置组织机构时要考虑以下几个因素：部门分工细密程度、集权与分权程度、人员之间的信息沟通方式、设立信用管理部门的成本预算等。

商业信用管理部门是与采购、销售、财务、审计等部门并列的一级职能部门，在其部门内部还要设立二级、三级职能岗位。其中部门经理是信用管理部门的最高领导，负责本部门的日常管理和业务活动，在部门之下要设立功能不同的部门，如"客户资信中心""授信管理中心""供应链金融中心""信息技术中心"等，各个不同的部门下还要根据任务设立相应的任务小组，包括信用管理涉及的各种岗位。任何企业都是依据信用管理的基本功能来设计信用管理部门组织机构的。

（一）客户资信中心

"客户资信中心"负责客户信用信息档案管理，参与企业的商业信用管理合同的起草，与第三方信用评级机构协作开展工作等，包括供应商（含服务商）、经销商客户信用档案的建立与使用、客户基础信息采集、客户履约历史信息归集，评级资料管理，供应商动态日常管理，尽职调查报告的分析，评级结果和评级报告的应用等。客户信用信息的及时采集、调查，对于客户变更的

信息，经核实后要及时将变化的信息输入客户档案中，并经过自动统计处理分析客户经营状况的变化新趋势，做好信用风险预警，尤其要重视企业核心客户的变化情况，向管理层提供建议性的分析报告。

（二）授信管理中心

"授信管理中心"的核心工作是科学地用好客户的评级结果和信用信息报告、资信评估报告、尽职调查报告、信用评级报告，做好客户授信工作。在商业信用管理部门，授信工作十分重要，技术性强，也比较敏感。从操作角度看，客户授信工作包括资信评级、确定授信对象和额度、信用审核、授信额度调整、授信通知、书面答复客户的申诉等。授信管理中心的人员要具有财务分析经验和信用管理相关法律知识，信用分析人员运用专业的技术来分析客户的信用状况和信用等级，做好信用风险预警，对不同客户采取不同的信用政策和风险转移手段。

（三）供应链金融中心

"供应链金融中心"主要负责投标和履约保证金管理、预付账款和按进度付款的信用和金融管理，应收账款管理和控制，商账追收和坏账处理，应付货款的保理业务工作，金融机构的合作和管理。通过与企业 ERP 系统、财务或交易系统，协同第三方征信评级机构和金融机构，利用现代科技金融手段，为企业自身和合作客户提供供应链金融服务，通过盘活信用资产，降低体系内关联方客户（供应商、经销商、服务商）尤其是中小企业客户的融资成本，同时对应收账款进行账龄分析，决定收账措施，进一步激发企业活力，推动企业自身和客户协同发展。

在进行商业信用管理部门组织机构设计时，不同的企业应根据自身的特点，考虑若干影响因素，灵活设置信用管理部门的组织机构。企业所处的行业不同，面对的市场就不同，客户群的特点也自然不相同，商业信用管理部门服务的内容以及服务的客户数量也就不同。

四、商业信用管理部门的岗位设置

企业的商业信用管理功能是通过各个专业岗位的作用来实现的，信用管理岗位的设置必须合理，各岗位职责必须明确。岗位不同，人员的职权不同，将合适的人放在最适合的位置，才能充分有效地发挥每个人的能力和优势，有效发挥信用管理部门的各项功能，实现部门和企业目标。

（一）部门经理

部门经理是信用管理部门的最高领导，是商业信用管理部门日常管理和业务管理的负责人，是信用管理工作的核心，属于企业的中层领导。具体来说，部门经理的主要职责有：

1. 制订信用管理部门短期、长期工作计划，要求部门经理要掌握独立建立商业信用管理基本功能的技术，包括随时对企业的信用管理状况进行监控和诊断的能力，有能力做信用管理部门的预算。

2. 聘用信用管理部门各岗位的人员，组成一个工作效率高的团队，并领导这个团队实现商业信用管理的各项主要功能，实现包括信用销售高成功率在内的商业信用管理的基本目标。

3. 向上级主管副总经理负责，定期向主管副总经理或董事会汇报企业的信用管理工作，包括客户信用信息报告、供应商信用报告、客户风险监测报告、应收账款控制情况、应收账款发生预测、有争议货款处理意见、与会计账对比的应收、预付账款报告等。

4. 有效地与企业其他部门进行沟通，要求具有比较强的公关能力，对内协调好与采购、销售、财务、审计等多个部门之间的关系，对于其他部门提出的协助工作要给予大力支持，通力合作。

5. 正确处理与客户之间的关系，熟练使用第三方征信机构的产品和服务，不断完善客户档案，及时掌握主要竞争对手的情况。

6. 核准和撤销各种信用额度，对于每一笔信用销售业务，都要认真审核，指导业务人员进行有效的客户资信调查工作，作出准确的授信决策建议。

7. 协助审查合同条款中的信用事项，作为信用方面的专业从业人员，对于企业其他部门遇到的信用方面的问题，要给予协助和指导，提出合适的指导意见和建议。

8. 参与对企业内部相关人员的培训，除了为加强本部门从业人员的专业素养，定期组织内部培训工作外，还要适时向企业的其他部门人员进行信用管理知识的宣传，以提高企业所有员工的信用管理意识。

9. 与外界有关部门包括法律、会计、专业信用管理机构和信用评级机构等保持良好合作，为企业未来的业务需要打下坚实的外部基础。

（二）信用管理主管

信用管理主管的主要职责：参与采购、销售合同中信用销售条款的谈判，并跟踪合同的执行情况，采购招标供应商审核、分析应收账款的账龄、向客户进行催账、促进销售变现等。

对于没有设立信用管理部门的企业，可在采购、销售、财务等部门设置信用管理主管的职务，协调企业的信用管理事务，该岗位主要是管好企业的客户信用管理、采购招标、应收账款，其他信用管理功能由信用管理主管协调第三方信用评级和管理机构来实现，使用专业权威的征信机构的信用管理报告服务，信用管理主管的主要任务就是代表企业协助和对接第三方征信机构执行信用管理工作。

设有信用管理部门的大型企业中，在信用管理经理之下，经常设立若干个客户信用主管职务，分管采购或销售等一个具体业务分类的信用管理工作，或者负责一个主要客户群所在区域的信用管理业务。

（三）信用信息档案管理人员

在信用管理部门，信用信息档案管理人员是一种技术人员，属于信用管理内勤人员的一种，其主要职责是建立和维护客户信用档案数据库和纸质档案。信用信息档案管理人员负责建立和维护电子和文字版本的客户资料，使其成为标准版本的客户企业资信调查档案库。从其工作性质来看，信用信息档案管理人员既要精通计算机的文档处理和数据库的使用管理，又要熟悉第三方征信评级机构的征信报告的版式，具备一定的信用专业知识和财务知识。

（四）信用分析人员

对客户采取何种信用政策都是根据信用分析人员的工作结果来决定的。信用分析人员是信用管理部门技术性最强的岗位，工作的主要任务是根据信用信息报告、尽职调查报告、信用评级报告等专业的信用评级结果分析评价客户信用状况、处理客户申诉、预警信用风险等。信用分析人员以技术手段处理商业信用政策松紧的变化，从而辅助部门经理的工作，为部门经理的各种报告提供数据和报告支持。

五、从业人员职业道德要求

所谓职业道德，就是同人们的职业活动紧密联系的符合职业特点所要求的道德准则、道德情操与道德品质的总和。职业道德不仅是从业人员在职业活动中的行为标准和要求，也是本行业对社会所承担的道德责任和义务。职业道德是社会道德在职业生活中的具体化。"爱岗敬业、诚实守信"是最基本的职业道德，对于不同的职业，有其偏重和具体要求。

商业信用管理部门从业人员必须遵守企业商业信用制度的基本精神与原则，最合理地控制企业商业信用风险。商业信用部门人员要利用自己的专业知识与专业技能，设计、制定与实施有效的商业信用政策与商业信用管理手段，尽职调查，动态管理，评级结果合理应用，合规授信，科学管理应收、预付账款，做到时刻控制商业信用风险，保障利润的实现，不断开发与增进新客户，稳定与维护老客户，实现最合理控制商业信用风险。具体的职业道德要求主要有以下几点：

1. 商业信用管理部门从业人员最重要的职业道德要求是诚实守信。首先要对客户守信，向客户提供企业真实可靠的资料，包括招标公告、评分标准、采购计划、赊销政策、账款催收政策等；其次要对自己企业守信，不隐瞒客户的真实情况，提供确凿可靠的客户信用信息资料作为企业的参考资料。

2. 商业信用管理部门从业人员应遵守企业和所属部门的相关管理规定，在执业活动的各个方面和各个环节恪守基本精神与原则，忠诚服务，不侵害所属部门和企业的利益，切实履行对所属部门和企业的责任和义务，接受所属部门和企业的管理。

3. 商业信用管理部门从业人员在工作中应遵守客观、公正、公平的原则，对所获得的信用信息进行审慎处理，注意保密和准确核实，在分析、预测或建议的表述中，严格区分客观事实与主观判断，对重要事实要予以明示。

4. 商业信用管理部门从业人员在工作中应不影响客户的正常生活和工作，言谈举止文明礼貌，时刻维护企业的形象。在工作中应主动避免利益冲突，不得利用自己的身份、地位和工作中掌握的内幕信息为自己或他人谋取私利，不得损害企业的利益。

5. 商业信用管理部门从业人员要积极参加国家商业信用体系的建设，积极参与商业信用专业知识的培训和学习，提升自我的理论水平和业务能力。

第二节　商业信用管理与各部门之间的关系

无论是设有专门信用管理部门的规范化治理企业，还是在采购、销售、财务等部门设置信用管理职能来开展实施信用管理工作的企业，商业信用管理与企业的各个部门之间都有着非常密切的关系。

一、商业信用管理与采购部门之间的关系

商业信用管理工作和采购部门的日常工作息息相关，采购部门与供应商之间存在契约履行过程中信任与被信任的信用关系，通过应用信用评级结果、重大失信行为投标资格预审否决、评标标准信用分制度等手段，来监督和规范供应商的信用行为，改善采购的信用环境，提高供应商履约守信的积极性和主动性，与供应商建立良好的合作关系。

在采购领域，一些供应商在参与采购活动中，伪造或编造虚假材料妄图蒙混过关；围标串标、拉拢腐蚀采购当事人，干扰、操控项目评审；以次充好、制假售假给采购人带来重大损失。信用管理工作为采购部门提供供应商的信用信息报告、尽职调查报告、信用评级报告等全面、实时的供应商信用信息支持，采购部门在招标阶段通过考察各供应商的信用状况，作为资格预审和风险预警的重要手段和决策依据，对于有重大失信行为或违法行为的企业，实行预审否决制，促进供应商提高信用自律，保证采购工作的公平竞争、有序进行。

采购部门将工作中采集、归集的关于供应商的历史履约数据汇总给信用管理部门，包括供应商参与投标的情况，主要是参加投标的次数和中标次数；合同执行情况，包括供应商提供合同标的物的数量和质量、合格率和批退率、供货的周期时间、售后服务与承诺等是否严格执行和违约历史；投诉情况，是否有生产部门等实际使用部门对产品质量、服务、售后等投诉以及被其他供应商投诉情况，是否有诬告其他供应商的现象等。现代市场经济条件下，有关企业信用的信息分散在企业的日常经营活动中，企业的各项经营活动都能在一定程

度上反映出企业的信用状况。采购部门需要收集在工作中掌握的供应商企业各方面的信用记录，包括企业借款还款记录、履行交易合同记录、广告宣传记录、产品质量记录、主要上下游的合作履约情况等。这些信用信息，除了工作中沉淀的业务数据，也可以要求供应商主动提供。

信用管理部门将采集和归集的数据，进行验证、整理、归档，作为企业自身信用管理工作的宝贵资源。衡量供应商的信用还需要建立一个科学、专业、符合企业自身发展的供应商信用评价指标体系，既要能全面反映供应商的实际情况，又要突出评估的重点，更要具有可操作性。由于该项工作的专业性、独立性，信用管理部门一般都委托专业、权威的第三方评级机构开展信用评级工作，来帮助采购部门筛选合格的供应商，并提供有关供应商的实时动态监测、风险预警报告等。

信用管理工作的另一重要职责就是向采购部门推荐信用度高的供应商，为企业把好原材料的关口。从企业整体利益来讲，找到合适的供应商事关重大，是企业产品质量、价格的重要保障，关系企业生产、销售、发展的各个环节。特别是，一些必不可少的供应商的破产会给企业带来致命的影响。所以，对供应商开展信用评价和评级结果应用变得越来越重要，对供应商的管理是信用管理部门和采购部门重中之重的首要工作。

二、商业信用管理与销售部门之间的关系

商业信用管理部门与销售部门之间在工作目标、工作性质和与客户的关系等方面有很大的相关性和一致性。客户信用信息和客户的尽职调查报告、信用评级报告、信用分析和风险预警，是销售部门开发客户，筛选客户，将产品卖给信用好的客户的重要工具和手段。帮助销售部门在稳定老客户的同时，积极主动开拓新客户，不断扩大企业的客户群，加深与客户的关系，做到对客户信息了如指掌，对客户保持很好的信任态度和交流对接，可以很好地提高订单数量。

信用管理部门应严格按照规范的规章制度，不盲目相信客户的信用，尽可能选择信用度高、偿债能力强的客户，为销售部门提供经销商的信用信息报告、尽职调查报告、信用评级报告等评级结果等全面、实时的供应商信用信

息，作为信用销售、客户授信的决策依据，形成科学和审慎的信用决策制约制度。虽然两个部门的考核制度、激励制度不一致，但是两个部门目标是一致的，即增加有效的销售，减少坏账损失，提高企业整体利益。从实现企业利润最大化目标出发，就要在保证资金流动性的基础上尽可能多地开发客户，所以销售部门与信用管理部门之间必须开展相互合作，要在两部门之间建立一种机制，使两者能相互协调，消除冲突。解决冲突的基本方法是在制订部门的工作计划时，明确各自的目标，注意考核制度的双重性，将信用管理工作关注的坏账比率目标也纳入销售人员的考核指标中。此外，还要设立一套部门间协调工作的操作指南和培训制度，通过例会等形式加强两部门人员之间的相互交流和沟通。

信用管理部门要结合企业自身的情况，制定客商评级授信体系和系统，对企业赊销、预付敞口额度作出限定，有效控制企业整体信用风险水平，包括建立了企业客商黑白名单管理制度。同时信用管理部门还要就信用风险转移，诸如抵（质）押、信用保险、商账催收等方案提出意见和建议，帮助销售部门做好客户关系管理，特别需要关注客商的财务、风险预警、契约精神和履约能力。科学用好信用评价结果，做到事前风险的防范化解、客商关联关系排查、事中风险预警、重大风险提示、事后动态跟踪评价，信用管理部门还要按月度、季度、年度提供经销商相关的全面风险信用报告。

充分利用好两个部门的各自优势，展开合作。信用管理部门可以利用自己对全行业的了解、对客户的了解和使用征信数据库等优势，帮助销售部门认识当前的销售方向、挖掘老客户的潜力、开拓潜在市场等。当信用政策需要调整时，信用管理部门要及时做好商业信用政策调整后的宣传工作，让销售部门及时充分了解新的信用政策，以便更有效地开展工作。销售部门人员比信用管理部门人员更了解客户的变化情况，所以销售部门要及时向信用管理部门提供尽量详细准确的客户信息，如客户的设备、库存、售价、人员等的变动，以及客户的购货历史状况、有无赊销甚至赖账等行为，这些都是信用管理部门评判客户信用程度的重要资料。所以信用管理部门和销售部门之间通过相互配合，资源共享，有利于各自工作的顺利开展。

总之，企业要实现坏账损失最小情况下获得高销售，需要销售部门和商业信用管理部门齐心协力的合作。

三、商业信用管理与财务部门之间的关系

商业信用管理部门和财务部门之间更要相互合作,才能完成各自的工作任务,两者关系非常紧密。两个部门的关系体现在企业的财务数据上,包括资金流动、货款付款进度比例、预付、应收账款、客户还款记录、供应链金融等信息。

从业务角度讲,信用管理部门和财务部门之间的目标同样也是一致的,如控制应收账款的发生规模、加强对逾期应收账款的管理、调节企业现金流量等。所以,企业商业信用管理工作与财务部门的工作关系密切。信用管理工作需要经常性地取得财务部门的记录,特别是应付账款、应收账款、客户还款记录等。如果企业内部可以联网,信用管理人员应有一定权限,可以直接调看相关的会计账。如果信用管理工作要安装信用管理信息化系统,必然要与财务部门使用的财务管理软件进行兼容。两个部门在很多方面都相互配合,信用管理对应付账款进度、应收账款的发生预测、应收账款的收款预测、坏账准备金的预测等工作对财务部门都有帮助;财务部门的预付、应收账款额的变化也可以反映信用管理工作的工作绩效。但是,财务部门往往重结果,看重的是业务发生之后企业账面上的数字变化及其对企业的影响;而信用管理工作则注重业务发生的过程,看重客户的信用状况和账款的质量。

总体上,信用管理工作和财务部门的总体目标是一致的,但是两者的分期目标可能并不相同,信用管理工作追求扩大成功的信用销售,使企业的销售利润真正实现最大化。在对逾期应收账款管理上,信用管理工作主张将被诊断为不可收回或收款成本过大的逾期应收账款作为坏账注销,而财务部门却不赞成如此做,因为这样会造成报表上的资产被注销,甚至造成企业账面上的资不抵债,或者引起税务检查方面的麻烦。所以信用管理部门和财务部门在工作上存在不同的具体目标要求和处理技巧,双方应加强沟通和合作,精诚合作。

四、商业信用管理与其他部门之间的关系

商业信用管理与企业内部其他部门之间的关系也比较密切,如生产部门、

审计部门、法律部门等。

（一）与生产部门的关系

信用管理工作与生产部门是单向作用的关系。生产部门能否保质保量按时交货给客户，会影响客户的付款表现，进而影响到企业利润的实现。如果是因为企业没有按照合同保质保量按时供货给客户而引起的客户拖延付款，那就不是客户的信用问题，造成的损失应当就由企业自身承担。此时企业的信用管理部门应与采购部门、生产部门、销售部门一起与客户进行沟通，解决问题。

此外，生产部门的正常生产除了要求原材料能稳定供给以外，在一些情况下还希望找到一些可靠的分包商，来分担部门生产加工工作。分包商的工作体现在产品和服务中是代表企业本身的形象，其生产能力与质量直接影响着企业对外产品的好坏。这就需要企业对分包商的信用状况进行有效的审查，开展信用评级和尽职调查，信用管理工作提供的认定分包商能力和责任的信息对企业选择合适的合作伙伴至关重要。

商业信用管理工作可以为生产部门建立风险管理和控制机制。对于企业的生产部门来说，要有可替代的原料供应商和分包商，仅依赖一个或特定的供应商和分包商是非常危险的。因此，信用管理工作有责任对替代者作相应的储备和信用审查。

（二）与审计部门的关系

信用管理工作要顺利开展需要企业相关部门的紧密配合，包括采购、销售、财务等部门，与企业内部审计工作也存在诸多相容点，双方相互促进、有效衔接。企业信用管理工作中客户的评级结果和评级报告对内部审计、审计延伸调查工作都是非常重要的，同时对内部审计部门也起到一定的监督与督促作用。对于企业来说，信用评级和评级结果的主要应用在于采购招标供应商选择以及授信给客户的赊销、预付敞口额度，这都需要客观、公正，才能降低企业风险，保障企业经济利益。审计部门对信用管理部门制定的信用销售授信额度进行风险评估，分析企业授信指标设置的合理性与可行性，评价开展赊销的风险性与风险应对策略的科学性，通过对这些工作开展科学审计，保证决策、目标更合理、更切实可行。

（三）与法律部门的关系

此外，信用管理工作还要就客户的履约情况、预付和应收的商账管理等问题和法律部门合作。在供应商执行合同过程中，发生不及时供货、产品质量和数量有问题、经销商发生逾期应收账款，商业信用管理部门需要就这些客户的失信行为及违法行为和法律部门进行沟通，并将客户的信用档案等有关材料移交公司法律部门，作为企业开展司法维权的必要材料和证据。

商业信用管理工作要提高采购招标、信用销售或授信的成功率，除了与企业内部的各部门打交道以外，有相当一部分工作需要外部机构的技术服务支持。

委托专业、权威的征信机构开展独立的第三方信用评级和尽职调查，可以掌握客户尽可能多的信用信息，了解企业的信用状况，同时打破企业内部各部门之间的封闭和垄断，从而推动企业整体的信用体系建设。在一些信用管理较为严格的企业，信用信息报告和信用评级报告已经成为企业管理和决策的一项必备文件。

与企业的商业信用管理工作发生联系的企业外部对象包括各种媒体、招标代理机构、国内应收账款管理代理、国际商账追收代理、信用保险公司、法院、仲裁机构、政府机构、行业协会等。信用管理工作与这些外部对象联系的目的主要是获得客户的信用信息以及对信用管理工作在业务和法律上进行支持和指导。信用管理工作应妥善处理与以上各企业、机构或部门之间的关系，从企业实际需要出发，选择合适的外部企业进行合作，应用好企业外部资源。

第三节 商业信用管理与第三方信用评级的关系

企业内部商业信用管理和独立的第三方评级机构的工作既相辅相成又密不可分，两者目标一致，服务于企业风险管控、采购审核、授信决策等内部管理。企业信用管理的基础是信用评级，即按一定规则合法采集企业客户的信用信息，并通过征信技术手段进行数据加工处理形成信用报告，在尽职调查和评级过程中，涉及企业管理、财务、经营、法律等诸多专业知识，特别是信用管理的知识，同时还需要具备开展征信和评级工作的职能或资质。这就对企业自身的信用管理等部门提出了很高的要求，企业一般都采用委托专业、权威的第三方信用评级机构来开展独立、公开、专业的征信业务，获取客户信用评级结果和报告。企业信用管理等部门的重点工作是将第三方评级结果很好地应用于企业经营事前、事中、事后的全过程管理中，包括对客户资质进行评价和对其信用风险进行预测，缓解信用交易中信息不对称，扩展企业经济活动的地域空间；调查借款、被赊销企业或商务合作方的信用状况，了解其偿还能力与偿债意愿，协助赊销企业等主体规避信用风险；增强信用信息的透明度，全面及时掌握风险状况；为企业商务交易和信用管理决策提供信息和评估支持；降低商务和信贷交易成本；促进企业信用记录、监督和约束机制的建立等。

接受委托的第三方信用评级机构必须具备如下几个条件：一是必须具有合法来源的公共信用信息、市场信用信息等企业外部的数据和处理能力，具备覆盖全行业企业商业信用信息系统、海量信用信息基础数据库；二是具备信用理论研究、技术创新能力，同时具有专业、强大的技术人员和尽职调查团队；三是具有覆盖全行业的企业信用等级评价指标体系、模型，信用评级、信用报告专业化信息系统平台；四是一般要具有十年以上尽职调查和企业信用评级行业经验，以及丰富的多行业多区域场景实践和应用经验。

一、数据来源与处理

商业信用征信数据由商业信用信息转换而来，商业信用信息只有经过数据处理、被存储到商业信用征信数据库中才是商业信用征信数据。采集、归集信用信息，除了委托方企业信用管理等部门提供的客户基本信息，第三方评级机构还必须从包括各部委机构、地方政府等在内的公共信息渠道获得被征信对象的公共信息，如市场监督管理局、税务局、海关总署、统计局、人民银行、法院、国资委、商务部等，各部门对应的商业信用信息项如表2-1所示。

表2-1　　　　　　　　政府职能部门对应的商业信用信息项

序号	职能部门	可获取的信用信息条目
1	市场监管局	公司名称
2	市场监管局	统一社会信用代码
3	市场监管局	公司注册登记信息
4	市场监管局、商务部、国资委	公司性质
5	电信公司、邮政局、国资委	公司确切办公地址

续表

序号	职能部门	可获取的信用信息条目
6	市场监管局、商务部、国资委	公司股东情况
7	市场监管局、国资委	有无分公司、外地办事处
8	市场监管局、国资委、公安局	主要负责人
9	市场监管局、统计局、国资委	营业范围
10	市场监管局	企业发展史
11	劳动局、人才交流中心	员工数
12	税务局	税务登记
13	税务局、国资委	营业额度
14	市场监管局（质监部门）	伪劣产品查处
15	市场监管局（质监部门）	产品生产许可证、条形码
16	海关总署	进出口情况
17	发改委、财政局	发展计划
18	法院	经济纠纷
19	市场监管局、税务局、统计局、财政局、国资委等	财务报表
20	中国人民银行、商业银行	贷款情况
21	中国人民银行、工商局	基本户开会银行
22	中国人民银行、商业银行	主要来往银行
23	房管局、公安局	办公用房和车辆
24	市场监管局、公安局	董事个人资料
25	房屋管理局、公安局车辆管理	公司固定资产

来自地方政府的信用信息源也十分重要。目前，大部分省市都设立专门的地方信用建设体系机构，如地方经信委、大数据局已经整合了较多政府部门的信息。

地方公共资源交易信息，商业银行的企业开户信息、贷款、担保和还款记录等信息，国有、大型上市公司物资采购和销售的履约信息都是非常重要的市场信用信息。网络、报纸、杂志、电视、广播等传媒，特别是人民日报、新华社的舆情部门都有大量的信用信息，从中可以筛选出有用的信息，作为舆情风险信息。

这些公共信用信息、市场信用信息、舆情信息都是专业的商业信用征信机构的重要的信息来源，并具备下列特征：

1. 数据来源合法、可信、安全。

2. 数据质量好，特别要剔除那些提供假数据（具备企业主动提供的数据清洗、验证、比对的能力）。

3. 数据稳定、及时、实时，更新频率高。

4. 数据的广度和深度达到很高要求。

5. 可以提供海外数据合作服务。

专业的第三方评级机构在信用信息处理过程中，数据处理是首道工序，也是开展评级和征信的首要条件，一般的数据处理和检验方式有信息筛选、数据清洗处理、数据录入与纠错、数据逻辑性判断、人工核查、数据深度挖掘和分析等，将有用的信用信息从采集或汇集来的各类企业信息、产品信息或公共信用信息中挑选出来。

二、独立的尽职调查

开展尽职调查是指在出具评级结果和评级报告之前，信用管理等部门委托第三方评级机构的尽职调查专业人员到现场核实被调查对象的情况，对企业的信用状况进行的专项调查和分析，是一种专业的线下调查服务。尽职调查的四要素如下。

1. 采集时间：在采集信用信息时，根据不同调查对象的特点，选择合适和充裕的时间去访谈，保证采集信用信息的完整性和准确性。

2. 采集地点：在实地调查征信对象时，信息采集地点对判断被调查对象的真实信用状况非常重要。通常调查时会走访重要的场所，包括调查对象的办公和生产场所，以便更全面了解或核实调查对象的经营实际情况，验证其他渠道来源的信息。

3. 调查对象：只有选择最合适的调查对象，才可以采集到有用的信用信息，提高工作效率。在调查预约时，尽调人员要根据所需调查或核实的内容，有针对性地选择被访谈对象，包括被调查对象的股东、实际控制人、中层管理人员。

商业信用管理

4. 调查内容：在调查工作准备期间，尽调人员应该准备好调查所需的"现场调查信用信息采集单""资料备查清单""尽职调查问题清单"，资料备查清单如表 2-2 所示。

表 2-2　　　　　　　　　　　资料备查清单

序号	资料名称
1	社会统一信用代码证
2	公司章程及修正案
3	股东和关联关系表
4	经营资质（许可）证
5	银行开户许可证、贷款卡
6	组织结构图
7	历次股东出资的验资报告
8	上年度公司总经理工作报告（董事会的年终汇报材料）
9	经营资质、许可证照、荣誉证书（如进出口许可证、生产许可证、经营许可证、技术标准证书、产品注册证/批准证书、产品质量证书、高新技术企业证书、商标等）
10	公司各项管理制度
11	科研成果证书（专利、著作权等；子公司如果纳入合并报表也要提供）
12	公司高管人员、主要人员工作简历
13	公司享受的相关优惠政策和支持文件（国家、省/市级、园区的财政、税收、贴息、资金等）
14	经审计的近三年年度审计报告，及本年度上月底的财务报表（资产负债表、利润表、现金流量表及其补充资料）、财务报表的附注说明
15	申请信用敞口、应收保理业务需求的用户同时提供上述四期"纳税报表"
16	公司办公场所的权属证明（土地证、房产证或租赁合同）
17	主要固定资产列表（特别是研发和生产的专用设备）
18	近三年度和本年度上月底银行对账单
19	公司上年度公司所得税缴税凭证
20	非银行、信托、发债等金融机构借贷合同或企业融资对账单

为更好地开展好尽职调查，需提前将调查工作的流程指引发给被调查对象。

1. 资料初审。初级分析师依据评级模型完成初步评价，并将初评中影响企业信用的有关问题及客户资料检查中的有关问题列入尽调补充问题清单。

2. 发尽调通知。受评单位邮件发送尽调通知，并附上尽职调查清单和问题清单，提醒受评单位提前准备材料。

3. 约定尽调时间。尽调人员熟悉受评单位材料，向企业发送行程安排并与企业联系人确认入场时间、地点，提醒企业准备场地、备查资料及参评人员。

4. 现场尽调。一是主要股东、高管、中层干部访谈，按日程安排，依据现场调查问卷开展访谈，提出问题，记录要点并全程录音；每位受访者访谈后要在现场调查问卷签字页签字。二是资料核实，依据尽职调查清单中的资料清单核实企业资料原件及加盖公章的复印件，做好问题描述，并将复印件带走。三是现场考察，按照日程安排，依据现场开展办公场地、车间厂房、库房等实地考察，做好问题描述，拍照存档。

5. 提交尽调报告。尽调人员将现场调查问卷记录及访谈记录、录音文件、照片等佐证信息汇总，形成尽职调查报告。

三、评级业务一般流程

专业的第三评级机构开展评级出具评级结果和报告都遵循非常严谨的业务操作流程，最终形成评级结果和报告。以商业信用中心评级业务一般流程为例，评级业务的流程如图2-1所示。

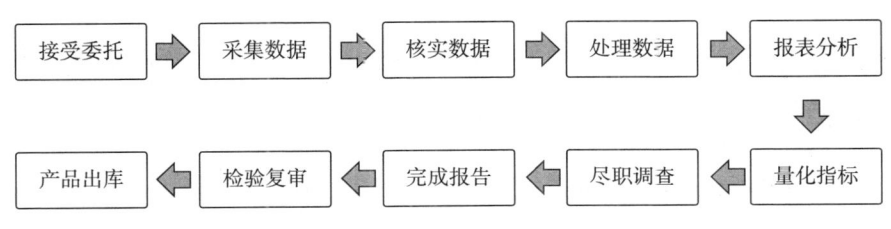

图2-1 商业信用中心评级业务一般流程

1. 接受委托：由企业信用管理部门或者采购、销售等部门信用管理机构委托商业信用中心开展评级业务，履行规定的审核手续，核实是否是近期的重复尽调，开展评级准备工作。

2. 采集数据：从企业信用管理部门或者采购、销售等部门获取企业基本信息、历史履约数据、客户提交的其他数据，检索中心信用数据库被评级对象的信用档案或历史信用信息记录，评级人员开始采集、归集公共信用信息、市场信用信息数据，进行补充调查和采集。

3. 核实数据：中心评级人员开始和各国家部委、地方征信管理部门等单位比对数据，开始清洗、核实各数据源提供的基本数据，特别是核实那些逻辑不合理的数据。

4. 处理数据：剔除不可靠且逻辑不合理的数据和假数据，尽可能排除财务报表的虚假成分，作出系统性修正。在这道工作程序中，有可能包括量化一些定性分析指标。

5. 报表分析：分析宏观经济、经济景气等数值，财务报表、审计报表等材料，作出相应的评价，并作出一些文字性的评述。

6. 量化指标：使用数学模型，按企业信用管理部门或者采购、销售等部门要求调整评级指标、完善各行业模型、系统，作出风险预警等指数。

7. 尽职调查：发出尽调通知、问题清单等材料，尽调人员去被评级对象现场尽调和核实，取得现场调查实录，出具尽职调查报告。

8. 完成报告：将基于事实的记录、量化分析结果、分析结论等录入评级系统，按照简洁版、标准版、专业版的报告格式，生成信用信息报告、资信评估报告、信用评级报告、风险警示报告。

9. 检验复审：由评级复审人员、专家委员会成员根据中心评级标准进行报告检验。

10. 产品出库：向企业信用管理部门或者采购、销售等部门反馈评级结果和评级报告，发出"产品出库"通知。

四、评级结果应用

商业信用评级结果和报告在企业信用管理、采购、销售等部门应用是商业信用管理的核心工作，主要有两方面用途：一是供企业主动了解自身征信记录，通过查看信用报告中是否存在供销环节风险项、不良信贷信息、财务问题、风险预警等；二是供交易对手或政府机构等使用，作为自身资质及信用状况的证明，以取得对方信任，如提供给投标、采购以及拟合作的投资伙伴，特别是国有企业、地方公共资源交易环节对企业进行各类抟标时明确要求企业提供自己的信用报告以了解企业有无不良记录。

（一）评级结果在客户风险预警中的应用

通过评级系统采集归集客户风险事项，客户信用评级和信用信息动态管理，实时掌握客户的信用状况和变化，重点对客户企业营业状态、市场监管项变更、异常经营、行政处罚、关联关系、司法涉诉、股权资产质押、舆情事件等作为预警项进行实时监控警示预警。对发生风险的客户系统进行自动信用风险提示和告警，配合信用管理、采购和销售等部门采取相关措施，实现客户的实时重大风险筛查监控预警。

（二）评级结果在采购招标中的应用

早在 2013 年国家发展改革委、人民银行、中编办等有关部门在《关于在行政管理事项中使用信用记录和信用报告的若干意见的通知》中就提出在政府采购、招标投标、市场准入、资质审核等管理事项中依法要求企业提供由第三方信用服务机构出具的信用报告或信用记录。信用评级结果用于企业采购中，突出表现在应用于采购的全流程、全周期、全环节，包括供应商准入审核、评标标准信用分制度、供应商风险预警等作为投标人资格审查、参与投标业务的重要依据，以及作为优质供应商推荐、供应商实时风险监测、动态评测的工具。

（三）评级结果在信用销售中的应用

开展信用销售已经成为企业吸引更多客户、扩大营业额、增加盈利的重要的手段。企业在进行信用销售决策时，就要依靠对客户信用评级和信用报告分析，来确定信用销售对象和赊销敞口额度，协助扩大信用销售规模、支持营运资金，降低销售费用和成本，提高产品市场占有率和竞争力、销售额和综合效益。选择信用等级高、无重大风险失信行为的客户，企业销售部门才能做到足额、按时收回账款，最小化持有应收账款的成本，最大化应收账款的净收益，降低和规避信用风险，维系良好的客户关系，实现应收账款的最佳流动性和效益性。

（四）评级结果在供应链金融中的应用

供应链金融其本质是对供立链结构特点、交易细节的把握，将核心企业和上下游企业联系在一起提供灵活运用的金融产品和服务的一种融资模式。企业通过信用评级建立起来的自身数据信息分析，加上合同和长期协同关系产生的信用信息，把资金作为供应链的一个溶剂，增加其流动性。供应链金融归根到底就是将资金和信用注入两方面：一方面，解决相对弱势的上、下游配套中小企业融资难和供应链地位失衡的问题；另一方面，将客户信用报告和等级融入上、下游配套企业，实现其商业信用增级，促进配套企业与核心企业建立起长期战略协同关系，从而提升整个供应链的竞争能力。

（五）评级结果在精准营销中的应用

通过开展信用评级、建立客户信用信息档案，积累足够的用户商业信用数据，特别是利用互联网采集大量的行为数据，开展用户行为与特征分析。帮助企业找出目标客户，以此对广告投放、产品展示、营销策略等内容、时间、形式进行预判与调配，并最终完成精准化营销。大数据、云计算、区块链等新概念和新范式的广泛兴起，数据规模的增长和数据维度的不断增加加速新的商业契机出现，引导产品及营销活动投用户所好，甚至能在产品生产之前了解潜在客户的主要特征，通过对信用数据了解、掌握、挖掘、分析，找准品牌传播方向，及时调整企业经营策略和发展战略，有利于企业更健康的发展。

（六）评级结果有助于企业价值再创造

企业自身通过开展信用评级、建立客户信用信息档案，建立的商业信用数据库，构建了同一个供应链的生态系统，成员间互相学习、互相借鉴、资源共享、能力互补，组合创新出无限可能。供应链生态系统的形成，可以说是采购工作最能体现价值、最有成就感的事情。除了供应链的核心企业组织生态圈，供应商由于市场竞争和自身发展的需要，也不断进行技术创新与管理提升，核心企业及时了解供方最新动态，充分利用，就会获得基于供应商创新带来的竞争优势。采购管理层级上由企业内部协同进入供应链生态系统，管理的目标由成本管理升级为价值创造。

第四节　商业信用管理的考核与报告

绩效考核是商业信用管理部门工作中非常重要的一项工作。商业信用管理部门的业绩考核通常包括对部门业绩考核和对员工的业绩考核两个部分。业绩考核的根本目的是通过设置考核指标，强化部门已有的工作成绩，改进和修正在考核中所发现的工作问题，不断提高部门的专业职能和工作效率。对商业信用管理部门的考核重点在于对信用风险管理的效率，通过一些具体的业务指标完成情况反映出来。具体内容包括业务指标完成情况，例如，商业信用销售规模与总销售规模之比，销售回款率、坏账率及其改善情况，费用结算情况以及月底报告的总结等。考核的作用在于检验商业信用管理部门的工作是否实现和达到了事先计划的目标和管理标准，以此来促进未来工作的优化。因此，商业信用管理部门是否达到了公司的期望和对公司信用政策贯彻和执行情况，是考核的核心内容。

一、商业信用管理工作业绩考核的功能

（一）业绩考核的功能

科学、合理的信用管理绩效评价的实施，对商业信用管理部门的工作有很大的促进作用，只有对这种作用有充分的认识，企业才会积极地关注各种考核指标、评价理论和方法，才能够审慎地研究、制定和建立考核体系，科学而合理地实施考核方案。

概括而言，商业信用管理工作绩效评价的主要功能和作用主要有以下几点。

1. 对信用管理部门的工作作出专业评价，辨识业务问题和瓶颈，找到业务突破口；

2. 为商业信用管理流程优化提供依据，减少操作失误，提高业务水平；

3. 改善企业自身财务面貌，提高企业盈利能力；

4. 提高对商业信用管理部门员工培训的针对性，保持员工的业务效率；

5. 保证采购招标工作的合规性，保证原材料供应时间和品质，降低了采购成本；

6. 保障信用销售的安全性，缩短企业产品订购时间，提高客户满意度；

7. 建立企业风险预警机制和实时提醒反馈机制，防范和降低企业各类经营风险；

8. 增加企业现金流,保障企业运行安全,提高实际利润率。

（二）业绩考核的目的

商业信用管理绩效评价的关键在于评价指标的选择。重要指标包括采购招标中供应商的失信违法行为识别,不合格供应商的排除等,特别是以赊销方式对购买商品的客户所提供的敞口信用,这种信用循环的过程不仅包括收款过程,还包括订购过程。因此,商业信用管理绩效评价指标通常分为几类:一类是对采购招标全过程进行评价的指标,包括合同履约、原材料质量、采购价格等;另一类是对信用销售授信敞口管理的全过程进行评价的指标,包括应收账款、坏账等。

业绩考核的目的在于借助一个有效的业绩考核体系,肯定过去的业绩并期待未来绩效的不断提高。传统的业绩考核工作一般停留在总结过去成绩的单维度绩效考核层面,而现代商业信用管理绩效管理则将侧重点更多地放在关注未来业绩提高上来。一个有效的绩效管理体系包括科学的考核指标、合理的考核标准以及与考核结果相对应的薪资福利和奖惩措施。

二、商业信用管理工作业绩考核的标准

（一）选择评价指标的要求

对商业信用管理部门业绩考核设定标准,首先要选择业绩考核的指标。对于选择业绩考核的评价指标主要有以下几点具体要求。

1. 考核指标的选择要与业务内容有高度的相关性。换言之,所选择的考核指标要符合商业信用管理业务并能够达到特定业务的目标。

2. 评价标准必须具有客观性和灵活性。考核评价标准值可以是一个独立的值,也可以是一个区间值,考核标准值的设立正是企业的价值取向的反映。当然,具体设定什么样的考核标准值,在实践中还要参考行业的平均水平以及企业既往的经验数据来最终确定。

3. 绩效考核评价指标的选定必须具有连贯性特征。连贯性特征包括两个方面的内容:一是各个指标之间应该保持一致的逻辑性。二是考核评价指标须保持一定的稳定性,避免朝令夕改。当然,考核评价指标及其标准值也有必要根据实际情况进行一定的调整,但前提是这种调整需要在现有评价指标实施一

定时间以后才能进行,这个区间通常而言至少为一年。如果调整时间过短,绩效评价丧失了比较性的可能,就达不到考核的评价和激励作用。有了一个科学的评价标准值,商业信用管理部门就能够在实际工作中进行参照,检验本部门是否偏离了这个标准,对工作中可能出现的问题进行及时纠正和调整。只有这样,绩效考核的目的才能够得到保障。

4. 绩效评价指标及其标准值的制定和实施过程应该有商业信用管理部门全员的参与。企业和部门领导应该就这些考核指标、方法和评价标准值与被考核人员进行充分的沟通,以求更为准确和为执行者理解。

总而言之,绩效评价应该作为商业信用管理部门员工工作报告的一项重要内容。

(二)考核报告

商业信用管理部门应该定期制作业绩报告,它不仅反映自身的业务状况和工作水平,为本部门制定下一阶段工作目标作参照,也为下一阶段工作总结提供对比和参考,还可以使企业高层管理者通过考核报告了解商业信用管理部门的业务效率以及存在的问题,以调整战略目标或改进信用部门的工作基础和条件。考核报告的具体内容见表2-3。

表2-3 商业信用管理部门绩效考核报告

绩效考核项目名称		考核标准		
		标准值 (计划指标)	上月指标 (实际完成值)	本月指标 (实际完成值)
考核指标	中标履约率(%)			
	原材料达标率(%)			
	信用批准率(%)			
	销售未清账期(天)			
	账龄结构与分布百分比			
	坏账率(%)			
	货款逾期率(%)			
	货款回收成功率(%)			

续表

		预算数 （计划额度）	上月指标 （实际使用）	本月指标 （实际使用）
费用预算	配备人员数量（人）			
	相关设备费用（元）			
	差旅费用（元）			
	信用保险费用（元）			
	工资成本（元）			
费用预算	调查费用（元）			
	坏账准备（元）			
	通信费用（元）			
	培训费用（元）			
激励措施	精神奖励			
	物质奖励（元）			
月底报告	供应商风险全面报告 应付款分析报告 应收账款账龄分析报告 DSO 报告 争议货款分析报告 客户保留款分析报告 客户的现金回收分析			

【延伸阅读】商业信用管理的相关规定

根据现有资料，没有法律和政策文件对商业"信用管理部门"进行明确规定，但是对企业的商业信用"风险管理体系"却有详细的规定。信用管理部门包括风险管理的职责，甚至在很多企业中，信用管理部门就以"风险管理部"命名，因此对现有关于"商业风险管理"的政策进行梳理与解释。

一、《中央企业全面风险管理指引》

2006年6月6日，《中央企业全面风险管理指引》（国资发改革〔2006〕108号，以下简称《指引》）正式印发，该文件对商业信用开展全面风险管理工作作出指导。对于企业建立商业信用"风险管理组织体系"，《指引》作出

如下规定:

对于商业信用中的企业风险管理组织体系主要包括规范的公司法人治理结构,风险管理职能部门、内部审计部门和法律事务部门以及其他有关职能部门、业务单位的组织领导机构及其职责。企业可建立风险管理三道防线,即各有关职能部门和业务单位为第一道防线;风险管理职能部门和董事会下设的风险管理委员会为第二道防线;内部审计部门和董事会下设的审计委员会为第三道防线。

(一) 规范的公司法人治理结构

企业应建立健全规范的公司法人治理结构,股东(大)会、董事会、监事会、经理层依法履行职责,形成高效运转、有效制衡的监督约束机制。同时,还应建立外部董事、独立董事制度,外部董事、独立董事人数应超过董事会全部成员的半数,以保证董事会能够在重大决策、重大风险管理等方面作出独立于经理层的判断和选择。

董事会就全面风险管理工作的有效性对股东(大)会负责。董事会在全面风险管理方面主要履行以下职责:

(1) 审议并向股东(大)会提交企业全面风险管理年度工作报告;

(2) 确定企业风险管理总体目标、风险偏好、风险承受度,批准风险管理策略和重大风险管理解决方案;

(3) 了解和掌握企业面临的各项重大风险及其风险管理现状,作出有效控制风险的决策;

(4) 批准重大决策、重大风险、重大事件和重要业务流程的判断标准或判断机制;

(5) 批准重大决策的风险评估报告;

(6) 批准内部审计部门提交的风险管理监督评价自计报告;

(7) 批准风险管理组织机构设置及其职责方案;

(8) 批准风险管理措施,纠正和处理任何组织或个人超越风险管理制度作出的风险性决定的行为;

(9) 督导企业风险管理文化的培育;

(10) 全面风险管理的其他重大事项。

第一道防线:企业有关职能部门及各业务单位。

企业其他职能部门及各业务单位在全面风险管理工作中,应接受风险管理职能部门和内部审计部门的组织、协调、指导和监督,主要履行以下职责:

①执行风险管理基本流程;

②研究提出本职能部门或业务单位重大决策、重大风险、重大事件和重要业务流程的判断标准或判断机制;

③研究提出本职能部门或业务单位的重大决策风险评估报告;

④做好本职能部门或业务单位建立风险管理信息系统的工作;

⑤做好培育风险管理文化的有关工作;

⑥建立健全本职能部门或业务单位的风险管理内部控制子系统;

⑦办理风险管理其他有关工作。

第二道防线:风险管理委员会和风险管理职能部门。

董事会可下设风险管理委员会,该委员会的召集人应由不兼任总经理的董事长担任;董事长兼任总经理的,召集人应由外部董事或独立董事担任。该委员会成员中需有熟悉企业重要管理及业务流程的董事,以及具备风险管理监管知识或经验、具有一定法律知识的董事。

风险管理委员会对董事会负责,主要履行以下职责:

①提交全面风险管理年度报告;

②审议风险管理策略和重大风险管理解决方案;

③审议重大决策、重大风险、重大事件和重要业务流程的判断标准或判断机制,以及重大决策的风险评估报告;

④审议内部审计部门提交的风险管理监督评价审计综合报告;

⑤审议风险管理组织机构设置及其职责方案;

⑥办理董事会授权的有关全面风险管理的其他事项。

企业总经理对全面风险管理工作的有效性向董事会负责。总经理或总经理委托的高级管理人员,负责主持全面风险管理的日常工作,负责组织拟订企业风险管理组织机构设置及其职责方案。

企业应设立专职部门或确定相关职能部门履行全面风险管理的职责。该部门对总经理或其委托的高级管理人员负责,主要履行以下职责:

①研究提出全面风险管理工作报告;

②研究提出跨职能部门的重大决策、重大风险、重大事件和重要业务流程的判断标准或判断机制；

③研究提出跨职能部门的重大决策风险评估报告；

④研究提出风险管理策略和跨职能部门的重大风险管理解决方案，并负责该方案的组织实施和对该风险的日常监控；

⑤负责对全面风险管理有效性的评估，研究提出全面风险管理的改进方案；

⑥负责组织建立风险管理信息系统；

⑦负责指导、监督有关职能部门、各业务单位以及全资、控股子企业开展全面风险管理工作；

⑧负责组织协调全面风险管理日常工作；

⑨办理风险管理的其他有关工作。

第三道防线：内部审计部门和审计委员会。

企业的内部审计部门应至少每年一次对包括风险管理职能部门在内的各有关部门和业务单位能否按照有关规定开展风险管理工作及其工作效果进行监督评价，监督评价报告应直接报送董事会或董事会下设的风险管理委员会和审计委员会。此项工作也可结合年度审计、任期审计或专项审计工作一并开展。企业应在董事会下设立审计委员会，企业内部审计部门对审计委员会负责。内部审计部门在风险管理方面，主要负责研究提出全面风险管理监督评价体系，制定监督评价相关制度，开展监督与评价，出具监督评价审计报告。

（二）企业风险管理组织体系对企业的意义

《指引》是在借鉴了国际上发达国家有关企业风险管理的标准及法规，吸取了国外在风险管理方面的先进经验，并结合我国当时现有的法规及企业的现实情况的基础上提出的。它的出台对增强企业竞争力，促进企业持续、健康、稳定发展有着深远的意义。《指引》所描述的风险管理的范围既涵盖了类似公司治理结构这样的公司层面的问题，也涵盖了业务层面的操作问题，对各类企业具有普遍的指导意义。《指引》所提出的建立企业风险管理组织体系可以帮助企业明确全面风险管理责任框架，明确公司风险管理的策略，建立健全全面风险管理内部控制系统和实施的制度支撑体系；也可以帮助企业开展全面风管理工作，进一步提高企业管理水平，是中央企业开展信用体系建设的重要指导性文件。

二、《企业内部控制基本规范》

2008年5月22日，财政部会同证监会、审计署、银监会、保监会等五部门联合发布了《企业内部控制基本规范》（财会〔2008〕7号，以下简称《基本规范》）；2010年4月15日发布《企业内部控制应用指引》（财会〔2010〕11号，以下简称《应用指引》），对我国企业内部控制规范体系的建设与实施、提升企业抗风险能力提出具体要求。

所谓内部控制，指的是受企业董事会、管理层和其他人员影响，为经营的效率和效果、财务报告的可靠性、相关法规的遵循性等目标的实现而提供合理保证的过程。内部控制与风险管理是一对既互相联系又有差别的概念，理论界的观点认为：内部控制是为了达到某些目的而进行的一种动态的管理过程，这个过程是通过纳入管理的大量制度及活动实现的；风险管理则是围绕特定目标，通过各种手段对风险进行管理，为实现目标提供合理保证的过程和方法；内部控制与风险管理的相同点是两者均是合理保证目标实现的过程。风险管理更偏向内部控制过程的前端，更偏向对影响目标实现的因素的分析、评估与应对；相对于内部控制，风险管理是一个更为独立的过程；内部控制更加重视实施，嵌入企业各业务流程的具体业务活动中，融合在企业的各项规章制度之中，使企业在正常运营过程中自发地防止错误，提高效率，从而合理保证目标的实现。

我国内部控制规范体系，包括基本规范、应用指引、评价和审计三个类别，依次是核心统领、应用指引和事后鉴定三种类型。其中《基本规范》规定内部控制的基本目标、基本要素、基本原则和总体要求，是内部控制的总体框架，在内部控制标准体系中起统领作用；内控体系的有效实施，还需要一些具有可操作性的具体应用规范。《应用指引》是对企业按照内部控制原则和内部控制"五要素"建立健全本企业内部控制所提供的指引，在配套指引乃至整个内部控制规范体系中占据主体地位；《企业内部控制评价指引》和《企业内部控制审计指引》是对企业按照内部控制原则和内部控制"五要素"建立健全本企业"事后控制"的指引，是对企业贯彻《基本规范》和《应用指引》

效果的评价与检验。

值得注意的是，在《基本规范》中明确指出"风险评估"是企业建立与实施有效的内部控制的重要因素，并对其进行具体的说明：企业进行商业信用风险分析，应当充分吸收专业人员，组成风险分析团队，按照严格规范的程序开展工作，确保风险分析结果的准确性。企业开展风险评估，应当准确识别与实现控制目标相关的内部风险和外部风险，确定相应的风险承受度；应当采用定性与定量相结合的方法，按照风险发生的可能性及其影响程度等，对识别的风险进行分析和排序，确定关注重点和优先控制的风险；应当根据风险分析的结果，结合风险承受度，权衡风险与收益，确定风险应对策略；应当综合运用风险规避、风险降低、风险分担和风险承受等风险应对策略，实现对风险的有效控制；应当结合不同发展阶段和业务拓展情况，持续收集与风险变化相关的信息，进行风险识别和风险分析，及时调整风险应对策略，这实际上对企业的商业信用风险管理部门的职能作出了规定。

本章小结

企业建立健全规范化的治理结构就必须全面开展信用管理，明确信用风险治理策略，一般通过设立内部商业信用管理部门来实现信用管理功能，从而在保证物资采购、招标预审、信用销售中取得高成功率和低风险率。商业信用管理部门的主要职责就是对企业的采购招标管理、客户风险预警、信用销售和授信工作进行科学管理，其日常工作包括客户信用评级档案管理、信用风险分析、信用政策制定、应收账款管理、信用风险转移等。为保证以上功能的正常发挥，商业信用管理部门需要得到相应的授权，有权对各部门的招标采购、信用销售和信用风险活动作统筹协调。从信用管理部门的职能看，商业信用管理的一部分工作属于"监管"性质的工作，是强制性的管理，另一部分工作是服务性质的工作。

商业信用管理部门机构设置遵循的最基本原则包括任务目标原则、分工协作原则、权责利相互协调原则和行业细分原则。商业信用管理部门是与采购、销售、财务等部门并列的一级职能部门，在其部门内部还要设立二级、三级职能岗位。其中部门经理是信用管理部门的最高领导，负责本部门的日常管理和业务活动，在部门之下要设立功能不同的业务部门，如客户资信中心、授信管理中心、供应链金融中心等，各部门下还要根据任务设立相应的任务小组，包括信用管理涉及的各种岗位。

商业信用管理部门的岗位类别主要包括部门经理、信用管理主管、信用信息档案管理人员、信用分析人员等。商业信用管理部门从业人员最重要的职业道德要求是诚实守信，在工作中应遵守客观、公正、公平的原则。

企业内部信用管理工作和独立的第三方评级机构的工作既相辅相成又密不可分，两者目标一致，服务于企业风险管控、采购审核、授信决策等内部管理。专业的第三方信用评级机构还必须具备如下几个条件：一是必须具有合法来源的公共信用信息、市场信用信息等企业外部的数据和处理能力，具备覆盖全行业企业商业信用信息系统、海量信用信息基础数据库；二是具备信用理论研究、技术创新能力，同时具有专业、强大的技术人员和尽职调查团队；三是具有覆盖全行业的企业信用等级评价指标体系、模型、信用评级、信用报告专业化信息系统平台；四是一般要具有十年以上尽职调查和企业信用评级行业经验，丰富的多行业多区域场景实践和应用经验。

对信用部门的绩效考核，目的是检查部门是否实现和达到了事前计划的工作目标和管理标准以及促进今后工作的推进。考核内容包括业务考核指标体系和考核报告。考核可以起到导向的作用，所以考核的重点在于指标体系的正确设定。国外注重事前控制，其考核指标的选择也就注重对于事前风险控制的效果。

考核报告反映自身的业务状况和工作水平，为本部门制定下阶段的工作目标作参照，也为下阶段工作总结提供对比和参考，还可以作为企业高层管理者了解商业信用管理部门运作效率和方式。

商业信用管理部门要妥善处理好与企业采购、销售、财务等各部门以及企业外部之间的关系，协调合作，为企业的总体目标共同努力奋斗。

本章要点

- 商业信用管理部门的地位和作用
- 商业信用管理部门机构设置的原则与其组织机构设置

- 商业信用管理工作的专业从业人员及其从业职业道德要求
- 商业信用管理工作与企业各部门之间的关系
- 商业信用管理工作与第三方信用评级机构的关系

本章关键术语

客户资信中心　授信管理中心　供应链金融中心　信用管理主管　信用分析员

本章思考题

1. 简述商业信用管理部门的地位和作用。
2. 简述商业信用管理部门机构设置的原则与岗位设置的类别。
3. 介绍商业信用管理工作的专业从业人员及其从业职业道德要求。
4. 阐述商业信用管理工作与企业各部门之间的关系。
5. 简述商业信用管理工作与第三方信用评级机构的关系。

第三章 商业信用征信管理

第一节 商业信用征信

征信活动的产生源于信用交易的产生和发展。信用是以偿还为条件的价值运用的特殊形式,包括货币借贷和商品赊销等形式,如银行信用、商业信用等。现代经济是信用经济,信用作为特定的经济交易行为,是商品经济发展到一定阶段的产物。信用本质是一种债权债务关系,即授信者(债权人)相信受信者(债务人)具有偿还能力,而同意受信者所作的未来偿还的承诺。但当商品经济高度发达,信用交易的范围日益广泛时,特别是当信用交易扩散到全国、全球范围时,信用交易的一方想要了解对方的资信状况就会极为困难。此时,了解市场交易主体的资信就成为一种需求,征信活动也就应运而生。

因此,征信从本质上讲,就是信用信息服务。在实践中它表现为依法采集、保存、整理、分析、使用和传播有关企业和个人的信用信息,主要目的是防范信用风险、保持金融稳定。同时,征信业的产生和发展对促进社会经济发展、提升金融竞争力、保证经济健康发展和社会文明、和谐、进步都有很大的积极作用。

商业信用征信作为征信中一个重要的组成部分,在信用经济的形成和征信体系的构建过程中发挥着重要的作用,尤其是对于企业自身而言更是不可或缺的一个环节。

一、征信的概念

征信,从字面上理解,"征"是指征集、验证、求证,"信"则是指信用、诚实、信任的含义,结合起来"征信"表达的就是征求或验证信用的含义。

征信作为名词,它是一系列特定的调查技术操作的名称;作为动词,则常指"征信活动",强调进行资信或信用调查的行为和过程。

从定义上来说,征信是指专业化的机构,依法采集、整理、保存、加工自然人、法人及其他组织的信用信息,并向在经济活动中有合法需求的信息使用者提供信息服务,帮助市场主体判断控制风险、进行信用管理的活动。

从内容上讲,这则定义事实上包含了征信在"狭义"和"广义"两个方面的内容。狭义的征信,也即是传统意义上的征信,是指对于商业信用状况和个人信用状况相关的信息进行采集、核实、整理、保存、加工并对外提供的活动。广义的征信则为狭义的征信加上信用管理服务,即传统的企业资信调查、个人信用调查和信用管理服务。

二、商业信用征信的概念

"商业信用征信"是征信的一个分支,其概念也有广义和狭义之分。从广义上讲,商业信用征信是指所有组织为自身经营需要而开展的对信用信息收集、处理和报告的一种活动,是为满足自身需要而进行的一种自身管理活动。而从狭义上讲,商业信用征信是指专业征信机构在对企业的商业信用记录、经营水平、财务状况、所处外部环境等诸多因素进行分析研究的基础上,对其信用能力和信用能力迁移所作的综合评价,是一种外部专业评价活动。通常提到的商业信用征信属于狭义范畴,而本书所指的是其广义范畴。

除了最基本的概念之外,还有一些概念是在了解商业信用征信时需要掌握的,主要有以下几个:

(1)被征信人:指其信用信息被特定组织采集、整理、加工和使用的企业。

(2)信用信息提供人:指向特定组织提供他人信用信息的自然人、法人、其他组织。

（3）信用信息使用人：指征信机构为其提供信用信息咨询、调查和信用评估等服务的企业。

（4）商业信用征信机构：指在征信监督管理部门注册的专门从事商业征信业务活动的法人机构。它是信用交易双方之外的第三方机构，拥有一定规模的信用信息数据库。

（5）企业信用评级报告：关于企业的商业信用状况的信息报告，包含了尽职调查报告，是将通过现场核实并经过验证统计处理的信息，经过一套符号或检索系统的逻辑排列后，以企业资信调查报告或者风险指数分析的方式表述出其信用状况的报告，分为信用信息报告、信用评级报告等。

三、商业信用征信的功能

商业信用征信对商业企业自身的稳定和健康发展具有极其重要的作用。有效的征信方法和得当的信用管理政策能够使企业在激烈的市场竞争中站稳脚跟，处于主导地位，而忽视商业信用征信的企业必将为之付出巨大的显性和隐性成本。因此，了解商业信用征信的功能有助于提高企业的信用意识，具体体现在以下几个方面。

（一）建立企业的商业信用档案

商业信用征信能够帮助行业组织或者企业自身获得往来企业的各项信用记录，将这些信用信息进行整合、处理和归类后形成企业的信用档案，能够对未来商业活动提供依据和决策支持。同样地，在电子商务领域，日益激烈的市场竞争使得拥有优质的客户资源显得格外重要，因此，要保证交易的安全可靠就必须建立完备的客户信息档案，帮助交易双方增进了解，从而扩大网上交易平台使用率。

（二）促进企业客户分类管理

客户分类管理是客户关系管理的核心内容之一，它是将一个大的客户群体划分成多个小群体，每个小群体内客户特征相似，而不同小群体之间的特征则差别较大，每个小群体就是一个客户类别。将客户进行分类后，企业就可以对这些客户类型加以分析，并采取相应的营销策略和服务，保留住原有客户，对易流失客户采取预防措施。商业信用征信正是客户分类管理的重要基础，通过对不同客户征信信息的分析和归类整理，商业信用管理人员能够为不同的客户群提供切实有效的维护方案，从而促进企业客户分类管理，进一步提高商业信用管理效率。对客户信息变化的及时跟踪使企业可以根据市场情况的变化调整相应企业的所属类别，从而提供更好地满足客户需求的产品和服务，实现客户分类的动态化管理。

（三）建立稳定的上下游企业关系

任何一个企业都是通过上下游企业之间形成的供销链条同其他企业发生经济贸易往来的。因此，可以说往来企业就是企业自身生存的生命线，保证其产品和资金实现高效率的周转，维系企业的生存和发展。

（四）扩大销售渠道和客户群

建立在客户信息管理系统上的企业商业信用管理能够为客户提供全方位的服务，从而增加客户忠诚度，保持已有的市场占有率，为进一步发展奠定坚实的基础。不仅如此，有效的征信信息分析和管理还能够通过提供更多元化的产品和服务来吸引更多的客户，扩大销售渠道和利润的来源渠道。

（五）提高应收账款的回收效率

信用销售一方面能够扩大企业的销售规模，实现资源的最优配置，但另一方面也会产生一定比例的坏账，如果管理不力，很有可能危及企业的生存，因此应收账款的管理对企业显得尤为重要。建立合理的应收账款结构和回收策略要依靠完善的客户信息系统，也依赖于运用商业信用征信的手段对客户信息进行有效的挖掘，从而提高应收账款周转率。

（六）降低交易成本

商业信用征信对企业而言能够形成很强的内部规模效应，能够有效整合交易所形成的各类信息，简化信用销售的流程，降低甄别客户的成本。同时翔实可靠的资信报告能够稳定上下游企业关系、降低供应商和客户的维护成本。商业信用征信有助于促进不同企业和行业信用意识的提高，从而使不同行业中的每一个企业都能够从成本的降低和交易的顺利进行中受益。

（七）利用共享信息促进自身发展

商业活动中行业联盟的建立及商业信用联合征信的开展能有效促进行业内信息共享机制的实现，有利于客户资源的合理利用，从而提高企业收益。联盟内部企业之间的互相监督提高了行业自律水平，同时提高了产品和服务的质量。另外，企业自身的差异化经营在细分市场的同时，也避免了行业内的过度竞争，为有序竞争的开展创造了空间。

（八）获得资金支持

资金是企业生存和发展的关键，也是企业运行的润滑剂，稳定的资金来源和资金收入能够确保企业在激烈的市场竞争中站稳脚跟，不至于因为资金的短缺而中断生产和销售行为。建立在商业信用征信数据基础上的资金筹划行为，极大地提高了资金的周转和使用效率，既能够保证企业获得充足的资金支持，又能够保证销售收入可以尽快转变为现金流入，促进企业的良性发展。

当前，我国的市场经济体系正在逐渐走向成熟，从卖方市场转变为买方市场，信用交易必将成为市场交易的主流。而作为信用交易主要支撑之一的商业信用征信活动的重要性也将随着我国社会经济的进步、交易关系的日益错综复杂和涉及范围的日趋扩大而不断增强。

第二节　商业信用征信管理与过程

一、确定征信目标和范围

确定征信目标和范围的主要依据是企业本身所选用的信用政策、客户申请信用额度的规模、客户信用状况等。

从成本、风险、收益来考虑，信用额度不同所产生的信用风险不同，决定着企业采取不同的征信管理策略。一般信用额度越大，交易的风险也越大，同时所产生的交易利益也越大。对于信用额度非常大的交易，要采用谨慎的征信管理策略，对客户进行全面的征信调查和深入的信用分析；而对于信用额度较小的客户，企业的征信范围可以相应缩小。

客户规模也是确定征信管理策略要考虑的重要因素，客户是企业的利润来源，也是产生信用风险的根本原因。客户的信用风险越大，企业越需要得到客户全面系统的信息，需要进行全面深入的调查；客户的信用风险越小，企业所需要的信息就越少，所需的征信调查也越少。

此外，客户是新客户还是老客户，对于征信调查的范围也是不同的，对于新客户企业要进行全面的调查，而对于老客户，在一年之内，只需要对上次调查后发生变化的事项进行调查。

二、制订征信计划

制订一个有效的征信计划，是进行商业信用征信管理的重要环节。在设计征信计划时，主要从整体上进行规划，确定收集第一手资料和第二手资料的具体策略，达到收益成本比最大。一份征信计划应该包括征信的目标、所应收集的资料、征信方法和工具、征信时间与经费预算等。

（一）确定客户信息收集策略

1. 第一手资料的收集。第一手资料是企业根据需要与客户进行访谈或实地调查走访客户收集整理取得的。在征信调查中，通过实地走访客户，与客户的主要管理人员访谈、对客户的办公场所进行考察和对已有客户的资料进行核实，来收集客户的第一手资料。收集第一手资料大致的方法有以下几种：实地考察、访谈法、客户填写申请表等。实地考察主要是通过派调查人员对客户的主营业地、客户的生产规模、客户的主要供应商或经销商等进行实地考察和访问，以获取客户的第一手资料；访谈法是调查人员通过与被访谈对象进行口头交谈的方式来收集对方有关信用动因、还款策略与信用历史数据的一种调查方法；客户填写申请表则是指客户提出信用额度要求时，企业要求客户填写已设计好的客户基本信息表，以初步获取客户的信息以及客户资信调查的授权。另外，还可以采用问卷调查方法获取客户第一手资信信息。

2. 第二手资料的收集。第二手资料主要来源于官方、银行、公众媒介以及征信公司和其他第三方机构。对于第二手资料主要向第三方信用服务机构订购评级报告等。

客户资料收集的一般程序是：首先，在客户提出信用申请的同时，对客户进行访谈，初步了解客户的信息，根据客户提供的资料，对客户的信用动因作出初步的判断。如果客户的信用申请符合企业的信用政策，则进行下一步的资信调查。其次，广泛收集客户的第二手资料，一类是客户提供的财务报表及其他相关资料；另一类是通过购买第三方信用评级报告。最后，是对客户进行尽职调查，其目的是一方面对客户的高级管理人员进行访谈，以进一步收集客户的信用信息，解答对客户进行初步信用分析所形成的疑问；另一方面对客户的办公场所、生产厂房、库房等地方进行观察以便验证客户的相关资料。

（二）征信时机选择

对客户进行征信调查的时机选择是相当重要的，要实现高效、低成本。一般与客户第一次往来交易时，要对客户进行详细彻底的调查，为新客户建档。此外，要对客户进行定期调查，有重大招标采购项目时或当客户要求扩大交易额度或改变交易方式时、出现订单异常现象时、客户状况发生异常时，都要对客户进行进一步的资信调查，更新客户信息，对客户的资信状况做到全面准确了解，对每一次采购招标做到合规，每一笔交易都做到合理授信，款项按时收回。

三、收集整理信息，形成客户征信报告

从不同渠道、通过不同方式收集的客户信息，要对数据进行核实、处理，从数据中提炼适当的调查结果。通过客户信用信息的整理分析，形成客户信用状况分析报告，将征信调查获得的信息进行综合，形成征信调查报告。

（一）客户信息的收集整理

对收集的客户信息进行加工处理包括筛选、分类、核实、计算、判断、分析、编辑等。筛选是从不同来源的信息中拣选出有用的信息和需要更新的信息。分类就是按照客户信用档案模本的信息栏目，将选出来的信用信息分为纯文字描述信息和量化信息。核实就是对形成客户信用价值评价指标的重要信用记录进行核实，保证信息的真实性、合法性和公允性。计算就是算出客户的资信级别和风险指数，使用更新了的记录。判断是就现行客户授信和信用政策的正确性和松紧程度进行判断。分析是就客户信用档案中的重要记录和评价结果进行分析，提纲挈领地作出客户描述，并提出建议。编辑就是按照模板要求，对客户信用档案的对应部分进行更新，使档案的数据结构对应于所采用的信用管理软件的要求。

经过加工处理的客户信息，应该达到客户信用档案模板的要求，模板通常是在国际流行的企业资信调查报告版式基础上设计出来的，如果使用信用管理

软件，客户信用档案的模板是随软件提供的，软件运行对客户信用档案的版式要求相当高，通常不能接受不同版式的信用档案和记录格式。尽管有的软件运行是在人工输入信息后进行信用分析的，但是大多数软件要求配套使用标准版本的信用档案。

标准的客户信用档案模板的主要特征包括：满足信用信息的深度、广度和动态指数；检索点设计合乎国家标准和国际标准；有英文译本；建立资信评级标准；版式有利于计算机信息化管理等。

（二）征信尽职调查报告的内容

征信尽职调查报告是对客户资信情况进行调查、核实以后，对客户信用信息整理后形成的，作为记录客户信用信息的载体。征信尽职调查报告由征信调查人员编写，是反映客户的信用动因和信用能力的报告。征信尽职调查报告的主要内容包括以下几个方面：

（1）标题，主要说明报告的类型、机构、编号等内容；

（2）企业概况，主要介绍从市场监管等部门获得的客户基本信息、资信信息等；

（3）股东及管理层情况，介绍企业客户的主要股东、股东的持股情况以及管理层的主要负责人的背景；

（4）财务状况，介绍企业客户的主要财务状况，一般为资产负债表、利润表和现金流量表中的摘要；

（5）银行信用，介绍企业客户的往来银行及其信用记录与还款情况；

（6）付款记录，主要介绍客户与本企业以及其他供应商、纳税机构及其他应付款的单位和个人的付款情况与欠款记录；

（7）经营情况，介绍客户企业的经营状况，包括其产品的市场、营销能力以及品牌竞争力等内容；

（8）实地调查结果，介绍对客户进行实地调查的结果，说明客户企业的办公场所、对管理层及员工的访谈结果；

（9）关联企业，介绍客户企业的关联企业，如其总公司、分公司或投资的其他机构的情况；

（10）公共记录，主要介绍客户企业涉及的法律诉讼及行政处罚的情况；

（11）媒体披露，介绍媒体所披露的客户企业的有关信用方面的记录情况；

（12）评语，是对客户企业的总体评价以及给予客户的授信建议。

四、制作客户档案

企业在与客户交往中所形成的客户信息以及企业自行制作的客户信用分析报告和订购的第三方征信机构客户信用评级报告都可以进行进一步的分析和加工，将其制作成客户档案，包括书面档案和电子档案两种。

第三节 客户信息归集

一、客户信息的来源

（一）企业内部信息

企业内部信息即指企业在自己的经营活动中、在与客户进行交易的过程中收集的各种信息，是第一手的信息资料，主要包括采购和销售部门能提供的信息和进行实地调查取得的信息。

1. 采购和销售部门提供的信息。采购和销售部门是企业直接与客户打交道的部门，与客户保持着密切的联系。采购和销售部门通过对客户的实地访问和电话信函联络，可以获得许多客户的内部信息，这些信息一般都被采购和销售人员写进了供应商和经销商基本信息中。两个部门掌握的客户一般信息主要包括客户提供的"企业简介""产品介绍"；客户网络上的宣传材料；有关客户的网络报道；对客户进行实地访问了解的情况；其他了解客户的人士或中介的介绍等。此外，两个部门在与固定客户的长期商业往来中，对于每个客户对待交易的习惯态度和做法，特别是对于偿付货款的一般做法比较了解，形成了企业对客户的交易经验。两个部门了解的客户交易经验是非常重要的客户信息，在客户信用信息分析中起很关键的作用。

企业内部要实现信息共享，就必须建立一个记录客户信息的系统。通过该系统信用管理部门可以及时有效地获得采购和销售等部门提供的有用信息，但是这些信息数据一般是不完整的、非即期的，在使用时要做到客观、谨慎，必须从信用管理部门的角度考虑问题，重新对数据进行描述和分析。信用管理部门与采购和销售部门要建立良好的合作关系，双方密切配合，低成本最大限度从两个部门获得有价值的客户信息。

2. 实地调查取得的信息。信用管理部门对客户进行实地访问调查是一种与客户直接接触的征信调查方式，从中可以获得许多细节性的重要信息，从而弥补其他渠道获得的信息空白。

企业从实地访问调查可以了解到的信息主要包括客户的一般背景材料、客户管理层构成情况、客户生产的日常基本情况等。通过实地访问调查，获得有关客户的销售额利润大小、资本结构、资金来源、债权保障、营运资金的流动性、存货周转状况、产品销量市场因素、催收欠款表现等，都是最基本的信息，此外有关管理层主管的基本信息、工人精神面貌、厂区规划、生产秩序效率等看似不直接反映客户信用状况的这些信息的了解，对于后期信用管理部门在制定客户信用政策时的作用非常大。

在对客户进行实地访问调查的过程中，一般要安排与对方的主要管理人员会面，交换彼此的意见，在实地访问时，由于会涉及很多有关信用方面问题的解答，特别是企业财务、管理等诸多专业问题，为更好地开展好尽职调查工作，做到公开、独立、专业，一般委托专业第三方征信机构开展。

(二) 企业外部信息

企业外部信息是指企业从独立于本企业及客户之外的第三方机构或组织处收集的各种信息，是第二手的信息资料，主要有来自官方的信息、公众媒介的信息、银行的信息以及征信公司提供的信息等。

1. 官方信息。从官方获得的信息，除了政府政策类信息外，企业要善于总结和收集有关优良企业、不良企业处分等新闻媒体发布的有价值信息，统计部门出版的具有宏观参考意见的书籍资料，还有有关上市公司的相关报道资料等。官方信息的重要来源是市场监管、税务、海关、司法等监管部门的有关披露信息，这些相关的负面信息在客户信用评价中具有一票否决的作用，要特别关注和重点收集这方面的客户信息。

2. 公众媒介信息。企业要从报纸、杂志、电视、广播、网络等大众传媒中获得客户重要的信息。企业的商业信用管理部门应该长期订阅权威性强、发行量大的报纸、杂志，从中感知市场的变化，最快地了解市场动态。国内知名的经济类报纸是企业了解当前经济形势的窗口，可以了解客户的财务状况、经营业绩和发展前景等；国际知名的报纸杂志，为从事国际贸易和投资的企业提供有益的信息来源；有关行业发展与现状的专业刊物，可以提供具体行业的产品生产、经营管理及未来发展趋势等相关信息。电视、广播，特别是网络，都具有时效性和信息覆盖面广的特点，信用管理部门要特别关注这类公众媒介。

从公众媒介获得的客户信息比客户自己提供的信息在客观性和公正性方面要好得多，但是这也是不完整的信息，信息的动态性较差，而且常存在一定的偏见性，所以信用管理部门要把从公众媒介获得的信息在长期积累的同时进行特殊加工，如进行特别技巧的统计处理，然后再有效地利用。在实际的应用中，由于公众媒介信息积累和再加工的高成本，信用管理部门往往更倾向于采购专业的资信调查报告，而在公众媒介信息的使用上更看重信息变动的时效性。

3. 银行信息。银行有储户存款和贷款的动态信息，同时银行对一些大储户有专门的调查报告，因此银行信息对企业有非常大的参考价值。但是银行信息覆盖面狭窄，又不完全对外开放，所以银行信息在企业受用方面还有所欠缺，不能有效利用。客户在申请信用额度时，往往自己主动向企业提供其银行信息，或企业要求客户提供，在信用政策制定时，银行信息具有很大的参考价值。在银行信息的使用方面，我国需要进一步开放这一部分公共信息，真正实现信息共享。

4. 征信机构提供的信息。第三方征信机构向企业提供的征信产品主要有：信用信息报告、资信评估报告、信用评级报告等，又分为简洁版、标准版、专业版报告。提供的尽职调查报告产品主要有：后续报告；企业基本信息报告；企业资信深度报告；专项问题调查报告；风险指数报告；企业家族调查报告；国际供应商评价报告；付款分析报告；行业状况调查报告；国家风险调查报告等。不同级别的征信调查报告的费用是不同的，企业可以根据自身需要购买相应的征信调查报告。

企业委托第三方征信机构对客户进行尽职调查，得到合格的深度信息。可获得的第一手信息，真实可靠性高，专业性强，独立客观。

二、客户信息内容

从企业内外部收集的客户信息主要包括以下五个方面：企业基本信息、人力资源信息、物力资源信息、财务信息、宏观经济信息。

（一）企业基本信息

1. 成立时间。企业成立时间的长短客观上反映了企业的市场基础。历史悠久的企业较刚成立的企业更值得信任，因为激烈的市场竞争中能够得到长久的生存和稳定的发展，在一定程度上说明该企业各个方面都趋于完善，市场基础深厚。但是，在变幻莫测的经济环境中，不能一概而论，有些新兴行业，企业发展迅速，已经成为现代商业社会的宠儿。所以对企业的未来发展趋势的判断，应结合所有因素，进行综合分析。

2. 经营范围和业务变迁。企业登记的经营范围和其实际经营项目可能不同，通常实际经营项目仅属于其中部分而已。首先要注意企业目前业务内容是否逾越注册登记范围；其次要注意其经营项目的演变，是否随着产业及技术的变革而转换。成熟的企业，一般具有稳定的经营范围和主营业务，如果一家企业的经营项目经常变动，说明企业没有长期的经营战略和思想，易受外界干扰，随波逐流，急功近利。激烈的市场竞争导致企业承担巨大的市场风险，很多企业走多元化经营的道路以分散风险，这样做本无可厚非，但是多元化经营以至于包罗万象，无所不能，则企业没有核心业务，经营没有保障，与这样的企业打交道风险较大，调查时应分析该企业业务变迁的内在原因。

3. 经营方针。不同企业有不同的经营特色和方针，关键要考察其经营方针是否适合当前的经济形势和行业特点。考察时，应与其他同业的方针政策进行比较，再分析该企业特有的经营方针和经营态度是否与时代潮流和经济情况相适应。

4. 注册资本及变迁。注册资本一般来说表现出企业的规模。资本越大，表示企业的经营资本越雄厚，对企业今后的发展至关重要。企业增加注册资本，表示企业业务规模扩大，发展迅速，但也可能是股权结构发生了变化。因此，要分析股东和股权份额变化后对企业今后发展产生的影响。

5. 企业性质、名称及商标。考察企业性质，主要是明确企业的资金来源即股东和对外界所负全责。股份有限企业、有限责任企业、外商投资企业均以企业资产承担有限责任，而合伙企业、个人独资企业其所有者则承担无限责任。企业的名称一般不会随意更改，使用越久，知名度越高。一旦企业更换名称，则很可能发生重大变故，或股权变更，或经营失败，或其他。企业的商标是企业产品的标志，代表企业的荣誉，一旦被社会广泛认可，其无形资产价值巨大，因此企业商标一般不予更换。但也有可能是企业产品存在质量问题，商标已丧失信用，所以更改商标偷梁换柱，坑骗他人。在考察时，应认真分析变更企业商标的原委。

(二) 人力资源信息

1. 股东和经营者情况。当打算与一个企业特别是与独资企业和合伙企业打交道时，应当知道企业的股东是谁，主要股东之间的关系是否融洽，主要股东是否还投资于其他企业，这些企业经营状况如何等情况。企业的股权结构表示各股东对该企业的支配权的强弱。通过对持有大股份的投资企业自然人的资信调查，可间接反映企业的一般特性和作风，借以分析该企业资本和经营上的安全性。

企业的兴衰成败，经营者往往起到决定性作用。具有卓越才能的经营者可以从零做起，成为地区乃至国际知名企业，也可以临危不乱，随机应变，再造生机，使亏损企业重新崛起。反之，平庸无能的经营者，即使接手优良企业，也会使其逐渐丧失优势乃至衰败。考察企业管理者，可通过直接面谈、经历调查、同业评价、社会评价等多方面综合评价，而判定经营者的个人经历、经验、信用和能力。

2. 员工状况。劳务状况是指企业人员的结构、薪金水平、出勤状况和工作态度等方面的情况。劳资之间是否协调、员工素质的高低、员工比例结构是否合理等都会对企业的发展产生影响。考察员工相处情况和工作态度，可以从侧面了解企业内部管理水平。如果企业员工工作态度积极、相互配合，说明企业内部管理完善，管理者领导有方。反之，则说明企业管理混乱，对企业发展极为不利。

3. 技术条件。技术条件包括技术人才、技术专长、技术开发等方面。良性运转的企业很重视技术的开发和创新,其追求的目标是长期持续的发展。非良性运转的企业正相反,忽视技术开发,只注重眼前利益。因此,应该注意调查企业在技术开发上的费用投入、经营者的态度、与外界的技术交流以及对技术人才的重视程度。

(三) 物力资源信息

1. 自然条件。主要考察营业场所所在地的自然环境对生产成本和产品品质的影响程度,主要考察气候、地质、地形、水利、资源等因素。

2. 能源供应条件。主要考察能源供应,涉及煤、电、油等工厂生产命脉的供应;考察交通,涉及原材料运输的便利情况和运输成本;考察原材料,主要是调查原材料供应的可靠性;考察产业政策,主要调查国家对产业是否有优惠或限制条件,以及在卫生、交通、检验、规划等方面有鼓励或限制政策。

3. 厂房、设备状况。调查工厂建筑物的结构、新旧、大小、配置以及机器设备摆放是否合理,原料、半成品、产成品的运送以及放置是否合适等;调查机器设备的种类、性能、精密程度、使用年数、修理保养状态等。同时应该关注设备合理利用、闲置设备比例等。

(四) 财务信息

财务信息的调查内容主要是企业自身所编制的财务报表和银行往来信息等,分析了解企业的偿债能力、经营能力及获利能力。

1. 偿债能力。以流动比率、速动比率、资产负债率三项为基准来作分析,流动比率越高越好,通常以 2 为佳;速动比率也是越高越好,通常以 1 为佳;资产负债率越小越好,通常以不超过 50% 为佳。如果流动资产多,且以现金及银行存款居多,则表明企业的安全性较高,但同时也显示企业的理财手法较保守;若短期借款增多,而流动资产未能相应增加,表示有可能将短期资金转移用作中长期投资。此外建筑业或房地产开发企业,通常将庞大的建筑用土地及在建工程列为存货,若剔除此项,速动比率将大幅度降低。

2. 经营能力。可以将存货周转率、应收账款周转率、流动资产周转率以及总资产周转率四项指标作为经营能力的分析基准。

3. 获利能力。以销售利润率、资产收益率和股东权益率为其分析基础,在分析时要注意将这几个指标结合分析,如果客户销售利润率为正,但股东权益收益率成负值,表示销售获利不足支付管理费用、利息或营业外的支出。若刚好相反,营业利润为负值,本期损益却转亏为盈,则表示客户用营业外收入来充抵亏损,也不是正常现象。

4. 银行信用记录。企业和银行之间资金往来和相应的记录对企业的资信调查非常重要,银行不仅有目标企业的存贷款记录和还款情况,还对企业的信用状况有较深的了解。调查企业与银行的往来时,应该了解企业存款、贷款、还款的情况,尤其是贷款和还款相关信息非常重要。调查贷款情况时,应首先了解贷款总额占企业总资产的比例,长期和短期贷款的比例,然后调查往来银行名称、贷款种类、期限、担保品及与主要借款银行的往来关系;调查还款情况时,应了解企业还款方式和还款记录,以及有无逾期还款现象等。

(五) 宏观经济信息

企业的发展与整个经济的发展密不可分,分析调查企业信息时,除了着重调查企业的经营管理和财务状况以外,对于非其本身所能控制的各种外在经济状况的变动,也应作深入的分析,以了解对个别企业所属行业的影响,以及该行业与其他行业的相互关联影响。

1. 经济周期。现代经济呈周期性运作,整个经济形势的繁荣或衰退,对各行业影响各不相同。要准确掌握交易企业所处的经济环境和行业发展状况,关注行业发展的新政策变动。

2. 行业状况。根据经济运行规律,行业不同,企业发展的前景不同,有朝阳行业、新兴行业、高科技行业,也有传统行业、衰败行业、劳动密集型行业等。行业调查一般涉及行业生产、原材料、存货、价格、设备以及企业的地位和特色等相关信息。对于行业状况的调查,依据企业所在行业的发展历史、现状和上述要素,以推测行业的整体前景,同时探究企业在同业中的地位、特色和动向,以推测其成长状况和发展趋势。

三、客户信息的获取途径

客户信息的获取途径有多种,可以直接向客户索取,也可以向第三方征信机构购买信用评级报告。

（一）直接向客户索取

企业在开展招标采购和向信用申请者授信之前，作为对等条件，可以要求供应商或购买商提供必要的资信证明和相关资料，并以此作为基础建立企业客户档案。

（二）银行查询

银行是信用资产主要债权人之一，它同债务人发生的信用关系和对受信者的信用记录是资信调查重要的参考依据。但是，由于大多数国家的银行法都规定有保密协定，除了法律规定的情况外，银行不得向第三者透露客户资料。我国银行基本不提供查询服务。

（三）政府机构查询

可以向市场监管部门、税收部门、房产部门、车辆管理部门、法院等部门查询相关资料。从税务部门了解企业纳税状况，但该方法在国内、国外均有很大困难；从房产部门考察不动产登记及设定情况，以及抵押情况；向车辆管理部门查询，考察车辆登记情况；向法院查询，了解企业应诉上诉的事件记录。

（四）向客户的往来企业调查

向企业的其他供应商和销售商调查，查阅其信用口碑、付款情况和负责人的付款还款意愿。但是应该注意调查企业的立场，以防止偏袒或诋毁受信者的情况发生，造成授信决策偏差。

（五）公开发表资料

1. 官方公开资料，如政府部门的各有关机构发表或公布的经济动态、经济指数、物价统计、商品走势、市场行情等。

2. 行业协会资料，行业协会一般会保存最新最全的行业资料，并公开发行会刊，这有助于对该行业的经营现状、发展趋势等作出正确分析。

3. 专业及一般新闻报纸杂志。

（六）直接购买或委托专业第三方征信机构服务

市场经济的发展促使社会分工的专业化越来越明显。一份完整的信用评级报告和尽职调查报告涉及很多的部门、机构、单位，资料的收集、分析、判断工作烦琐复杂，有时单靠企业自身力量根本无法完成。专业第三方征信机构有完善的信息渠道、专业的分析模型和技术，并配有大型数据库，可以满足企业的调查和查询需要。具有专业权威的信用评级报告和尽职调查报告等一系列产品，客户完全可以根据需要购买相关产品。

第四节 制定客户信用档案

一、客户信用档案的建立原则

（一）集中管理原则

企业对客户档案进行集中管理，进行全面跟踪，可以统一授信，及时抑制由于客户资料分散而可能出现的问题。如果客户资料分散在业务人员手中，就会导致客户是业务人员的客户，而非企业的客户这种现象的出现。业务人员的离职，会使其掌握的客户及业务一并消失，从而给企业带来巨大的经济损失。更严重的是，如果业务人员带走了销售合同和发货单据，就会使某些客户拖欠的账款变成坏账，直接给企业造成经济损失。如果客户资料散布在企业各个部门里，虽然不是个人掌握客户资源，但是由此引起的部门之间、部门与整个企业之间利益平衡问题将非常严重。各部门为争夺客户，会无形中逐渐放宽信用条件，从而为企业埋下不可估量的信用风险。

对客户档案进行集中管理，除了可以减少由于客户资料分散疏于管理而造成的损失外，还可以降低维护客户关系而发生的新增费用。客户档案分为书面档案和电子档案两种，电子档案更有利于统一的信息化管理，但是有些信息无法转化成电子档案，必须保留书面档案，以备日后查询。对客户档案进行统一编号，建立企业内部的客户信息库，为后期工作提供便捷，提高整体工作的效率。

（二）动态管理原则

动态管理，就是对于客户档案信息要不断完善和更新。对客户信用档案进行动态管理的主要目的是，根据客户的财务、经营、人事的变动情况，企业要定期调整对客户的信用等级。信用管理部门的授予等级应该按照客户情况进行，一般以年度为单位确定本期授信的有效期，当客户的基本情况发生变化时，信用等级也要随之进行调整。动态管理的另一个目的是通过不断更新客户信息，对客户信息进行长期的积累，完整的客户历史记录可以看到客户的发展趋势，以便更好地对客户的潜力进行分析。此外，历史积累数据是进行统计分析的基础，可以帮助挤掉客户财务报表中的"水分"并提供预测基础。

（三）分类管理原则

对客户档案进行分类管理，主要是出于客户对企业的重要性和客户档案管理费用的考虑。进行客户档案管理也要考虑成本的限制，要使有限的资源发挥最大的效率。

考虑客户对企业的重要性因素，信用管理部门可根据企业与客户的年平均交易额，与客户的交往时间长短，简单将客户分为普通客户和核心客户。核心客户与企业的交易量大，是企业合作的主要客户，企业80%以上的生产和销售来自核心客户，如果该类客户出现风险，企业将遭受巨大的损失，要特别加强对核心客户的管理。

对核心客户要进行深层次的征信调查，同时要保证信息的及时更新，核心客户档案管理的复杂程度较高，所以其费用一般也较高。企业要控制核心客户的数量。普通客户虽然与客户的交易量小，但是其数量多，对企业的影响也比较大，可以应用群体分析和信用等级控制对普通客户进行管理。实例表明对企业造成损失的常常是企业中小客户中交易额不大的老客户，所以企业要特别关注这类客户。

对客户档案进行分类的另一种方法是将客户分为企业客户和个人客户（含个体工商户）。企业客户的交易额一般较大，交易规模和周期具有规律性，但是企业规模扩张会引起交易额的大幅增加，要随时关注企业客户的变动。企业客户的信用交易有其经营利润和企业资产做保障，只要合理授信其信用风险一般较小，但是要十分关注企业客户不合理的大额授信增加申请，进行谨慎的审核，有时可能是企业经营失误的最后冒险一搏，由于企业对债务承担有限责任，所以此时的授信可能从一开始就是坏账。个人客户（含个体工商户）一般比较分散，交易额较小，由于其周转资金较少，所以交易次数较频繁，要有专人对个人客户档案进行整理和及时更新。个人客户的偿债能力较低，风险承受能力差，企业要根据个人客户的经济实力给予合理授信，进行专人管理，小额授信也要进行定期催账，不能因为个人客户承担无限责任而放松对其的管理。

客户进行分类时要将上述两个因素同时考虑进去，分别作为一级标准和二级标准，具体形成两种分类方法，如图 3-1 和图 3-2 所示。

1. 客户重要性作为一级标准，客户法人性质作为二级标准。

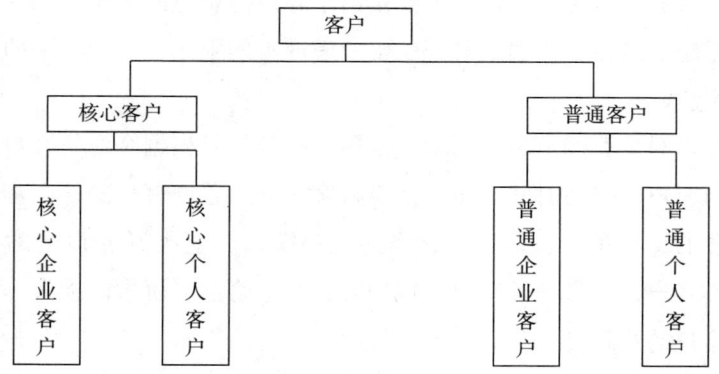

图 3-1　客户分类示图一

2. 客户法人性质作为一级标准，客户重要性作为二级标准。

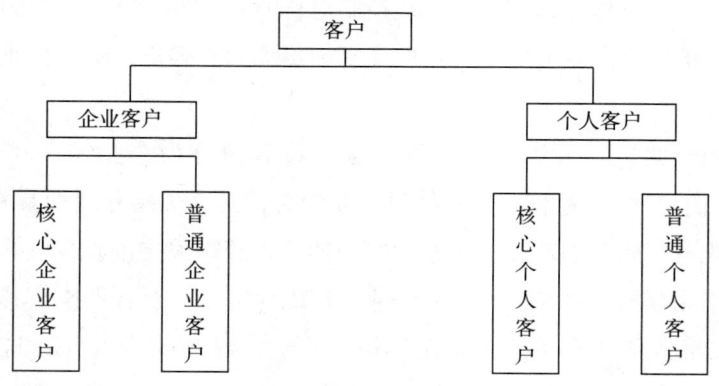

图 3-2　客户分类示图二

二、客户信用档案的内容

（一）客户信用档案的概念

客户信用档案是指一个企业将其所有客户的各种财务和非财务信息进行集

中统一收集、记录、整理，并对每个客户的资信状况进行定期分析、评估，从而为企业的各级管理人员提供决策支持的客户资信背景情况记录。

客户信用档案包含了企业经营中与客户信用相关的各方面信息，如企业基本情况、组织管理与人员配备、业务情况、财务状况、内部交易记录、企业评价、信用状况、征信报告、信用分析记录等多方面的信息。客户信用档案是企业进行信用决策的依据，建立合格的客户信用档案是商业信用管理工作的起点，属于商业信用管理部门的基本建设工作。没有设立专门信用管理部门的企业可以由采购部门和销售部门建立和管理客户信用档案。

（二）客户信用档案的版式设计

客户信用档案的设计一般是以企业信用信息报告、信用评级报告等信用评级报告等模板为基础的，包括在调查报告格式的表格中填充的记录；对客户进行实地调查得到的资料；本企业对客户的评价；应用提示和查询记录等。

将评级报告作为客户信用档案的底版，原则是要适应信用管理专业软件的需要，必须与未来使用的信用管理软件兼容。对于通过实地核实并经过处理的信息，要在一套符号或检索系统下进行信息录入，可参照国际国内符合行业、国家标准的报告版式来编排客户信用档案。

除报告栏目要求的原始记录以外，档案还要附上对被调查对象的企业信用评级或风险指数分析。征信信息中可能存在不真实的原始数据，一般可以通过对积累数年的历史数据进行统计处理，然后采用比较法和不同制式测算法进行数据处理，挤出不真实数据中的"水分"，提高数据的可利用性。

（三）客户信用档案的种类

根据记录客户信用档案载体的不同，可以将客户信用档案分为书面档案和电子档案两种。

1. 书面档案。书面档案即对客户信息进行收集并加工整理后形成的书面资料，一般包括交易过程中投标书、合同、谈判记录、可行性研究报告和报审及批准文件；客户的法人营业执照、营业执照、事业法人营业执照的副本复印件；客户履约能力证明资料复印件；客户的法定代表人或合同承办人的职务资格证明、个人身份证明、介绍信、授权委托书的原件或复印件；企业法定代表人授权委托书的原件和复印件；客户担保人的担保能力和主体资格证明材料的复印件；双方签订或履行合同的往来电报、电传、信函、电话记录等书面材料和视听材料；签证、公证等文书资料；合同正本、副本及变更、解除合同的书面协议；标的验收记录；交接、收付标的、款项的原始凭证复印件等。

在对客户档案资料进行保管分析的过程中，书面档案资料的保管和整理是最基本的工作。因为在交易过程中逐渐形成的客户信用档案资料是非常多的，为了避免今后的合同纠纷和防范合同风险、法律风险、信用风险，这些书面的交易资料应该被完好地保存起来。此外，数量如此多的书面档案资料的重要性并非完全一样，要将其整理分类，电子备份后，重要的文件要进行特别保管。

2. 电子档案。电子档案一般包括电子公文、电子证书和报告、电子图形图像、电子文献资料等电子文件，此外还包括客户征信调查信息的电子录入文本。随着电子计算机和通信技术的发展，以及企业信息化办公的普及，电子档案的建立越来越重要。电子档案的管理遵循档案收集、整理、保管、利用、鉴定、统计等管理原则，需要专门的技术和设备支持，是一项复杂的技术工程。

客户电子档案资料的建立和维护随企业发展阶段的不同，其操作方式和总体架构也会不同。处于初级阶段的小规模企业，其营业额总体比较小，企业的客户总数也不是很多，一般通过Word、Excel等办公自动化软件对客户征信信息进行简单的编辑、统计处理等，形成客户信用档案的电子化文档。这种操作方式成本较低，但是对于客户资料的分析效果不好，资料的整合和再利用程度也不大。当企业客户数量发展到一定规模时，就要建立客户档案数据库，以便更好地对客户进行管理。一般根据企业自身的具体情况，可以单独建立客户信用档案数据库，或者将客户信用档案数据库融合在企业的信息化管理系统中。但是企业客户信用档案数据库的建设需要有专业人员的主持领导，有企业专项资金预算的支持。

三、客户信用档案的应用

客户信用档案建立的主要目的就是支持采购招标和信用销售和授信工作。企业内部所有与客户打交道的业务和经理人员在交易谈判前都要充分利用客户信用信息和信用评价。要使客户信用档案有效利用，必须从两方面考虑：一是客户信用档案中的信用记录内容和指标本身要达到标准；二是信用管理人员在提供客户信用档案服务时，要做到准确提示、及时传递、显示简单易懂等标准。

对客户信用档案的准确提示，指的是由客户信用档案分析人员对客户的信用评级报告进行解读，将报告中有关客户的弱点和优点进行特别标示，准确提供给使用客户信用档案的业务或经理人员，为企业成功的商业谈判提供帮助。客户信用档案的及时传递，是指将企业长期客户和正在接触的潜在客户的档案和修正信息及时地通报给相关业务人员，特别要及时通报有关客户的"利好"和"利空"信息，做到防范风险和把握商机并重。客户信用档案信息的显示要简单易懂，其意义要明确，使客户信用档案的使用者准确利用其价值。

企业利用客户信用档案决定与客户谈判的方案，制定授信政策和付款方式，挖掘老客户的潜力，开发潜在客户。客户信用档案将与客户以往交易的信息进行筛选、分类、核实、判断、分析、编辑等加工处理，对客户的评价真实客观，新的交易谈判方案的设计离不开对客户的透彻分析，做到心中有数，合理授信，选择正确的付款方式。对客户信用信息进行深入挖掘分析，可以准确判断出客户的未来发展趋势，对于处于上升阶段的客户，在信用风险可以规避的前提下，可以适当增加对其的授信额度，增加企业的利润。

四、客户信用档案的更新

合格的客户信用档案要求其客户信息是动态的，动态信息的更新，可以是定期更新，也可以是适时更新。一份客户信用档案的有效期通常在三个月到一年。信用管理部门对客户信用档案实施动态管理的目的，一是信用管理人员需要定期了解客户的情况，尤其是信用等级、风险预警、财务状况，预测客户的发展趋势；二是定期调整对客户的信用评级等级、授信额度、授信期限和授信条件等。

（一）客户信用档案更新的动机

1. 定期调查。客户征信调查是一项持续性的工作，与客户保持交易往来，就要对客户进行定期的征信调查，以了解客户的最新动态。企业的资信状况是不断变化的，企业受经营环境不确定性因素的影响，看似正常的企业可能存在潜在的危机，其动态信息必须及时更新。对客户进行定期尽职调查是非常必要的。

2. 客户扩大交易额度或改变交易方式。客户的持续发展，与企业的交易额度也会不断扩大，随着业务合作的深入开展，客户会有付款方式或期限变更的要求，当这些情况发生时，企业除了在原有客户信用信息的分析基础上进行新的授权外，另一个重要的工作就是及时更新客户的信用信息，以便后期工作的正常有效开展。

当客户订货数量要求增加时，要了解其中的原因，到底是因为业务扩大导致订货数量要求提高，还是借着大量进货蓄意诈骗。有时客户会要求把付款期限延长，从一个月改为两个月或三个月，一般对于交易时间久而且信誉优良的客户，企业大多会给予较长的付款期限，或较高的折扣优惠，或给予较大的信用额度，每家企业对于这方面都会有一定的规定。有时则要求把以前沿用的现汇或信用证交易方式改为承兑交单或付款交单的方式，企业遇到该种情况，应委托其国内专业性资信机构代为进行资信调查，同时参照其过去财务状况及以往业绩，作为取舍依据，以促进营运的正常发展。

3. 订单出现异常状况。订单异常是指在交易期间，突然有大批购买或大量削减的现象，同时对产品的品质要求也不再严格时，此时就要引起企业的特别注意。企业要查明客户订单突然增大的真实原因，然后再做具体的授信，警觉订单异常的现象，并做好相关的信息更新。

有时订单的骤然增加也属于正常现象，可能是客户成功开拓新市场，需要大量进货，在作决策前必须进行实际调查。对于订单增加而对品质却不再有严格的要求，这种情况有诈骗嫌疑或者恶性倒闭的可能，所以在实际中不能为了迎合客户的要求而忽略其潜在的危险信号，以致造成损失。资信调查对于企业坏账率的降低有十分重要的作用，将可能成为的未来坏账扼杀在萌芽状态。

4. 客户状态风险预警。

（1）财务风险。商业信用的规模不断扩大，使企业间的债权债务关系纵横交错，但同时也带来了一个问题，企业间相互拖欠款项已成为困扰企业发展的一个普遍问题。企业运营以追求利润为目标，信用工具的使用也是为了促进企业的销售，以期实现利润最大化的目标，但一旦坏账过多，就可能严重影响企业的流动资金，增加企业运营成本，降低企业的利润，甚至导致企业破产清算。当客户的不良债权增加时，常常出现由于别人拖欠而导致自己资金周转失灵甚至停业的现象，从而使本企业的债权也向不良化转化，所以企业要特别关注客户的债权债务变化情况。

（2）企业重大变更。一个企业是否能够快速、稳定发展，主要在于企业本身组织健全，人事安定，有精明强干的经营领导，这样才能使企业稳步发展。如果客户经常改组或主要经营负责人易人，则表明客户的人事比较混乱，经营策略有可能朝令夕改，所以对此类客户要谨慎。一般来说，经营不善的企业大部分都曾有改组及更换管理层的情况发生。一旦客户发生这种变化情况，就应该密切注意其动态，从各方面收集其信息作为往来交易的参考。但是对于经营不善的客户企业，其改组及经营换人，可能是其"利好"的信息，所以企业也要分辨，把握商机。

（3）经营风险。企业的经营者是企业的主宰，对整个企业具有绝对的影响力，尤其是一个经营有规模、在市场上已有相当知名度的企业，其经营者的状况是大众投资者、交易伙伴关注的焦点。一旦经营者身体健康状况发生问题，对企业可能会产生许多不良的后果，甚至使企业的实力和市场份额逐渐减小，企业竞争力下降，严重的可能倒闭。所以客户企业经营者身体状况的变化情况是客户信用档案更新的重要内容。

（二）客户信用信息更新的渠道

客户信用信息更新的渠道与信息收集的渠道基本相同，如向客户直接索取，或从独立于本企业及客户之外的第三方征信机构处收集信息。要将收集的信息进行新一轮的筛选、分类、核实、计算、判断、比对、编辑等加工处理，在保存原有信息的基础上，将暂时无用的信息备份，以备将来查看；将旧信息更新，利用分析软件重新将新数据进行分析，对客户进行新的评价。

本章小结

征信在本质上是信用信息服务，在实践中表现为依法采集、保存、整理、分析、使用和传播有关企业和个人的信用信息。商业信用征信作为征信中一个重要的组成部分，在信用经济的形成和征信体系的构建过程中发挥着重要的作用，尤其是对于商业企业自身而言更是不可或缺的一个环节。

征信又被称为信用调查或资信调查，有广义和狭义之分。狭义的征信是指调查或验证他人信用，而广义的征信还包括求取他人对自己的信用的含义，如求取公众的信任，提高自身道德上的评价等，这里所要研究的征信是从狭义上讲的，即征信机构对市场交易行为主体的信用资料进行收集、利用、提供、维护和管理的活动。

商业信用是征信的一个分支，其概念有广义和狭义之分。从广义上讲，商业信用征信是指所有组织为自身经营需要而开展的对信用信息收集、处理和报告的一种活动，是为满足自身需要而进行的一种自身管理活动。而从狭义上讲，商业信用征信是指专业征信机构在对企业信用记录、经营水平、财务状况、所处外部环境等诸多因素进行分析研究的基础上，对其信用能力和信用能力迁移所做的综合评价，是一种外部专业评价活动。通常提到的商业信用征信属于狭义范畴，而本书所指的是其广义范畴。

商业信用征信管理的过程包括：确定征信的目标和范围；制订征信计划；收集整理信息，形成征信报告；制作客户档案。

客户信息包括企业内部信息和企业外部信息。其中企业内部信息包括销售部门提供的信息和实地调查取得的信息；企业外部信息包括官方信息、公众媒介信息、银行信息和征信公司提供的信息。从企业内外部收集的客户信息主要包括以下五个方面：企业基本信息、人力资源信息、物力资源信息、财务信息、宏观经济信息。向客户获取信息的途径包括直接向受信者索取、向行业协会等机构索取、向市场监管部门查询、银行查询、政府机构查询、向客户的往来企业调查、公开发表资料、直接购买或委托专业资信机构调查等。

客户信用档案包含企业经营中与客户信用相关的各方面信息，是企业进行信用决策的依据，建立合格的客户信用档案是商业信用管理工作的起点，属于企业的商业信用管理部门的基本建设工作。客户信用档案的建立要遵循集中管理原则、动态管理原则和分类管理原则，其包括书面档案和电子档案两大类。

客户信用档案建立的主要目的就是支持信用销售和授信工作。企业内部所有与客户打交道的业务和经理人员在交易谈判前都要充分地利用客户信用信息和信用评价。要使客户信用档案有效利用，必须从两方面考虑：一是客户信用档案中的信用记录内容和指标本身要达到标准；二是信用管理人员在提供客户信用档案服务时，要做到准确提示、及时传递、显示简单易懂等标准。合格的客户信用档案要求其客户信息是动态的，动态信息的更新，可以是定期更新，也可以是适时更新。

本章要点

- 商业信用征信管理的过程
- 客户信息的来源、主要内容和获取途径
- 客户信用档案的建立原则、内容和应用
- 客户信用档案的更新动机与渠道

本章关键术语

第一手信息　第二手信息　客户信用档案　书面档案　电子档案

本章思考题

1. 简述商业信用征信管理的过程。
2. 简述客户信息的来源、三要内容和获取途径。
3. 简述客户信用档案的建立原则和内容。
4. 举例说明客户信用档案在商业信用管理中的应用。
5. 简述客户信用档案的更新动机与渠道。

第四章　商业信用风险分析

第一节　商业信用风险概述

一、商业信用风险的内涵和特点

(一) 商业信用风险的内涵

商业信用风险是指交易的一方不能正常履约或不能全部履约而给另一方带来的风险，其可能是债务人未能如期偿还其债务造成信用销售合同违约，给授信企业带来的风险；也可能是授信方违约，拒绝提供所承诺的货物或服务，给受信方带来的损失风险。商业信用风险在本质上是一种损失的可能性，表现为风险发生与否、发生时间、发生原因、潜在损失多少等的不确定性。常见的商业信用风险包括客户拒绝付款、拖欠货款、无力还款、不能足额偿付货款、授信方不予按时保质交货、授信方拒绝提供货物等情况，商业信用风险给信用交易双方带来巨大的潜在损失。

商业信用风险是一种双向性的风险，会同时影响到授信方和受信方，最终给信用交易双方都带来损失。在商业信用中，销售方面临客户可能拒付的风险，采购方也面临客户方不予交货的风险。商业信用管理技术就是从授信方的角度出发，帮助授信机构规避因客户违约带来的信用风险，提高授信的成功率，其中不按时保质交货和客户到期不付款的风险是企业最主要的信用风险形式。

从授信方的角度，商业信用风险主要包括现金周转风险和坏账风险。

1. 现金周转风险。现金周转风险指的是由于客户不按时足额偿付货款或拒绝付款,使企业的资金不能按时回笼,出现资金周转困难的风险。企业一旦出现资金短缺问题,必须抽用其银行存款来支付供应商的账款、生产费用、员工工资、税款等费用,或从银行贷款,从而导致其融资成本的增加,或拖欠供应商货款,形成"三角债"。严重的资金周转风险,会导致企业间债务的恶性循环,影响企业的信誉,最终束缚企业的发展。

2. 坏账风险。所谓坏账,就是客户拒绝提供货物或不按时保质交货、拒绝付款或已经完全丧失付款能力,导致无法收回的预付或应收账款。无论是逾期应收账款还是坏账,其损失都并不仅限于实际发生的货款损失,严重的是其带来的恶性连锁反应。逾期应收和预付账款影响企业的资金周转,增大企业的融资成本,进而影响企业的盈利水平;坏账则需要企业额外增加几倍的销售额才能弥补。坏账产生的恶性连锁反应,导致企业缺少原料、生产材料、资金不能按时生产经营往往会损害企业的总体目标,如果坏账太高,则直接影响企业的正常生产经营活动,对企业的生存和发展造成直接威胁。

(二) 商业信用风险的特点

1. 综合性。金融风险、市场风险、政治风险、自然灾害风险、财务风险、采购风险等各种类型的风险,最终都会通过信用风险体现出来,具体表现为信用交易中的违约行为,所以商业信用风险具有综合性。

2. 双向性。商业信用风险是一种双向性的风险,会同时影响到授信方和受信方,最终给信用交易双方都带来损失。在商业信用中,销售方面临客户可能拒付的风险,而采购方也面临客户不予交货的风险。

3. 传递性和扩散性。在交易活动中,交易一方的信用风险可能导致另一方的信用风险;另一方的信用风险又可能导致第三方的信用风险,最终形成一个"信用风险链"。在商业信用中,表现为债务人的信用风险可能会造成债权人的信用风险,而债权人的信用风险又可能进一步造成其他的债权人的信用风险。

4. 累积性。由于商业信用风险具有累积性,即一方的信用风险可能会扩散到关联各方,引起加总起来的信用风险的迅速增大。商业信用风险的累积性,从小的方面来说,如"三角债";从大的方面来说,如信用危机、金融危机、经济危机等。

5. 隐蔽性和突发性。信用风险可以通过安排新的负债得到缓解，如"借新债还旧债"，使信用关系暂时得到维系，信用风险被隐蔽起来。但是，当信用风险积累到一定程度，又会突发性地显现出来，很难控制。

6. 不确定性。风险本身就是一种不确定性，但它是一种可以计量的不确定性。商业信用风险由于受交易双方道德水平、经营能力、努力程度等主观性因素的影响，其不确定性更大，因而对其进行量化处理和客观评价的困难度也更大。

二、商业信用风险产生原因

从授信企业的角度来讲，商业信用风险的产生有四方面原因。

（一）客户履约能力出现了问题

1. 财务危机。客户由于财务状况恶化拒绝支付或延缓支付货款。主要是客户在筹措资金过程中，由于未来收益的不确定性，其负债经营面临着资不抵债的潜在风险。财务风险的实质是客户负债经营所产生的风险，其大小与客户筹资数额的多少和投资收益率的高低密切相关。当客户投资收益低于货币资金的时间价值，即低于借款利息率时，其经营就会出现负增长，借入资金越多，负债经营局面无法扭转的时间越长，客户企业的资金状况就越不佳，从而使其逐渐丧失履约能力。只有当客户投资收益率高于货币的时间价值，即高于借款利息率时，客户的负债经营才是可以获利的，才可以考虑向其提供适当的信用销售规模。

对于企业的生存发展来说，负债经营是在所难免的，借入资金必须按期还本付息，在未来偿还债务能力不能确定的情况下，就会相应增加企业的压力和负担，使企业面临资不抵债的风险，形成对债权人的财务风险。企业在生产经营过程中，为了达到规模经济效应，实现经营目标，必须筹措经营性资金，进行负债经营。如果客户处于负债经营过程中，必须正确衡量其财务风险的程度，确切计算其风险的价值，并掌握其规律性，将财务风险控制在最小的范围内。

2. 经营不善。客户企业经营不善，将导致其不能及时偿还债务，甚至出现拒绝供货和拒绝付款的可能性。客户企业产权关系不明确、责权不明晰,缺乏长远的发展战略,成本控制不力,管理机构设置混乱、层次繁多,经营产品市场竞争力不足、过于多样化等,这些都会使企业出现经营不善的状况。客户企业经营不善,经营资金不能足额按时到位,其信誉等级也随着经营状况的恶化而逐渐降级,企业要适时减少对其的授信额度,甚至停止对其进行信用销售。

3. 客户破产。客户如果宣布破产,就不可能正常归还欠款和欠货。客户企业破产是造成信用销售坏账的一个主要原因。企业破产的原因是多方面的,有主动破产和被动破产之分。主动破产就是企业有目的的破产,或出于经营重组的考虑,或为了逃债。被动破产就是由于上诉出现财务危机或经营不善所致,也可能是经济不景气、突发政治或刑事案件、被政府强制停业等。

企业的商业信用管理部门对于企业破产风险的防范是比较困难的,但是如果管理得当,对客户企业的运行状况追踪及时,是可以减少部分损失的。通常,绝大多数的破产企业在破产或者进入破产保护前的一段时间内是有预兆的,除非客户遇到不可预见的突发事件和被政府勒令停业。如果企业的商业信用管理部门设有对客户进行动态跟踪的管理程序,可以及时发现诸如客户企业的重大失信行为和舆情、公共事件、财务状况不佳、经营状况恶化、主要经理人员或股东有变动等迹象,从而分析和判断企业的发展趋势和风险程度,及时采取应对的措施。对于进入破产公告期的客户企业,及时掌握这一情况,在《破产法》规定的期限内申请参加破产清算,尽可能地挽回欠款损失。

(二)客户履约意愿出现了问题

1. 贸易纠纷。在商业信用交易中,由于合同中的某些条款,如货物质量、货物数量、货物运输、售后服务、付款方式和时间等方面的分歧发生纠纷,而导致客户迟付货款或拒付货款。在实际中,货物质量和售后服务常常是产生贸易纠纷的最主要原因,由于交易前交易双方沟通不足,合同中的条款规定不明确,或者是签订合同的负责人并非货物发送的负责人,对于个别客户对货物质量提出特殊要求的信息并未及时传递下去,导致合同虽然签了,但货物仍然按惯例进行配送,货物质量的不合格直接导致客户拒付,甚至客户会对自身因此产生的损失提出索赔。

2. 恶意占用对方资金。客户恶意占用对方资金，通过申请展期延迟付款，达到低息融资的目的。恶意占用对方资金是产生商业信用风险的很重要的原因。由于企业的法治观念不强，存在"人情重于债"的现象，面对所谓的"人情"，不催收，更不利用法律手段保护自身的债权，甚至放弃债权。而面对本企业的资金周转问题，反过来采取同样的手段来拖欠对方或他人的债务，从而使债务关系变得极为复杂。

3. 蓄意欺诈。一些信用恶劣的企业，利用合同、票据以及预付定金、延期付款等方式长期拖欠，最后达到部分或全部占有对方货物、货款的目的。由于信用销售相当于是授信企业提供给受信企业的短期低息甚至无息资金融通，一旦合同签订，货物在受信企业手中，交易的主动权就在受信方，为了达到蓄意占用甚至欺诈对方资金的目的，其会采用各种手段，提出各种理由来长期拖欠货款，只偿还部分货款甚至不偿还货款。蓄意欺诈属于道德信用风险。

（三）客户企业外部因素

1. 国家风险。国家风险源于大量的受信客户都位于同一国家或同一类型国家，由于其政治风险、经济风险、货币风险等情况的发生而导致受信方无法正常履约。当一国政府遭受来自国内和国外的政治威胁时，就产生了政治风险，局部地区或是整个国家内的叛乱、内战以及别国的入侵都会影响商业活动的正常进行，政治风险在长期信用分析中表现得较为显著。经济风险源于一个国家经济的不稳定、萧条，甚至是经济形势的全面崩溃，当一国经济衰退或不稳定时将直接导致受信方的收入不稳定，授信方就会面临是否向该国客户提供信用或是否应该对提供的信用额度作出限定的问题，调整该国或该地区受信人的信用政策。由于跨国公司和跨国银行使用不同货币为不同国家的客户提供信用，在进行跨国经营和跨国借贷时，外汇汇率的波动会造成货币风险，汇率的波动会导致债权价值下降或者受信方无力偿还债务产生坏账风险。

2. 行业风险。行业风险源于大量的受信客户都属于同一行业，由于某种原因整个行业处于低迷或衰退而使行业内大量企业面临破产，企业出现大量坏账增加、延付款行为增多等严重的信用风险。其中处在下滑、恢复和增长周期的行业的风险最大，因为在未来的某一时间内，因偶然原因引起而目前尚未发生的衰退将不可避免地发生。

一个行业可能在相对较短的时间内完成长期的结构调整,技术的快速变化有可能会导致一个行业的严重衰退甚至是崩溃。此外,在开放型经济中,物美价廉的进口商品在市场上的出现也可能瓦解国内相关行业,这些都属于行业风险。同时,许多企业都位于特定行业的供应链(价值链)中,位于供应链上游的生产企业不得不向处于下游的企业提供信用,而其抵御下游产品市场衰退的能力却十分脆弱,在实际的经营中是无法避免所处的行业风险的。

当行业处于经济萧条期时,常会面临更多的尖锐问题。有些行业的收入波动很大,销售量与经济周期密切相关,会随着经济周期的波动而同向或反向波动。如果其固定成本相对较高时,将给该行业带来更高的破产风险。对经济周期较为敏感的行业有房地产、建筑、娱乐、旅游、酒店、餐饮和航空业等。企业要了解各个行业的特点,掌握其客户所处的行业情况。

3. 法律法规不健全。现行的商业信用相关法规对债务人履约的约束力度不足,对故意甚至恶意拖欠货款缺乏严惩的规定。商业信用法律法规的不健全,地方政府的执法力度不够,是一些企业得以长期、大额拖欠货款的原因之一。此外,一些小企业可能没有足够的金钱和信息资源来完成诉讼追捕并惩罚不履行债务的债务人,这样一来,客户很可能利用本国的法律体系来延期付款甚至拒绝付款。

(四)企业自身信用风险管理能力不足

商业信用风险不能有效控制的一个重要原因就是企业对自身和客户的信用风险管理和评估能力不足。很多企业都没有建立专门进行信用风险控制的信用管理部门,或者是由企业的其他部门来行使信用监管职能,没有引入专业、权威的第三方信用评级机构对采购招标、信用销售、风险预警等进行有效的动态管理,对客户产生的信用风险不能及时发现,更不能采取有效的措施来规避和转移。首先,信用信息数据采集来源不足,企业对客户的商业信用情况了解不足;其次,未对客户建立或健全信用信息档案,应付和应收账款的日常管理与监督未形成制度;最后,企业管理人员不掌握详细的交易情况,没有建立起信用风险预警机制,审批决策缺少依据,导致合同在签署的同时就已经是未来的损失。

三、加强商业信用风险管理的意义

商业信用管理的最终目的是为企业争取最大的盈利。企业实施客户信用等级管理和信用销售的目的是增强企业的竞争力,争取客户,扩大销售规模和市场占有额。企业应用信用销售作为其盈利增加的手段,必须关注由此产生的信用风险的高低。

假定客户违约的可能性是 R,信用规模是 S,企业利用信用销售的政策增加了销售,销售量是 Q,单位产品在不考虑信用风险的盈利为 P,则信用销售对利润的贡献 $M = PQ - SR$。

从上式中可以看到,信用销售对企业盈利带来的贡献不仅取决于它对销售量增加的贡献,同时也取决于信用风险的大小。信用风险越大,信用给企业带来的盈利贡献就越少。所以企业要加强商业信用风险的管理,合理制定信用政策和收账政策,对信用风险随时监控,利用信用风险转移手段,来减少信用风险带来的损失。

企业加强商业信用风险管理是提升其核心竞争力的一个有效手段。信用经济时代,企业之间竞争的不只是产品质量、服务,不只是品牌效应,更重要的是对客户信用评价能力、信用销售手段和信用风险控制技术,企业的综合竞争力是其生存和发展的法宝。

第二节 商业信用风险财务指标分析

一、财务报表概述

财务报表,是按照规定的格式填制,用以揭示企业的盈利能力和财务状况的报表,反映企业的财务实力和潜力。

财务报表被许多机构和个人使用,资金所有者和股东通过财务报表决定其投资方向,企业所有者通过财务报表掌握企业的发展状况,企业内部管理人员使用财务报表来评价业绩,企业的商业信用管理部门把财务报表分析作为信用决策的主要依据之一。

按现行会计制度的规定，企业的财务报告主要包括资产负债表、现金流量表、利润表、各种附表以及附注说明等。财务报表分析虽然不是信用决策的唯一决定因素，但其是信用分析的重要程序和环节。对于商业信用分析人员来讲，对财务报表进行分析的目的是要找到财务报表的不合理之处，同时用一些测算方法来查明报表编制者的意图，为是否授信和授信额度的确定等提供决策的依据。

(一) 资产负债表

资产负债表是反映企业在某一特定日期财务状况的报表，它反映了企业经营过程中某一时点上，企业所拥有的资产、所负担的债务、所有者权益等财务状况。资产负债表所提供的信息可使报表使用者了解企业偿还短期债务的能力和财务弹性，了解企业的资产结构和长期偿债能力，同时也有助于评价企业的盈利能力和发展前景。

资产负债表分为三部分：资产、负债、所有者权益。它们之间的关系可以通过会计恒等式来表示：资产 = 负债 + 所有者权益。其中，资产可以分为五大类，即流动资产、长期投资、固定资产、无形资产和其他资产；负债包括流动负债和长期负债；所有者权益由实收资本、资本公积、盈余公积和未分配利润四部分组成。报表的资产项目，说明了企业所拥有的各种资源以及企业偿还债务的能力；负债项目，显示了企业所负担债务的数额和偿还期限的长短；所有者权益项目，表明了企业的投资者对企业资产所持有的净权益。

通过资产负债表有关项目，可以计算资产负债比率、流动比率、速动比率、资本保值增值率等，了解企业负债水平的高低、短期债务偿还的能力以及投资者投入企业资本的完整性和保全性。对不同时期内相关项目的对比，可以反映出企业财务状况的变化趋势。

资产负债表在编制时，资产项目按流动性或变现能力的强弱自上而下排列，通常的顺序是：流动资产→长期投资→固定资产→无形资产及其他资产；负债项目依据到期日的远近排列，一般顺序是：流动负债→长期负债；所有者权益项目是按可供企业使用的永久程度进行排列，一般顺序是：股本（实收资本）→资本公积→盈余公积→未分配利润。资产负债表的具体内容和格式如表4-1所示。

表 4-1　　　　　　　　　　　　　　资产负债表

编制单位：＊＊企业　　　　　20＊＊年12月31日　　　　　　　　　单位：元

资产	年末余额	年初余额	负债及所有者权益	年末余额	年初余额
流动资产：			流动负债：		
货币资金			短期借款		
交易性金融资产			交易性金融负债		
应收票据			应付票据		
应收账款			应付账款		
预付账款			预付账款		
应收股利			应付职工薪酬		
应收利息			应交税费		
其他应收款			应付利息		
存货			应付股利		
待摊费用			其他应付款		
一年内到期的非流动资产			预提费用		
其他流动资产			预计负债		
流动资产合计			一年内到期的非流动负债		
			其他流动负债		
			流动负债合计		
			非流动负债：		
非流动资产：			长期借款		
可供出售金融资产			应付债券		
持有至到期投资			长期应付款		
长期股权投资			专项应付款		
长期债权投资			递延所得税负债		
长期应收款			其他非流动负债		
固定资产			非流动负债合计		
在建工程			负债合计		
固定资产清理					
无形资产			所有者权益（或股东权益）：		
开发支出			实收资本（或股本）		
商誉			资本公积		
长期待摊费用			盈余公积		
其他长期投资			法定公益金		
递延所得税资产			未分配利润		
其他非流动资产			减：库存股		
非流动资产合计			所有者权益（或股东权益）合计		
资产合计			负债和所有者权益（或股东权益）合计		

（二）现金流量表

现金流量表是以现金为基础编制的财务状况变动表，它反映企业一定期间内现金的流入和流出，表明企业获得现金和现金等价物的能力。企业可利用现金包括企业库存现金、可以随时用于支付的银行存款、现金在等价物和其他货币资金等。编制现金流量表的目的，是为会计报表使用者提供企业一定期间内有关现金流入和流出的信息。根据企业经营业务发生的性质，将企业一定期间内产生的现金流量归为三类。

1. 经营活动产生的现金流量。经营活动是指企业投资活动和筹资活动以外的所有交易和事项，包括销售产品或提供服务、经营性租赁、购买货物、接受劳务、制造产品、广告宣传、推销产品、交纳税款等。

2. 投资活动产生的现金流量。投资活动是指企业长期资产的购建和不包括在现金等价物范围内的投资及其处置活动。

3. 筹资活动产生的现金流量。筹资活动是指导致企业资本及债务规模和构成发生变化的活动，包括吸收投资、发行股票、分配利润等。

现金流量表包括正表和补充资料两部分。现金流量表的具体内容和格式如表4-2、表4-3所示。

表4-2　　　　　　　　　　　　　现金流量表

编制单位＊＊企业　　　　　20＊＊年12月31日　　　　　　单位：元

项目	金额
一、经营活动产生的现金流量	
销售商品、提供劳务收到的现金	
收到的税费返还	
收到其他与经营活动有关的现金	
现金流入小计	
购买商品、接受劳务支付的现金	
支付给职工以及为职工支付的现金	
支付的各项税费	
支付其他与经营活动有关的现金支出	
经营活动现金流出小计	
经营活动产生的现金流量净额	

商业信用管理

续表

项目	金额
二、投资活动产生的现金流量	
收回投资所收到的现金	
取得投资收益所收到的现金	
处置固定资产、无形资产和其他长期资产所收回的现金净额	
处置子公司及其他营业单位收到的现金净额	
收到的其他与投资活动有关的现金	
投资活动现金流入小计	
购建固定资产、无形资产和其他长期资产所收回的现金净额	
投资所支付的现金	
支付其他与投资活动有关的现金	
投资活动现金流出小计	
投资活动产生的现金流量净额	
三、筹资活动产生的现金流量	
吸收投资收到的现金	
取得借款收到的现金	
借款所收到的现金	
收到的其他与筹资活动有关的现金	
筹资活动现金流入小计	
偿还债务所支付的现金	
分配股利、利润或偿付利息所支付的现金	
支付的其他与筹资活动有关的现金	
筹资活动现金流出小计	
筹资活动产生的现金流量净额	
四、汇率变动对现金及现金等价物的影响	
五、现金及现金等价物净增加额	
加：期初现金及现金等价物余额	
六、期末现金及现金等价物余额	

表 4-3　　　　　　　　　　　　　补充资料

项目	金额
一、将净利润调节为经营活动的现金流量	
净利润	
加：计提的资产减值准备	
固定资产折旧、油气资产折耗、生产性生物资产折旧	
无形资产摊销	
长期待摊费用摊销	
待摊费用减少（减：增加）	
预提费用增加（减：减少）	
处置固定资产、无形资产和其他长期资产的损失（减：收益）	
固定资产报废损失	
公允价值变动损失（减：收益）	
财务费用（减：收益）	
投资损失（减：收益）	
递延所得税资产减少（减：增加）	
递延所得税资产增加（减：减少）	
存货的减少（减：增加）	
经营性应收项目的减少（减：增加）	
经营性应付项目的增加（减：减少）	
其他	
经营活动产生的现金流量净额	
二、不涉及现金收支的投资和筹资活动	
债务转为资本	
一年内到期的可转换公司债券	
融资租入固定资产	
三、现金及现金等价物净增加情况	
现金的期末余额	
减：现金的期初余额	
加：现金等价物的期末余额	
减：现金等价物的期初余额	
现金及现金等价物净增加额	

（三）利润表

利润表是总括反映企业在某一会计期间的经营成果，提供该期间企业的收入、成本、费用、利润或亏损等信息的会计报表。

利润表的结构可以由以下四个关系式来表示：

（1）主营业务收入－主要业务成本－主营业务税金及附加＝主营业务利润

（2）主营业务利润＋其他业务利润－营业费用－管理费用－财务费用＝营业利润

（3）营业利润＋投资净收益＋营业外收入－营业外支出＝利润总额

（4）利润总额－所得税＝净利润

根据利润表，可以考核企业利润计划的完成情况，分析利润增减变动的原因，预测企业利润的发展趋势。通过利润表反映企业的收入、成本和费用，全面反映企业生产经营的收入情况和成本耗费情况，反映企业的投入产出比例关系。企业的利润是各项工作的收益与耗费的集中表现，是反映企业生产经营情况的综合性指标，通过考核利润的完成情况，能为全面考核企业生产经营计划的完成提供依据。通过分析前后期营业利润、投资净收益、营业外收支的增减变动情况，可以分析和测定企业利润的发展趋势，预测企业未来的收益能力。利润表的具体内容和格式参见表4－4。

表4－4　　　　　　　　　　　　利润表

编制单位＊＊企业　　　　20＊＊年12月31日　　　　　　　　单位：元

项目	本年金额	上年金额
一、主营业务收入		
减：主营业务成本		
主营业务税金及附加		
二、主营业务利润		
加：其他业务利润		
减：营业费用		
管理费用		
财务费用		
资产减值损失		
加：公允价值变动收益		
投资收益		

续表

项目	本年金额	上年金额
三、营业利润		
加：投资收益		
补贴收入		
营业外收入		
减：营业外支出		
四、利润总额		
减：所得税费用		
五、净利润		

二、财务报表分析方法

财务报表分析法主要有财务比率分析法、趋势分析法和现金流量表分析法。

（一）财务比率分析法

财务比率分析法是指通过对财务报表中的财务比率的分析比较，获得企业经营状况信息的分析方法。

对财务比率进行分析的过程中一般包括以下四方面的内容。

1. 盈利能力。主要分析客户企业是否能够盈利，企业的盈利利润是否构成偿还债务的主要资金来源。对盈利能力的判断不能脱离企业的规模、行业的容量。反映企业盈利能力的比率很多，通常使用的主要有以下几种。

（1）资产收益率，企业利润与企业规模的比较，其计算公式为：

$$资产收益率 = \frac{企业利润}{资产总额} \times 100\%$$

利润和资产的定义方法有多种，一般认为利润可以是：扣除利息、税款之前的利润（EBIT）；已扣除利息，但没有缴纳税款的经营项目利润；已缴纳税款的经常项目利润；既包括经常性损益也包括非经常性损益的利润（包括税前和税后）。一般认为资产可以是：股东资本与长期负债之和，股东资本即股本金、公积金；股东资本和全部负债之和，全部负债包括长期负债、短期负债。

在实际中，企业根据自身的特点来选择公式中各个概念的界定，当比率的计算方法一旦确定下来就应该多年保持不变，已实现各期间比率的比较价值。

（2）销售利润率，是企业利润和销售收入之比，有毛利率和净利润率两种形式，其计算公式为

$$销售毛利润率 = \frac{企业毛利润}{销售收入} \times 100\%$$

$$销售净利润率 = \frac{企业净利润}{销售收入} \times 100\%$$

企业毛利润为销售收入与销售成本的差值，与销售量直接相关。企业净利润通常指税后利润，有时也用息税后利润或者扣除利息之后、缴纳税款之前的利润代替。销售毛利润率和净利润率的计算公式一旦确定，也不应轻易更改，以免影响其可比性。分析人员可以比较同一企业不同年份的利润率，也可以比较不同企业之间的利润率。要分析企业之间利润率差异的原因，不同年份之间如果利润率表现为下降的趋势也要十分关注，因为净利润率下降很可能是企业处于经济衰退的征兆。

（3）股东权益收益率，是净利润和企业股东权益的比率，其计算公式为

$$股东权益收益率 = \frac{净利润}{企业股东权益} \times 100\%$$

股东权益收益率是一个综合比率，反映企业股东投资的报酬率。将股东权益收益率进行分拆，然后结合企业的财务数据与企业背景、生产的产品、在行业中的地位等因素，可以分析判断导致股东权益收益率高低的原因。

通过衡量企业的盈利能力，不仅可以了解到企业的盈利情况，还可以初步判断企业的经营状况，同时盈利能力还是企业长期偿付能力的保证。例如资产收益率指标可计量企业的经营风险，如果资产收益率较高，那么信贷提供者面临的风险就较低，反之，信贷风险就较高。如果利润和销售收入逐渐减少，那么资产收益率指标、利润率指标和资产周转率指标就会随之呈现出缓慢下降的趋势。同时，利润和销售收入也有可能在短期内急剧下降，这种现象特别容易发生在生产非必需品的行业中。因此信用分析人员必须注意企业的利润率和资产周转率是否可靠，能否在企业突然出现经营恶化时保证企业的财务稳定。

2. 偿债能力。主要分析客户是否借款过多，能否按时足额偿还债务的本

金和利息。财务风险是企业能否按时足额偿还债务的风险。要考虑三个问题：一是企业基本财务结构是否稳定；二是企业的利润是否足以支付利息；三是企业的资产总额中有多少是用负债方式筹集的。以上三个方面对应的财务比率分别是以下几种。

（1）产权比率，是企业负债总额和股东权益的比率，其计算公式为

$$产权比率 = \frac{企业负债总额}{股东权益} \times 100\%$$

产权比率反映债权人提供的资本与股东提供的资本的相对关系，用于衡量企业基本财务结构是否稳定。产权比率高，是高风险、高报酬的财务结构；产权比率低，是低风险、低报酬率的财务结构。一般来说，产权比率越低，表明企业的偿债能力越强，债权人收益的保障程度越高，承担的风险越小，但企业也不能充分发挥负债的财务杠杆效应。而当产权比率超过100%时，企业就是高度负债经营，企业的负债总额已经高于企业的股东权益。

此外，不同的经济环境，产权比率的高低标准也不相同。从股东来看，在通货膨胀加剧时期，企业多借债可以把损失和风险转嫁给债权人；在经济繁荣时期，多借债可以获得额外的利润；在经济萎缩时期，少借款可以减少利息负担和财务风险。

（2）利息保障倍数，是企业息税前利润与利息费用的比率，其计算公式为

$$利息保障倍数 = \frac{企业息税前利润}{利息费用}$$

利息保障倍数从利润的角度来衡量企业财务风险的大小，是信用风险的重要指标。利息保障倍数测试企业利润（未扣除利息费用和所得税）是否能偿还利息成本，或者说相对于企业利润，利息成本是否过高。如果利息成本相对于息税前利润处于较高水平，那么利润只要出现下降，企业就很可能无法偿还利息，甚至可能被清算。

一般认为，2倍或低于2倍的利息保障倍数非常低，3倍的利息仍然较低，略高于3倍的利息保障倍数是可接受的水平，绝大多数财务总监和分析人员追求的是5倍乃至更高的利息保障倍数。如果企业在某一年出现较低的利息保障倍数，这可能是暂时性的问题，一旦利润上升或利息费用下降，这一问题就会

消失。但是，如果出现连续几年都出现较低的或恶化的利息保障倍数，就要分析造成这一现象的原因。利息保障倍数的重点是利息的支付，不涉及本金的偿还。

（3）资产负债率，是企业的负债总额与资产总额的比率，其计算公式为

$$资产负债率 = \frac{企业负债总额}{资产总额} \times 100\%$$

资产负债率用于衡量企业总资产中有多大比例是通过借债来筹资的。该比率越高，说明企业的财务风险越高。如果企业的资产负债率高于50%，就表明企业负债的水平较高。对于不同的企业，其最佳的资产负债率是不同的，要根据企业自身的具体情况来分析判断。

产权比率、利息保障倍数、资产负债率都是衡量企业偿债能力的指标，这些指标都没有明确的界限，在分析客户企业的财务风险时，分析人员要根据具体情况自行作出判断。

3. 现金流动性。主要分析债务到期时，客户企业手中是否有充足的现金来偿还债务。流动性比率是企业流动资产指标与企业短期债务的比率，流动资产可以是资产负债表上的流动资产总额，也可以是扣除存货以后的速动资产或者仅仅指的是现金。具体指标有：

（1）流动比率，是企业流动资产与流动负债的比率，其计算公式为

$$流动比率 = \frac{企业流动资产}{流动负债} \times 100\%$$

该公式中的流动资产是资产负债表上的流动资产总额，流动负债是指到期日在一年之内的负债。

流动比率高，意味着企业拥有足够的流动资产，可以保证未来的现金流入量能够偿还流动负债。一般流动比率高于1:1是比较合适的，但是不同类型的企业对"合适"的要求并不一样。例如对于零售超市来说，由于企业一般在存货售出或使用之后才支付应付账款，因此低于1:1的流动比率也是合适的。

（2）速动比率，是企业的速动资产与流动负债的比率，其计算公式为

$$速动比率 = \frac{企业速动资产}{流动负债} \times 100\%$$

该公式中的速动资产是流动资产中除存货、待摊费用以外的资产。由于企

业通常不能实现全部流动资产的迅速变现,对于必须持有大量原材料,或者生产周期很长的制造业企业来说,更是难以实现。对于现金循环周期较长的企业,其存货周转率较低,所以在分析该类企业的现金流动性时,速动比率是很有效的指标。

通常认为存货周转率较低的企业的正常速动比率为 1:1。如果企业的存货周转率比较高,那么低于 1:1 的速动比率也是合理的,因为其存货的流动性强,也可以作为速动资产。

(3)现金比率,是企业的现金和流动负债的比率,其计算公式为

$$现金比率 = \frac{企业的现金}{流动负债} \times 100\%$$

现金是流动性最强的资产,现金比率最能反映企业的短期偿债能力。企业所处的行业不同,经营方式不同,现金比率的标准也是不同的。一般认为现金比率应保持在 0.25 左右,即可供支持一个季度的资金需求。由于现金是盈利能力最低的资产,过高的现金比率会降低企业的获利能力,所以现金比率并非越高越好。在实际中,现金比率要与流动比率和速动比率结合起来进行分析。

流动比率、速动比率和现金比率都能够反映企业的流动性状况,但没有绝对统一的标准,在分析过程中,要更关注各比率的变化趋势。分析人员可以通过各比率的变化趋势来判断企业的流动性是改善了还是恶化了,或是保持不变。通常三个比率要相互结合起来进行分析,在实际分析中,流动性比率的相对变化比绝对数值更为重要。

4. 经营能力。主要分析客户企业是否能够有效地运用营运资本,或者是否过多地投资股票;相对年销售额而言,企业提供的信用是否过多。企业经营能力好坏直接反映出经营状况的优劣,反映经营能力的指标很多,一般主要从对经营能力最直接体现的企业资产的流动效率进行评估,具体包括以下几个。

(1)存货周转比率,是企业销售成本与平均存货的比率,其对应的是存货周转天数,计算公式为

$$存货周转率 = \frac{企业销售成本}{平均存货} \times 100\%$$

$$存货周转天数 = \frac{360}{存货周转率}$$

存货周转率是一年内存货周转次数；存货周转天数是存货在被售出前，平均要在仓库里存储的天数。一般来说，存货周转率越高越好，说明企业的产品受市场欢迎，属于畅销产品。存货周转率低表示企业业务停滞不前、存货过度、资金周转不畅、利润减小，或产品没有竞争力。但是不同行业的存货周转率标准是不同的，如销售产品价值较低且收取现金的企业，其产品的存货时间较短，而销售产品的价值较高，竞争激烈，通常采用信用销售的企业，其存货周转率就较低，所以考察存货周转率需参照同行业的标准来衡量。此外，可以比较分析连续几年内的存货周转率的变化趋势，来判断企业在存货方面的动态。

（2）应收账款周转比率，是企业信用销售额与应收账款平均余额的比率，反映企业一定时期应收账款的回收效率，其对应的是应收账款周转天数，计算公式为

$$应收账款周转率 = \frac{企业信用销售额}{应收账款平均余额} \times 100\%$$

$$应收账款周转天数 = \frac{360}{应收账款周转率}$$

（3）流动资产周转率，是企业销售收入与平均流动资产余额的比率，考察企业流动资产的运转效率，其计算公式为

$$流动资产周转率 = \frac{企业销售收入}{平均流动资产余额} \times 100\%$$

（4）总资产周转率，是企业销售收入与总资产平均余额的比率，反映总资产的利用情况，即单位投资发挥的效益，其计算公式为

$$总资产周转率 = \frac{企业销售收入}{总资产平均余额} \times 100\%$$

对于应收账款周转率、流动资产周转率以及总资产周转率这些指标的分析与存货周转率相似，都要与行业以及以前年度进行比较分析，或者与同行业其他企业的资产周转率进行比较，从而对受信方企业的经营能力进行客观的分析。

（5）应付账款周转率，是企业销售成本与存货净成本之和与应付账款平均余额的比率，其对应的是应付账款周转天数，计算公式为

$$应付账款周转率 = \frac{企业销售成本 + 存货净成本}{应付账款平均余额} \times 100\%$$

$$应付账款周转天数 = \frac{360}{应付账款周转率}$$

应付账款周转率反映了企业应付账款在一年中的平均周转次数，衡量企业使用授信企业提供的短期融资的能力。通常情况下，在责权人允许的范围内，客户企业会充分利用这笔资金在本企业的占用。应付账款周转率越高，说明企业购买和付款的时间间隔越短；应付账款周转率较低，则意味着企业现金短缺或者有其他的原因导致推迟付款。应付账款周转率的指标值应当适度。

（6）营业周期，是指从存货开始到销售并收回现金的这一段时期内，应收账款周转天数与存货周转天数之和，其计算公式为

$$营业周期 = 应收账款周转天数 + 存货周转天数$$

（7）现金转换周期，是指企业资金从现金变为存货，从存货变成应收账款，再从应收账款变成现金的周期，是营业周期与应付账款周转天数的差值，其计算公式为

$$现金转换周期 = 营业周期 - 应付账款周转天数$$

简单的财务比率分析无法全面地反映客户的信用风险情况，财务比率相互之间有一定的相关性，在分析应用中要将各个指标相互结合使用。

（二）趋势分析法

趋势分析法是指对同一企业的两个或两个以上连续年度的财务报表某些项或者相关财务比率进行比较分析，判断企业发展趋势的研究方法。具体包括五个方面。

1. 销售趋势。销售是企业最基本的经营活动之一，销售是否活跃从一个侧面反映了企业的经营能力。企业的销售量随市场情况的变化而变化，不同行业中企业的销售特点各不相同，要充分了解有关客户所在行业的特点，才能作出正确的分析。企业自身的销售趋势可以说明企业的经营状况，企业之间销售趋势的比较，可以获得更多的有用信息。在销售趋势出现异常情况下，要仔细判断形成这种趋势的原因，此外销售额的增加不一定与销售数量直接相关，要考虑市场价格的影响。

2. 收益趋势。销售收入为企业提供收入和现金的来源，企业获得的最终

收益要从销售收入中扣除成本和费用。收益趋势是信用分析的另一个重要因素，要关注销售利润率的变化，对收益趋势要做企业间和行业间的数据比较。收益趋势与销售趋势具有可比性，正常情况下，如果原材料和人工费用稳定，企业的盈利将与销售额同步增长，然而，在原材料和人工成本快速增加或者各项费用的增加超出销售额同步增长的时候，销售额的增长并不意味着利润的同时增加，如果销售量的增加是由于大幅度降价，企业也会损失大量的利润，所以要将销售趋势和收益趋势相结合进行分析。

3. 净资产变动。企业净资产是总资产减去总负债后的余额，代表企业所有者拥有的资产，也代表企业清算后最终能剩下的价值。所以债权人和授信人十分关注这一指标以及变动的原因和影响。造成净资产变动的原因一般有以下几个方面：留存收益；股本变化；资产重估增值和债务减少等。要仔细分析净资产变动的原因，确定是否只是表面上的净资产变动，分析其实质。无论是股本变化引起的净资产增加，还是资产重估以及债务减少引起的净资产增加，都只是表面上的净资产增加，往往会掩盖实际亏损的情况，只有留存收益增加或发行股份引起的净资产增加对企业才是有利的。

4. 营运资本变动。营运资本是流动资产减去流动负债的结果，营运资本与客户按时履行还款义务的能力有很大关系。营运资本的多少，一般能反映企业短期偿债能力的强弱，因此，其变化趋势要引起关注。营运资本可以满足企业短期融资的需要，其稳步增长是企业经营良性循环的主要特征之一，其需要量与企业不同时期的业务量有很大的关系。随着业务量的变化，资产的流动性和质量会有很大的变化，尤其是应收账款和存货的质量，在分析营运资本的趋势时要仔细核查。

5. 财务比率的变动趋势。比率是更为浓缩的财务指标，所以通过财务比率变动趋势的分析能获得很多的信息。一些比较重要的比率趋势以及分析方法有：流动比率和速动比率应保持稳定或稳步上升的趋势；存货周转率应保持平稳，有较大变动应调查其原因；应收账款周转天数应保持下降的趋势；营运资本周转率的大幅度提高可能表示要增加营运资本，而大幅度下降则可能说明企业的流动性受到了严重影响；固定资产与净资产比率大幅度或稳定增长，可能表示固定资产投资超出了企业的需要或者融资能力；总负债与净资产比率应总是保持一个比较低的水平，这样债权人才可以得以有更多的保障；销售利润率和净资产利润率的趋势很重要，与企业的发展直接相关。

（三）现金流量表分析法

受信企业不能偿还货款常常是由于没有足够的可以灵活周转的现金流量，所以要特别对涉及现金流量的有关项目进行详细的分析和计算，以更好地揭示受信企业现金周转方面的风险。对现金流量表的分析主要包括结构分析、比率分析和趋势分析。

1. 结构分析。分析现金流量的内部结构，即经营、投资、筹资三者对现金流量的贡献，在分析过程中，要结合企业所处的经营周期来确定分析的重点。

对处于开发期的企业，经营活动现金可能为负，要重点分析其筹资活动，分析其资本金的到位情况，资金流动性，企业是否过度负债，有无继续筹措足够资金的能力；同时判断其投资活动是否适合经营需要，有无出现资金挪用或费用化现象等。通过现金流量预测分析，将还款期限定于经营活动可产生净流入时期。

对处于增长期的企业，经营活动现金流量应该为正，应重点分析其经营活动的现金流入、流出结构，分析其货款回笼情况，了解成本、费用控制情况预测企业发展空间，企业是否充分利用应付款项，同时还要关注企业在这一阶段有无过分扩张导致债务增加的情况。

对处于成熟期的企业，投资活动和筹资活动趋于正常化或适当萎缩，要重点分析其经营活动现金流入是否有保障，现金收入与销售收入增长速度是否匹配，同时要关注企业股利的分配情况，有无资金外流的情况，现金流入是否主要依赖投资收益或不明确的营业外收入。

对处于衰退期的企业，经营活动现金流量开始萎缩，要重点分析其投资活动在收回投资过程中是否获利，有无冒险性的扩张活动，同时要分析企业是否及时缩减其负债，减少利息负担。这一阶段的贷款不应超过其现金净流量，以免发生赤字。

2. 比率分析。对客户企业的偿债能力、营运能力、营运能力方面与现金相关的指标进行比率分析。比率分析，除了前面讲到的用于分析企业偿债能力的现金比率外,还有用于分析客户营运能力和盈利能力的指标,常见的有分析企业营运能力的销售收现率和购货付现率,分析盈利能力的经营现金与经营利润之差和现金股利支付比率,其计算公式分别为

$$销售收现率 = \frac{本期销售收现}{期初应收账款、应收票据余额 - 预收账款余额 + 本期销售收入} \times 100\%$$

$$购货付现率 = \frac{本期购货付现}{期初应收账款、应收票据余额 - 预收账款余额 + 本期销售成本} \times 100\%$$

$$经营现金与经营利润之差 = 本期经营活动现金净流量 - 本期经营利润$$

$$现金股利支付率 = \frac{每股股利}{每股盈余} \times 100\%$$

3. 趋势分析。取得连续多期的现金流量表,可以将两期以上的报表予以并列比较,进行趋势分析。趋势分析分为绝对数比较和相对数比较两种,主要应用于经营活动现金流量。经营活动现金流量的趋势分析一般要结合企业销售增长情况,分析二者变动趋势是否一致,分析导致现金流入、流出的主要原因,一般现金流入的增长可能是销售增长或是存货回笼加速,现金流出的增长可能是由于销售增加所致,也可能是存货积压、费用剧增等,要分析现金流入、流出的速度快慢,看现金流量的增长趋势是否稳定等。

三、财务分析体系

(一) 传统的财务分析体系

传统的财务分析体系,由美国杜邦公司在 20 世纪 20 年代首创,经过多次改进,逐渐把各种财务比率结合成一个体系。

1. 传统财务分析体系的核心比率。权益净利率是分析体系的核心比率,其有很好的可比性,而且有很强的综合性。

$$权益净利率 = \frac{净利润}{销售收入} \times \frac{销售收入}{总资产} \times \frac{总资产}{股东权益} \times 100\%$$

$$= 销售净利率 \times 权益乘数 \times 总资产周转率$$

其中,销售净利率是利润表的概括,销售收入在利润表的第一行,净利润在利润表的最后一行,两者相除可以概括全部经营成果;权益乘数是资产负债表的概括,表明资产、负债和股东权益的比例关系,可以反映最基本的财务状

况；总资产周转率把利润表和资产负债表联系起来，使权益利率可以综合整个企业的经营活动和财务活动的业绩。

2. 传统财务分析体系的基本框架。传统财务分析的基本框架可用图 4-1 表示。

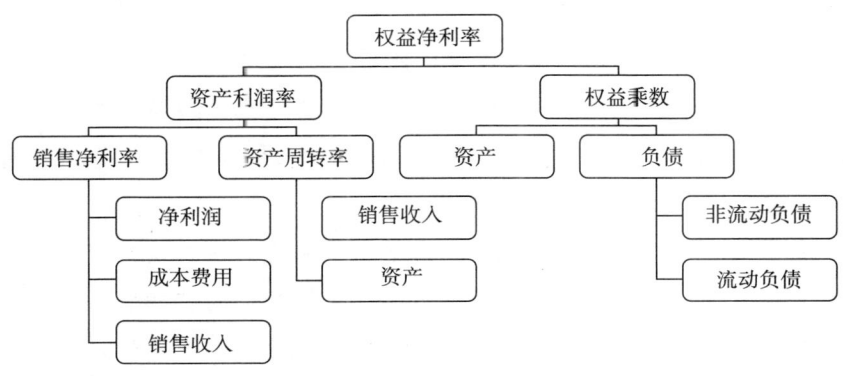

图 4-1 传统财务分析的基本框架

该体系是一个多层次的财务分析体系。各项财务比率，在每个层次上与本企业历史或同业的财务比率比较，比较之后向下一级分解，逐级向下分解，逐步覆盖企业经营活动的每一个环节，可以实现系统、全面评价企业经营成果和财务状况的目的。

第一层次的分解，是把权益净利率分解为销售利润率、总资产周转率和权益乘数。其中销售利润率和总资产周转率，可以反映企业的经营战略。一些企业销售净利率较高，而资产周转率较低；另一些企业与之相反，资产周转率高而销售净利率较低。两者经常呈反方向变化，这种现象不是偶然的，企业为了提高销售利润率，就是要增加产品的附加值，往往需要增加投资，引起周转率的下降。与此相反，为了加速周转，就要降低价格，引起销售净利率下降。企业采用"高盈利、低周转"还是"低盈利、高周转"的方针，是企业根据外部环境和自身资源作出的战略选择。所以在进行财务分析时，仅从销售净利率的高低并不能看出业绩好坏，应该把其与资产周转率联系起来考察客户企业的经营战略。两者的乘积——资产利润率才是企业最重要的盈利能力指标。

分解出来的财务杠杆可以反映企业的财务政策。在资产利润率不变的情况下，提高财务杠杆可以提高权益净利率，但同时也会增加其财务风险。在实际中，资产利润率较高的企业，其财务杠杆一般较低；资产利润率较低的企业，其财务杠杆反而较高，为了提高权益净利率，企业倾向于尽可能提高财务杠杆。在财务分析中，要特别关注客户企业的财务杠杆情况，较高的财务杠杆表明其经营风险很高，在进行授信时要特别谨慎。

3. 财务比率的比较和分解。该分析体系要求，在每一个层次上进行财务比率的比较和分解。通过与上年比较可以识别企业变动的趋势，通过行业的比较可以识别存在的差距。分解的目的是识别引起变动（或产生差距）的原因，并计量其重要性，准确识别客户的潜在风险。

传统财务分析体系虽然被广泛使用，但是也存在某些局限性。主要表现在以下三个方面：一是计算总资产利润率的"总资产"与"净利润"不匹配，因为总资产是全部资产提供者享有的权利，而净利润是专门属于股东的，即总资产利润率的"投入与产出"不匹配，使该指标不能反映企业实际的回报率；二是没有区分经营活动损益和金融活动损益，企业的金融资产是投资活动的剩余，是尚未投入实际投资经营活动的资产，应将其从经营资产中剔除，使经营资产和经营收益匹配；三是没有区分有息负债与无息负债，利息与有息负债相除，才是实际的平均利息率，有息负债与股东权益相除，得到更符合实际的财务杠杆。

针对上述问题，对传统的财务分析体系做一系列的改进，逐步形成了一个新的分析体系。

(二) 改进的财务分析体系

1. 改进的财务分析体系中的主要概念。

$$净经营资产 = 净金融负债 + 股东权益$$

$$净经营资产 = 经营资产 - 经营负债$$

$$净金融资产 = 金融负债 - 金融资产$$

$$净利润 = 经营利润 - 净利息费用$$

$$经营利润 = 税前经营利润 \times (1 - 所得税税率)$$

$$净利息费用 = 利息费用 \times (1 - 所得税税率)$$

与传统分析体系相比，主要的区别是：

(1) 区分经营资产和金融资产。经营资产是指用于生产经营活动的资产与总资产相比,它不包括没有被用于生产经营活动的金融资产。区分经营资产和金融资产的主要标志是有无利息,如果能够取得利息则列为金融资产,如短期应收票据如果以市场利率计息,就属于金融资产;否则应归入经营资产,作为企业促进销售的手段。其中短期权益性投资是个例外,它是暂时利用多余现金的一种手段,所以是金融资产,以市价计价,而长期权益性投资,则属于经营资产。

(2) 区分经营负债和金融负债。经营负债是指在生产经营中形成的短期和长期无息负债,金融负债是企业筹资活动形成的有息负债。划分经营负债和金融负债的一般标准是有无利息要求。应付项目的大部分是无息的,故将其列入经营负债;如果是有息的,则属于金融活动,应列入金融负债。

金融负债减去金融资产,是企业的"净金融资产",简称"净负债",特别说明的是金融资产是"负"的金融资产,可以立即偿债并使金融负债减少。企业真正背负的偿债压力是借入后已经用掉的钱即净负债,净负债是债权人实际上已投入生产经营的债务资本。

(3) 区分经营活动损益和金融活动损益。金融活动的损益是净利息费用,即利息收支的净额。金融活动收益和成本,不应列入经营活动损益,两者应加以区分。利息支出包括借款和其他有息负债的利息,资本化利息不但计入资本成本,而且通过折旧的形式列入费用。利息收入包括银行存款利息收入和债权投资利息收入,没有债权投资利息收入的,可以用"财务费用"作为税前"利息费用"的估计值。金融活动损益以外的损益,全部视为经营活动损益。经营活动损益与金融活动损益的划分,应与资产负债表对经营资产与金融资产的划分保持对应。

(4) 经营活动损益内部,可以进一步区分主要经营利润、其他营业利润和营业外收支。主要经营利润是指企业日常活动产生的利润,它等于销售收入减去销售成本及有关的期间费用,是具有持续性和预测性的收益;其他营业利润,包括资产减值、公允价值变动和投资收益,它们的持续性不易判定,但肯定低于主要经营利润;营业外收支不具有持续性,没有预测价值。这样区分有利于评价企业的盈利能力。

(5) 法定利润的所得税是统一扣除的。为了便于分析,需要将其分解给经营利润和利息费用,分摊的简便方法是根据实际的所得税税率比例分摊,严格的办法是分别根据适用的税率计算应负担的所得税。

2. 调整资产负债表和利润表。

表 4-5 调整资产负债表

编制单位:＊＊企业　　　　20＊＊年12月31日　　　　单位:元

净经营资产	年末余额	年初余额	净负债及所有者权益	年末余额	年初余额
经营资产:			金融负债:		
应收票据			短期借款		
应收账款			交易性金融负债		
预付款项			长期借款		
应收股利			应付债券		
应收利息			金融负债合计		
其他应收款					
存货					
待摊费用					
一年内到期的非流动资产					
其他流动资产					
持有至到期投资					
长期股权投资					
长期债权投资					
长期应收款					
固定资产					
在建工程					
固定资产清理					
无形资产					
开发支出					
商誉			金融资产:		
长期待摊费用			货币资金		
递延所得税资产			交易性金融资产		
其他非流动资产			可供出售金融资产		
经营资产合计			金融资产合计		

续表

净经营资产	年末余额	年初余额	净负债及所有者权益	年末余额	年初余额
经营负债:			净负债		
应付票据					
应付账款					
预付账款					
预付职工薪酬					
应交税费					
应付利息					
应付股利					
其他应付款			所有者权益（或股东权益）:		
预提费用			实收资本（或股本）		
预计负债			资本公积		
一年内到期的非流动负债			盈余公积		
其他流动负债			法定公益金		
长期应付款			未分配利润		
递延所得税负债			减：库存股		
其他非流动负债			所有者权益（或股东权益）合计		
经营负债合计					
净经营资产			净负债和所有者权益（或股东权益）合计		

编制单位：××企业。

表 4-6　　　　　　　　　　调整利润表

编制单位：＊＊企业　　　　　20＊＊年12月31日　　　　　　单位：元

项目	本年金额	上年金额
经营活动 一、营业收入 　减：营业成本 二、毛利 　减：营业税金及附加 　　　销售费用 　　　管理费用		

续表

项目	本年金额	上年金额
三、主要经营利润		
减：资产减值损失		
加：公允价值变动收益		
投资收益		
四、税前营业利润		
加：营业外收入		
减：营业外支出		
五、税前经营利润		
减：经营利润所得税费用		
六、经营利润		
金融活动		
一、税前利息费用		
利息费用减少所得税		
二、净利息费用		
利润合计：		
税前利润合计		
所得税费用合计		
税后净利润合计		
备注：平均所得税税率		

编制单位：××企业。

3. 改进的财务分析体系的核心公式。该体系的核心公式如下：

权益净利率 = 净经营资产利润率 +
（净经营资产利润率 - 净利息率）× 净财务杠杆

根据该公式，权益净利率的高低取决于三个驱动因素：净经营资产利润率（可进一步分解为销售经营利润率和净经营资产周转率）、净利息率和净财务杠杆。改进的财务分析体系的基本框架见图 4-2。

各影响因素对权益净利率变动的影响程度，可使用连环代替法测定，利用改进的财务分析体系对净经营资产利润率的分析，与传统的分析体系类似，只是数据更合理，得出的结论更准确。

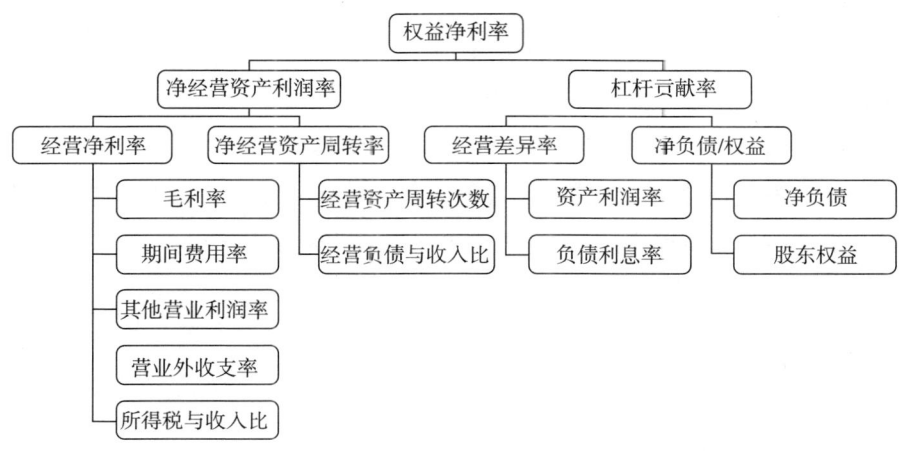

图 4-2 改进的财务分析体系的基本框架

第三节 商业信用风险分析模型

以目标和效能为标准,信用风险分析模型可以分为两大类,即预测类模型和管理类模型。预测类模型用于预测客户公司前景,衡量客户破产的可能性,Z 值模型、A 值模型和马萨利模型就属于这一类,三者都以预测客户破产可能性为目标,只是所用的比率与公式略有不同。管理类模型偏重于均衡地解释客户信息,从中衡量客户,在信用决策中应用广泛,典型的有营运资产分析模型和特征分析模型。

一、Z 值模型

Z 值模型是通过关键的财务比率来预测客户企业破产的可能性,由美国著名财务学教授爱德华·奥特曼创建。Z 值是通过几个用于分析企业财务健康程度的财务比率计算出来的,所需比率都可以从企业或企业集团的公开报告中获得。Z 值模型是通过对"健康"企业和"失败"企业样本数据的分析而构建的。其构建过程采用统计分析中的多元分析法,具体做法为:

(1) 选择能够把健康企业和失败企业区分开的指标;

(2) 计算每一指标的系数,从而构建 Z 值模型。

Z值模型的构建思路如下：

$$Z 值 = C_1X_1 + C_2X_2 + C_3X_3 + \cdots + C_nX_n$$

其中，X_1、X_2、X_3、$\cdots$、X_n 是模型选用的指标。

C_1、C_2、C_3、$\cdots$、C_n 是每个指标对应的系数。

目前该模型是使用最为广泛的模型，几乎所有国家都依据Z值模型开发出适合各地的财务危机模型。Z值模型主要有以下几种类型。

（一）第一代模型

1. Z_1 模型。

$$Z_1 = 1.2X_1 + 1.4X_2 + 3.3X_3 + 0.6X_4 + 0.999X_5$$

式中：

X_1 = （流动资产 − 流动负债）/ 资产总额

X_2 = 未分配利润 / 资产总额

X_3 = （利润总额 + 利息支出）/ 资产总额

X_4 = 权益市场值 / 负债总额

X_5 = 销售收入 / 总资产

对于Z值与信用分析的关系，奥特曼认为Z小于1.8，风险很大；Z大于2.99，风险很小，该模型主要针对上市企业。

2. Z_2 模型。

$$Z_2 = 0.717X_1 + 0.847X_2 + 3.107X_3 + 0.420X_4 + 0.998X_5$$

其中，X_4 = 权益/负债总额，X_1、X_2、X_3、X_5 含义同上。

奥特曼认为Z小于1.23，风险很大；Z大于2.9，风险很小，该模型主要针对非上市企业。

3. Z_3 模型。

$$Z_3 = 6.56X_1 + 3.26X_2 + 6.72X_3 + 1.05X_4$$

其中，X_1、X_2、X_3、X_4 的含义同 Z_1 模型。

奥特曼认为Z小于1.23，风险很大；Z大于2.9，风险很小，该模型主要适用于非制造企业。

（二）第二代模型

又称ZETA信用风险模型，其主要变量有7个，分别是资产报酬率、收入稳定性、利息倍数、负债比率、流动比率、资本化比率、规模。

二、A 值模型

A 值模型由约翰·阿根廷于《企业破产》一书中首先提出，A 值模型是以更客观的判断为基础的企业破产预测模型，其是在 Z 值模型的基础上进行修正，不仅利用财务比率，主要还考虑了管理不善可能导致企业破产的因素。

阿根廷将管理不善划分为很多明细的因素，如独裁管理、首席执行官和董事长由同一人担任、董事会不起积极作用、董事会成员构成不平衡、会计系统不完善、没有预算约束、没有成本控制体系、企业无法应对市场变化等，管理不善的企业往往存在这样的行为，如过度交易、所推进的大型项目出现问题、财务融资比率过高等。同时，管理不善的企业还会出现一系列恶化征兆，如财务比率恶化、管理层开始使用"寻机性会计"的方法修饰报表、非财务指标恶化、企业在最后几个月进入衰退"典型期"等，这些也都是 A 值模型要进行分析的因素。

通过分析管理不善的所有现象，并给每个现象制定最高分值，测试企业时，根据企业表现打出相应的分数来预测企业潜在的破产风险。在总分为 100 分的情况下，若企业得分超过 25 分，则该企业就有潜在的破产风险。

三、马萨利模型

马萨利模型由亚历山大·马萨利建立，利用了五个特定的财务比率，是 Z 值模型更普遍的应用。其易于计算，且比 Z 值模型还多一个功能，即在预测企业破产可能性的同时，还能衡量企业实力的大小。所用的五个财务比率指标为：

（1）（税前利润＋折扣＋递延税）/流动负债，用于衡量企业业绩；

（2）税前利润/营运资本，衡量营运资本回报率；

（3）股东权益/流动负债，衡量股东权益对流动负债的保障程度；

（4）有形资产净值/负债总额，衡量扣除无形资产后的净资产对债务的保障程度；

（5）营运资本/总资产，衡量流动性。

以上五项比率的总和便是该模型的最终得分，得分很低或出现负数，均表明企业前景不妙。

四、营运资产分析模型

营运资产分析模型主要用来评估客户的资金和信用实力，并可以核定客户的具体信用限额。该模型最大的贡献在于它提供了一个计算信用额度的思路：对不同风险客户信用的评估值，给予一个比例，按照此比例和营运资本确定信用额度。其计算分为四个步骤：

1. 营运资产计算。

$$营运资产 = (营运资本 + 净资产)/2$$

$$营运资本 = 流动资产 - 流动负债$$

其中，净资产即为企业自有资本或股东权益。

营运资产是衡量客户规模的尺度，可以作为确定信用额度的基础指标。

2. 资产负债比率计算。在营运资产计算的基础上，该模型还应用四个常用的资产负债比率进行计算：

$$流动比率 = 企业流动资产/流动负债 \times 100\%$$

$$速动比率 = 企业速动资产/流动负债 \times 100\%$$

$$短期债务净资产比率 = 流动负债/净资产 \times 100\%$$

$$债务净资产比率 = 负债总额/净资产 \times 100\%$$

其中，流动比率和速动比率用于衡量客户的资产流动性，短期债务净资产比率和债务净资产比率用于衡量客户的资本结构。流动比率越高，表明客户的短期偿债能力越高，债权人的风险越小，反之，债权人的风险越大；资本结构比率越高，说明客户的净资本相对越少，债权人的风险越大，反之，债权人的风险越小。

3. 计算评估值。

评估值 = 流动比率 + 速动比率 - 短期债务净资产比率 - 债务净资产比率

评估值综合考虑了资产流动性和负债水平两个最能反映客户偿债能力的因素。评估值越大，表示客户的财务状况越好，风险越小。

4. 信用限额的计算。将前面的营运资产和评估值加以综合考虑，即可计算客户的信用限额。

$$信用限额 = 营运资产 \times 营运资产百分比率$$

其中，营运资产百分比率是由评估值来确定的，评估值代表了评估的信用等级，在不同的信用等级上，给予的营运资产百分比率是不同的。

由于营运资产分析模型中并未全面考虑影响信用风险的因素，所以依据此模型计算出来的信用限额只能作为企业进行信用销售的参考，实际的信用额度的确定还要考虑不同行业的特点、企业的信用目标等因素进行制定，而且要不断根据企业的信用销售政策和当前的信用销售总体水平进行调整。与 Z 值模型和马萨利模型相比，营运资产分析模型比较简单，易于操作，但它不能用来预测客户的破产可能性。

五、特征分析模型

特征分析模型采用特征分析技术对客户所有财务和非财务因素进行归纳分析，特征分析技术是一种对客户方面的特征进行区分和描述的方法，它是从企业多年信用分析经验中发展起来的一种技术，从客户的种种特征中选择出对信用分析意义最大、直接与客户信用状况相联系的若干特征，把它们编为几组，并对这些特征不同表现的含义予以说明，进行综合分析，最后得到一个较为全面的分析结果。

特征分析技术将客户信用信息分为三大类特征，18 个项目。

（1）客户特征，包括外表印象、产品概要、产品需求、竞争实力、最终顾客、管理能力；

（2）优先特征，包括交易盈利率、产品质量、对市场吸引力的影响、对市场竞争力的影响、付款担保、替代能力；

（3）信用特征，包括付款记录、资信证明、资本和利润增长率、资产负债表状况、资产结构比率、资本总额。

特征分析模型的计算过程分为四步：

第一步，在 1~10 分范围内对每一特征进行打分，客户企业的某项指标情况越好，分数就越高。具体做法为：对每一个项目制定一个衡量标准，分为好、中、差三个层次，每个层次对应不同的分值。

第二步，根据预先给每项指标设定的权数，用权数乘以 10，计算出每一项指标的最大评分值，再将这些最大评分值相加，得到全部的最大可能值。

第三步，用每一项指标的评分乘以该项指标的权数，得出每一项的加权评分值，然后将这些加权评分值相加，得到全部加权评分值。

第四步，将全部加权评分值与全部最大可能值相比，得出百分率，该数字即表示对该客户的综合分析结果。百分率越高表示该客户的资信程度越高，越具有交易价值。

利用特征分析模型可以调整信用销售额度，对客户进行评价，与其他分析模型相互印证。一笔交易的信用风险不仅取决于客户的付款能力，还取决于其付款意愿。特征分析模型既考虑了财务因素，又考虑了非财务因素；既考虑了付款能力，又考虑了付款意愿。另外，企业从多渠道获得的客户信息也可以在特征分析模型中加以利用，与 Z 值模型、马萨利模型和营运资产分析模型主要以财务分析为主相比，特征分析模型克服了这方面的局限，是值得企业广泛采用的一种有效方法。

六、其他模型

（一）期权分析模型

期权分析模型是以 Black – Scholes – Merton 模型为基础来衡量企业违约的概率。利用期权分析模型可以估算企业的价值，企业资产价值低于债务的概率就是企业违约的概率。

（二）等级预测模型

等级预测模型主要有简单差异模型和多元差异模型，其中除简单差异模型需要的财务数据量不多外，多元差异模型预测与财务比率及信用评分一样，都是建立在大量财务数据和数理统计基础上而完成的。

1. 简单差异模型。企业将客户分为几大类，比如信用好、信用较好、信用一般、信用较差及信用差，然后将客户进行归类，进行相应的管理。简单差异模型适合于企业规模较小或客户数量不多的企业。

2. 多元差异模型。多元差异模型是选择一组因素，这些因素的线性组合可以将客户信用分为不同特性的组别，使得各组间信用差异对组内差异比值最大，即各个组内客户的信用差异较小，组与组之间的差异较大，达到最佳的区别效果。依此对客户的信用状况分类，然后对分类后的客户进行跟踪，根据客户的实际信用状况与分类结果进行比对后的情况，对所选因素进行调整。多元差异模型可以发现客户信用的主要因素，从而通过监控这些因素对客户的整体信用风险进行管理。

（三）蒙特卡罗模拟

蒙特卡罗模拟是通过计算机模拟来实现的。企业首先确定影响客户信用的因素，每个因素的概率分布及因素之间的相互影响，然后通过计算机模拟来形成各个因素之间的组合，对于每种因素的组合，根据一定的运算法则，都会得出一个相应的有关客户履约的值，可以是客户违约比率、客户实际支付比例等，然后对在各种组合下得到的值进行分析，从而进行信用评价，防范信用风险。

【延伸阅读】使用"Z值模型"分析我国A股制造业上市公司

本章第三节介绍了"Z值模型"这一财务危机预警的经典模型，为了使读者更好地掌握这一模型，并考察其在我国目前市场环境中的有效性，在此，我们尝试使用该模型对我国沪深两市A股制造业上市公司进行分析，以此对"Z值模型"的信用风险预警能力进行分析与检验。

一、样本选取

Altman创建这一模型时使用的样本是制造业企业，我们同样选取制造业企业进行分析。本例中所述制造业企业，是按照中国证监会《上市公司行业分类指引》的行业分类方法选取的，我国沪深两市A股市场全部的制造业企业。我国证券市场存在ST（特别处理）以及＊ST（退市风险预警）制度，我们以此作为是否遭遇财务危机的划分依据，将2013年被ST和＊ST的公司（包括2012年＊ST在2013年脱帽为ST的公司、2012年ST后2013年又被＊ST的公司和2012年ST、＊ST后2013年仍维持ST、＊ST的公司）作为财务危机公司的样本，替代"Z值模型"中的破产公司。通过金融数据库获取所选样本的历史财务数据，使用"Z值模型"计算出它们的Z值。

二、样本分类结果分析

我们将非ST类制造业和ST类制造业两组Z值的分布进行统计，得出表

1，结果显示：ST 公司中，2012 年分类正确率为 60.47%，非 ST 公司中，2012 年分类正确率为 61.36%，总体分类正确率为 61.31%，错误率为 18.74%，灰色区域占 19.95%。Altman 的"Z 值模型"的统计结果是：破产前一年模型的破产组分类准确率为 94%，非破产组分类准确率为 97%。相比而言，"Z 计分模型"对我国制造业上市公司的判别能力相对较低。

表 1　　　　　　　　　2012 年制造业企业 Z 值分布

样本	判别值（Z 值）	数量	占样本比重	样本小计
ST 类制造业	$Z > 2.99$	24	27.91%	86
	$1.81 \leq Z \leq 2.99$	10	11.63%	
	$Z < 1.81$	52	60.47%	
非 ST 类制造业	$Z > 2.99$	913	61.36%	1488
	$1.81 \leq Z \leq 2.99$	304	20.43%	
	$Z < 1.81$	271	18.21%	

三、超前预测的准确性分析

任何公司从出现财务危机，继续恶化乃至最终破产都要经历一段过程，Altman 的"Z 值模型"针对破产前一年的分类准确率为 95%，破产前两年的准确率为 82%，随着事件的增加，预测能力逐渐降低，当超过两年以上时，此模型便不适用。为检验"Z 值模型"对我国市场上超前预测的准确性，我们对 ST 组样本中的公司作了被 ST 前 5 年的预测，结果如表 2 所示。结果显示，"Z 值模型"的预测结果起伏较大，似乎具有一定的预测能力，但十分有限。同时，距离发生信用危机试点的时间远近也并未与预测正确率有明显的关联。

表 2　　　　　　"Z 值模型"对 ST 类公司前五年的分类结果

被 ST	样本数目	预测正确	预测错误	预测正确率
前 1 年（2012 年）	86	52	34	60.47%
前 2 年（2011 年）	86	60	26	69.77%
前 3 年（2010 年）	86	45	41	52.33%
前 4 年（2009 年）	86	48	38	55.81%
前 5 年（2008 年）	86	60	26	69.77%

四、得出结论

通过以上运用"Z值模型"对我国 A 股制造业企业的 Z 值进行分析与验证,可以发现该模型对于公司的信用风险状况的确具有一定的判别能力,但相较于 Altman 创建该模型时所做的实证的结果,判别能力减弱许多。同时,距发生信用危机试点越远正确率越低的结论也没有得到验证,这表明"Z值模型"在我国目前市场上的预测能力相对较弱。

或许,我们可以将"Z值模型"在我国适用性不佳归于以下原因:首先,"Z值模型"是以美国企业为样本建立的,用于对中国企业的判别不一定合适。其次,我们是以 ST 和 *ST 的企业作为陷入财务危机的企业样本,这与"Z值模型"以破产与否将企业分组有着本质区别,因此必然会降低"Z值模型"的判别正确率。再次,"Z值模型"中 Z 值划分标准不一定适合目前我国的市场情况,统一以 1.81 为界限必然影响分析结果。最后,我国股票市场运行时间较短,许多方面仍待进一步规范,股票价格不一定能完全反映企业的健康状况和市场价值。

通过本例我们可以看出,使用"Z值模型"度量我国上市公司的信用风险似乎并不那么可靠。想要使其在我国市场上仍能发挥优势,应当联系我国市场的实际情况,重新筛选指标并调整权重,建立新的判别模型,重新划分 Z 值区域,由此得出适用于我国市场的新模型。

本章小结

商业信用风险是指信用交易的一方不能正常履约或不能全部履约而给另一方带来的风险,其可能是债务人未能如期偿还其债务造成信用销售合同违约,给授信企业带来的风险,也可能是授信方违约拒绝提供所承诺的货物或服务,给受信方带来的损失风险。商业信用风险主要包括现金周转风险和坏账风险,具有综合性、双向性、传递性、扩散性、累积性、隐蔽性、突发性和不确定性的特点。企业加强商业信用风险管理是提升其核心竞争力的一个有效手段。信用经济时代,企业之间竞争的不只是产品质量、服务,不只是品牌效应,更重要的是信用销售手段和信用风险控制技术,企业的综合竞争力是其生存和发展的法宝。

财务分析是最主要的商业信用风险分析方法，财务报表分析法主要有财务比率分析法、趋势分析法和现金流量表分析法。传统的财务分析体系，是由美国杜邦公司在20世纪20年代首创，经过多次改进，逐渐把各种财务比率结合成一个体系，该体系虽然被广泛使用，但是也存在某些局限性。对传统的财务分析体系做一系列的改进，逐步形成了一个新的分析体系——改进的财务分析体系，解决了原有体系的局限性。

以目标和效能为标准，信用风险分析模型可以分为两大类，即预测类模型和管理类模型。预测类模型用于预测客户公司前景，衡量客户破产的可能性，Z 值模型、A 值模型和马萨利模型就属于这一类，三者都以预测客户破产可能性为目标，只是所用的比率与公式略有不同。管理类模型偏重于均衡地解释客户信息，从中衡量客户，在信用决策中应用广泛，典型的有营运资产分析模型和特征分析模型。

本章要点

- 商业信用风险的内涵和特点
- 商业信用风险产生的原因
- 加强商业信用风险管理的意义
- 财务报表分析方法
- 财务分析体系
- 商业信用风险分析模型

本章关键术语

商业信用风险　现金周转　风险　坏账风险　财务报表　财务比率分析法　趋势分析法　现金流量表分析法　传统的财务分析体系　改进的财务分析体系　Z 值模型　A 值模型　马萨利模型　特征分析模型　期权分析模型　等级预测模型　蒙特卡罗模拟

本章思考题

1. 简述商业信用风险的内涵和特点。

第四章 商业信用风险分析

2. 分析商业信用风险产生的原因。
3. 论述加强商业信用风险管理的意义。
4. 简述各种财务报表分析方法的要点,并利用这些分析方法进行案例分析。
5. 与传统的财务分析体系相比,简要说明改进的财务分析体系的优点。
6. 简单介绍各种商业信用风险分析模型。

第五章 商业信用政策

第一节 商业信用政策的定义与类型

一、商业信用政策的定义

商业信用政策,简称信用政策,是指导商业信用管理工作和有关活动的根本依据。广义的信用政策描述了企业经营所处状态和目标,确定了商业信用管理部门的使命。信用政策包括商业信用管理部门的工作目标、信用管理部门的建立、客户信用等级确定、信用额度的确定、各个有关部门之间利益的协调、收账政策的制定、对信用管理部门工作的评价等。狭义的信用政策专指采购管理、应收账款管理政策,即在特定的市场环境下,企业权衡了与应收和应付账款有关的效益与成本,为指导商业信用管理部门处理应收和应付账款的发生与收账措施所制定的一系列的配套制度。

企业制定适当的信用政策是信用管理部门最重要的工作。信用管理部门根据信用政策赋予的权利,指导或协调企业销售部门、采购部门、财务部门、生产部门、仓储部门等部门之间的工作,并对所产生的有关后果负有责任。信用政策的另一个功能就是将其书面文件向客户公开,甚至摘抄寄送给客户,以显示企业对所有客户在信用等级、授信方面的公平对待。此外信用政策是解决关于客户授信方面纠纷的依据。

科学的信用政策是相对比较稳定的,这样既能取信于客户,从一个侧面表现企业的形象,又要赋予信用管理部门一定的政策空间,让经验丰富的商业信用管理人员总是能够通过掌握政策的松紧程度,在扩大信用销售额和增加现金流量两者之间取得动态最佳值。

二、商业信用政策的类型与应用

(一) 信用政策的类型

商业信用销售政策受宏观经济环境、市场竞争、企业本身财务状况等多种因素的影响,根据企业不同的内、外部条件,可供选择的商业信用销售政策有以下几种。

1. 宽松的信用销售政策辅以严格的追讨措施。采用这种信用销售政策的企业,不考虑客户的资信条件,向所有客户提供额度不等的信用销售。在这种信用销售政策条件下,企业不会因任何理由同意、容忍客户逾期付款,甚至拖欠货款或服务费,一旦发生上述情况,企业会立即采取措施进行追讨,同时也会对客户拖欠的货款或服务费加收一定的利息。

2. 严格的信用销售政策辅以宽松的追讨措施。采用这种信用销售政策的企业,在决定是否给予客户一定的信用销售额度和信用销售条件时,使用非常严格的审核标准,同时也会要求客户提供某种形式的付款担保凭证。由于采用如此严格的信用销售政策,其信用销售客户的资信一般都很好,由此产生呆、滞、坏账率一般也相应较低,所以一旦出现客户逾期不付款的情况,企业也只是以口头或书面信函的方式提醒客户付款。

3. 严格的信用销售政策辅以严格的追讨措施。这种信用销售政策同第二种信用销售政策的区别就是企业不会容忍其客户拖欠货款或服务费,企业一旦发现其信用销售客户有逾期未付款的情况,会立即采取追讨措施,并立即停止以信用销售方式向此客户出售其产品或服务。

4. 宽松的信用销售政策辅以宽松的追讨措施。这种信用销售政策同第一种信用销售政策的区别就是企业对逾期应收账款不采取及时有效的追讨措施,采用该信用销售政策很容易使企业的应收账款质量下降。

5. 适当的信用销售政策辅以适当的追讨措施。这种信用销售政策是指企业根据宏观经济条件、市场竞争因素和企业本身的经营以及财务状况,采用适合企业发展的积极、稳妥的信用销售政策。对于适当的信用销售政策,指的是在支持企业持续发展，不断增加企业经营收入的同时，又增加了企业对内、对外融资能力的信用销售政策。至于适当的追讨措施，是指企业在不影响其销售增长目标的前提下，以尽可能小的成本，在尽可能短的时间内收回客户的逾期未付款，同时争取保持同客户的销售关系。

各个不同企业，在选择适合企业自身发展的信用销售政策时，必须结合企业所处行业，结合企业自身的生产经营和财务状况，根据企业的不同内外部条件，找准自己的市场定位，选择特定时期最适合企业发展的信用销售政策，并随着外部环境和自身状况的变化不断调整。

基于以上介绍的五种信用销售政策，对其优缺点比较分析如表 5-1 所示。

表 5-1　　　　　　　　　　信用销售政策比较

信用销售政策种类	优点	缺点	备注
1	企业销售量快速增长，应收账款形式的企业流动资金快速增长，对外表现为企业快速成长，增加对企业的投资或信贷支持	易导致企业发展超过其财力允许的水平，使企业出现流动资金短缺现象，企业呆、滞、坏账数量增加，应收账款管理成本增加，导致企业利润水平下降，影响企业总体经营效益	处于成长期的企业多采用
2	商业信用销售客户的资信一般较好，应收账款质量较高，呆、滞、坏账率较低，应收账款管理费用较低	对企业销售和潜在客户的吸引产生不利影响，进而影响企业对内、对外筹集资金的水平，使企业发展受到限制	企业发展初期采用
3	严格的信用额度审核标准，产生的应收账款质量较高，坏账损失较低	影响企业对潜在客户的争取，进而影响企业的销售收入，限制企业的发展	很少有企业采用
4	企业的销售量快速增长	企业应收账款质量快速下降，易对企业生产经营造成损失，甚至导致企业经营破产	极少有企业采用
5	使企业销售和企业财务之间的关系趋于平衡，企业取得相对较高的发展稳定性，企业持续发展，经营收入不断增长的同时，企业的对内、对外融资能力增强	对信用销售政策制定者的素质要求较高，并需根据宏观经济环境、市场竞争因素和企业自身经营以及财务状况的变化，随时对信用销售政策不断地进行调整	成熟型企业一般较多采用

(二) 企业制定科学、适当的信用政策时应注意的问题

1. 企业制定其信用政策的目的是增强企业产品或服务在市场上的竞争力。许多中小企业在其日常生产经营过程中经常会出现资金短缺的情况，而这种资金的暂时性短缺并不意味着这些潜在的客户发生了严重的财务困难而使其支付能力发生了"持续性"的降低。对于这样的客户，企业可以在本企业财务能力许可的前提下，适当地运用信用政策，增加企业产品或服务的支付吸引力，即提高其市场竞争力，进而达到巩固现有客户购买关系和争取更多潜在客户的目的。

2. 商业信用政策应保证企业能及时收回信用销售货款或服务费，以支持企业正常的生产经营活动。不能收回信用销售货款的销售比不做或少做信用销售给企业带来的损失更大。这是因为不能实现的商业信用销售收入不但对企业的销售造成损失，而且也会对企业流动资金的安排和使用造成压力甚至损失。所以，企业在制定其信用政策时，必须根据企业本身的财务状况，结合市场供求情况合理、稳妥地制定企业的信用政策。无论是选择了严格的商业信用政策，还是选择了宽松的商业信用政策，必须保证在增加企业销售量的同时，按时、足额地实现企业的信用销售收入和不会有过多的企业资金被"拴"在企业应收账款上，不影响企业的正常生产经营活动。

3. 商业信用政策应明确规定企业的商业信用管理部门经理和企业销售部门经理在核定、使用以及管理企业客户信用额度时的权利和责任。商业信用政策的制定，对信用额度的使用方式和对信用额度的管理，属于企业财务部门的工作范畴，但为了简化手续和提高销售工作效率，商业信用销售政策都会允许企业的销售部门在一定的额度范围内决定信用销售条件，而不用通过企业的商业信用管理部门经理。但是超过一定额度的信用销售和企业新的信用销售客户，企业销售部门必须向信用管理部门如实介绍客户的实际情况，由信用管理部门来决定是否授信。所以在企业的实际运营中，企业的商业信用管理部门和销售部门之间经常会因为是否向某个客户提供信用销售额度、额度规模大小以及信用销售条件的界定发生分歧。为处理和解决这些直接会影响企业正常生产经营的分歧，必须在制定商业信用销售政策时，就明确两个不同部门的权利和责任。

4. 商业信用销售政策应明确规定对应收账款中呆、滞、坏账的管理方式。当使用企业的商业信用销售额度的客户没有或不能履行其付款承诺,又没有或不能同企业达成其他付款安排的协议时,企业有权停止同此客户的信用销售关系。此外,企业应根据拖欠款的具体情况和商业信用销售政策的相关规定,制定对拖欠款的追讨策略,以尽量降低企业的信用销售损失。

商业信用政策应随企业所在的宏观市场经济环境和本身的财务状况的变化而变化,时而收紧,时而放松。衡量一个商业信用政策是否适当,主要的标准就是看企业的信用政策是否在持续支持企业销售增长的同时,保证了信用销售收入的及时实现以及是否有效地支持企业的日常财务经营活动。如果是,则企业的信用政策就是适当的;反之,企业的信用政策就要进行相应的调整。

三、商业信用政策制定的原则和影响因素

(一) 制定商业信用政策的原则

考虑主观意愿和客观要求,企业在制定信用政策时,必须坚持稳定性和灵活性两项基本原则。

1. 稳定性原则。稳定性原则即信用政策条款在一定时期内基本不变。信用政策的稳定性是相当重要的,它一方面显示了企业的实力,另一方面是企业自身信誉和规范程度的标志。即使是制定新的信用政策,也要以原有的信用政策为基础,对其实施情况进行全面而科学的评价,找出问题并进行适当修正,以保持信用政策的稳定性和连续性。只有这样才能保持企业的信誉,让客户对企业的信用政策有长期和稳定的感觉,同时商业信用管理人员也不至于因为政策变化太快、太大而业务处理不够熟练,甚至出现工作失误。

2. 灵活性原则。灵活性原则即信用政策要有一定的可预见的伸缩空间,以确保执行时的适当灵活性。这是根据对市场和竞争对手进行科学的预测分析得出的。如果一个企业的信用政策方案能够使企业实现其销售规模相对稳定的增长,而且增长幅度比较显著,说明企业对同行存在相当的竞争优势。在企业生产规模允许的条件下,企业可以考虑向下调整净收益率,适当放宽信用政策,以确保击败企业竞争对手。但是,信用政策不是任意按照政策允许的伸缩空间突然调整的,放宽信用政策会增加生产部门的压力,在销售订单增加时,

人力物力使用到收账上,可能会对企业产生不利影响。在实际操作中,信用管理人员要随时掌握企业的最佳生产规模和合理库存,做到既能灵活运用商业信用政策,又不违反商业信用政策。

(二) 制定商业信用政策的影响因素

企业为实现在销售规模稳定增长的同时,要尽可能地降低由信用销售带来的信用风险。因此,企业的商业信用管理部门在制定信用政策时必须对相关影响因素进行深入调查、分析和预测。信用政策是根据本企业所在行业和自身特殊情况"量体裁衣"的,应该没有两个企业会有完全相同的信用政策。一个企业采取或松或紧的信用政策,与企业所在行业、市场竞争激烈程度、主要竞争对手的信用政策、产品特征及所处阶段等因素有关。具体企业在制定信用政策时应考虑以下四类因素。

1. 企业的外部经济环境因素。企业的外部经济环境因素,包括宏观经济状况、本行业的信用政策惯例、客户所在行业状况、竞争对手的信用政策、产品市场状况、资金市场状况等。

2. 企业的内部因素。企业的内部因素,包括企业自身的生产和经营能力、产品特点、生产规模、资金实力、销售利润率、平均收账期、原材料供应情况、企业能够承担的风险和追求的发展速度等。

3. 与企业发展相匹配的政策因素。企业在试图扩大市场份额时,会鼓励增加销售额,而较少考虑资金周转问题;在试图增强企业的现金流量的情况下,则会注重减少风险,注意交易价值及信用管理。

4. 企业客户相关因素。客户是企业发展的重要资源之一,也是企业经营风险的来源之一。企业现有的客户数量和质量,与其制定信用政策的取向密切相关。

第二节 商业信用政策的内容与制定

一、授信政策

授信政策主要包括授信标准、受信额度、授信期限和现金折扣四个方面。

商业信用管理

(一) 授信标准

授信标准是指企业采用信用销售手段对客户进行授信时,对客户资信情况及要求的最低标准。授信标准的设置,会直接影响对客户信用申请的审批,所以根据本企业自身的资金情况和当时的市场环境,确定适宜的授信标准是企业制定信用政策过程中的重要环节。通常,信用管理人员在企业的销售目标和财务目标的前提下,根据企业现有的支持信用销售业务的资金规模和能承受的风险程度来设立授信标准,同时也考虑预期的DSO和坏账损失率两项因素。授信标准与企业的销售部门的工作密切相连,信用管理部门依此标准来替销售部门筛选信用销售对象,授信标准在很大程度上决定了企业的客户群规模。另外,授信标准与企业的应收账款持有水平间接相关,它同时影响着企业的应收账款持有规模和成本。

当客户申请信用交易时,信用管理人员首先对企业进行风险评估和信用评级,然后用信用标准来衡量和筛选该客户是否满足企业的信用政策,从而决定是否同意给予该企业信用额度。在很大程度上,授信标准决定了企业的客户群规模。另外,授信标准也与企业的应收账款持有水平间接相关,同时影响着企业的应收账款持有规模和成本。如果企业的商业信用管理部门执行比较严格的授信标准,一些客户的信用申请可能通不过企业的授信标准,因此企业必然会失掉这些客户,有可能造成严重后果,将很多有潜力的信用申请人排除在企业的客户群之外。很可能将一些客户推到竞争对手那里,特别是在资信比较差和付款能力比较弱的信用申请数量较多时,大部分客户的信用申请被拒绝,从而可能影响到企业的总体销售水平。反之,如果企业的商业信用管理部门执行的是较为宽松的授信标准,会有助于将更多信用申请者变成最终客户,从而实现较高的账面销售收入,但企业持有应收账款的机会成本和坏账风险将明显增加。

授信标准同时涉及收入和成本两个方面的问题,企业应该制定一个合乎自己情况的科学的授信标准,确定授信标准的主要因素包括竞争对手的情况、客户信用分析情况、市场战略、库存水平、其他历史经验等,对收入和成本进行认真权衡后再作决定,过松或过严的授信标准都不是明智的选择,企业的授信标准需要随企业、行业、市场情况变化而不断修订。如果较为严格的授信标准使损失的销售毛利大于企业所希望避免的应收账款持有成本,那么企业就应该放松授信标准。反之,如果较为宽松的授信标准使应收账款持有成本高于取得的销售毛利,那么企业就应适当实行较为严格的授信标准。

(二) 授信额度

授信额度是在信用条件下,企业授予客户的信用销售限额。授信额度在一定程度上代表了企业的实力,反映其资金能力和对客户所承担的机会成本及坏账风险的承受能力。授信额度是企业进行信用销售控制的一项重要指标,原则上,信用销售客户的应收账款余额不应超过企业给予客户的授信额度。

企业进行信用销售产生的应收账款被认为是被客户占用的企业资金,企业不能持有超出自身实力水平的应收账款,对进行信用销售产生的应收账款总体水平必须加以科学的控制和管理。企业信用销售的额度分两类:一类是信用销售的总体额度,即企业进行信用销售的对整个客户群的总体授信额度;另一类是信用销售的个体额度,即企业对单个客户的授信额度。在量上,企业信用销售的总体额度等于客户使用了的信用限额的总和,并不等于客户群的个体额度总和。在企业的信用销售中,企业能持有应收账款的额度应该略大于企业授给客户的信用额度总额。

对企业信用销售额度的管理,就是要根据企业的资金、生产和库存的实际情况,确定企业当前的最佳授信额度,确定企业的应收账款最佳持有额度。

1. 企业信用销售总体授信额度的确定。对总体授信额度来说,确定授信额度要考虑自身企业的资金实力、信用政策、最佳规模、最佳生产规模、库存量等因素,以及来自外部的竞争压力。在充分考虑了上述因素后,信用管理部门确定企业当前能为客户发放的最大信用量。通常,信用管理部门通过认真地计算和总结以往的经验,确定一个科学的总体授信额度,并以此指导和控制企业的信用销售活动和应收账款持有水平,打造出一个保险系数,以防止对客户过度授信后造成企业的流动资金枯竭。总体授信额度在一定程度上代表销货企业的实力,反映了其资金实力,以及对客户承担的机会成本和坏账风险。

对企业信用销售总体授信额度的确定,主要是基于企业资金、生产和库存的实际情况,采用最小成本法或净收益最大法,来测算企业当前的最佳信用销售额度。

最小成本法主要是利用企业进行信用销售产生的应收账款的短缺成本与其他成本之间成反比例变化的关系，其总成本曲线上存在一个最低点，与这一点相对应的信用销售额度就是企业当前最佳的信用销售总体授信额度，企业在该点取得最佳收益。

最大净收益法是将信用销售产生的销售收入，减去被占用资金的机会成本、管理成本、坏账成本等得到信用销售的净收益，比较多个信用销售方案，找出取得净收益最大的方案，从而确定企业的最佳信用销售总体授信额度。

2. 企业信用销售个体授信额度的确定。单个企业授信额度的确定，是授信工作的最后一道手续，是在批准客户信用申请之后需要解决的最大问题。确定个体授信额度，是商业信用管理的日常工作之一，问题的关键在于：科学地确定对每个合格客户的授信，比较竞争对手授信的松紧，尽可能地给予客户更优越的条件，使利润增长。

企业通常用"信用销售额度审核点"来控制客户一定时间内的最高信用销售授信额度。信用销售额度审核点的计算方法一般有以下五种。

（1）第一种方法：以客户提供的由注册会计师制定审核的财务报表所显示的有形资产值的10%作为客户的最高信用销售授信额度。

（2）第二种方法：以资信评估公司所公布的客户有形资产的10%作为客户的最高信用销售授信额度。

（3）第三种方法：以客户从其他机构得到的有担保（抵押）的信用额度的50%作为客户的最高信用销售授信额度。

（4）第四种方法：折中法。将客户其他供应商给予其的信用销售额度作为参考，结合本企业的实际经营和财务状况，在客户其他供应商给予其的最高额度和最低额度之间找出一个适当的中间值作为客户最高的信用销售授信额度。

（5）第五种方法：以一定比例的客户一定时期的现金、准现金和与客户在同样时间内应付款项的差额（正值）作为客户的最高信用销售授信额度。

使用哪种方法计算企业客户的最高信用销售授信额度要视企业的具体情况、市场供求、宏观经济状况以及企业本身的财务情况而定。无论使用哪种计算方法，都不可能丝毫不差地计算对企业最佳的信用销售平衡点，而且要随着市场供求和宏观经济的变化情况，对计算出的客户信用销售授信额度进行修正。

（三）授信期限

授信期限是指企业允许客户从购货到支付货款的时间间隔。企业产品销售量与授信期限之间存在着一定的依存关系，确定授信期限是信用管理的重要环节，确定授信期限的标准是让企业赢得更多的利润。授信期限通过两个方面对企业的盈利能力产生影响：一是授信期限会影响企业的成本，信用期限越长，企业背负的成本越大，否则就相反；二是授信期限影响企业在市场上的竞争力，企业给予的信用期限越长，客户购买商品时所支付的代价就越低，产品在商场上就越有竞争力，企业赢得的市场份额就会越大。因此最佳授信期限决定于这两者的平衡。

确定适宜的授信期限是企业制定信用政策时首先要解决的问题，它是通过对不同信用销售方案进行分析和计算所得出的结果。较长的授信期限，意味着给客户以更优越的信用条件并使 DSO 变长，这自然会刺激客户购买热情，吸引更多的客户，实现更高的销售额。在应收账款发生水平增高的同时，既给企业带来扩大市场份额和增加销售额的好处，也给企业带来风险。相反，较短的授信期限虽然减少了持有应收账款相关的成本，但直接影响到企业的信用销售规模，增加库存压力。长此以往，如果竞争对手的授信期限比较灵活而且信用管理水平较高的话，可能使本企业在市场上失利。合理的受信期限应当着眼于使企业的总收益达到最大，理论上其最低限度应该保持损益平衡。

在确定授信期限时要考虑的因素有企业的市场份额、企业从其上游企业得到的授信期限、资金融通的便利性和成本大小、行业惯例、市场特征、利润率、市场竞争压力、受信方拥有货物的时间、客户的财务状况和提供付款期间的风险、季节因素和促销手段等。在实际中，行业惯例、市场竞争压力和受信方拥有货物的时间是主要的考虑因素。

1. 行业惯例。在实际工作中，授信期限的确定应该在参考行业惯例基础上，通过数学方法确定，例如可采用边际分析法或净现值流量法进行测算，比较科学地确定企业授予客户多长的受信期限。边际分析法的基本思路是：以本企业上一年度的授信期限、本行业的平均授信期限、授信期限的定值假设为基础，制订适当延长或缩短授信期限的不同方案，分别计算出各方案较之基准授信期限的边际成本和边际收益。在边际收益大于边际成本的原则下，选择边际收益最高的方案中所设定的授信期限作为授信期限的最佳候选，待信用政策中的其他因素确定后，决定取舍。

2. 市场竞争压力。授信期限太长，对企业有不利影响，但如果竞争对手提供的授信期限长，为了赢得竞争企业也不得不提供较长的授信期限。通常，信用销售企业所在行业的竞争越激烈，给予客户的授信期限就会越长。

3. 受信方拥有货物的时间。在市场上，信用销售客户有两类，一类是货物的最终用户，另一类是中间贸易商。授信期限不会超过信用销售客户自己消耗货物的时间，也不会允许延长授信期限到货物销售之后。在正常情况下，授信期限要短于上述期限，否则，不是给予购货客户的授信期限太长，就是卖方可以选择其他贸易商进行销售以获得更快的资金周转。季节性行业是第一种情况的典型例子，这些行业中淡季处理货物的时间要更长一些，所以授信期限也一般长于旺季的授信期限。

（四）现金折扣

对企业来说，最终目的是把产品卖出去，把货款收回来，所以企业在采用信用销售手段时，常常采用现金折扣的办法，鼓励客户提前进行现金结算，或在尽可能短的时间内支付货款。现金折扣就是企业对客户在商品价格上所做的扣减，向客户提供这种价格上的优惠，主要目的在于吸引客户为享受优惠而提前付款，缩短企业的平均收款期。另外，现金折扣也能招揽一些视折扣为减价出售的客户前来购货，借此扩大销售量。现金折扣有两种不同的情况：一是给付现金的客户以价格上的折扣，以鼓励客户同企业进行现金交易；二是在信用销售方式下，对于在规定的短时间内付款的客户，给予发票金额的折扣，以鼓励客户及早付清货款。

现金折扣信用销售合同是给予客户信用条件中的另一个重要的组成部分。在企业的商业信用管理部门给予客户的现金折扣包含两个要素：折扣期限和折扣率。折扣期限指的是客户在多长时间区间内付清应付账款，便可以取得折扣优惠。折扣率指的是在折扣期间内给予客户多大的折扣，通常按照信用销售额度的一定比例进行计算。企业可以根据自身的实际情况确定折扣期限和折扣率，折扣表示普遍采用如"a/n_1，b/n_2，c/n_3"的形式，"/"号前表示可以享受的价格优惠，"/"后数字表示付款期限。给予客户的现金折扣率大小应该与折扣期限的长短成反比例变化，即折扣期限越短，折扣率越高；反之，折扣期限越长，折扣率越低。现金折扣政策的目的是鼓励客户尽快付款，现金折扣也与销售额和应收账款发生的规模有密切的关系。现金折扣是吸引客户的重要方式之一，首先，现金折扣率越高，表示现金折扣条件越优惠，销售额会不断增加，应收账款的持有水平越高；其次，现金折扣率越高，越能鼓励客户尽早全额付清货款，这在一定程度上缩小了应收账款的持有规模；最后，现金折扣期限也会影响应收账款的持有规模，较长的折扣期限会延长收款的时间。

现金折扣给企业带来的成本即指价格折扣所造成的损失，企业应该根据折扣所带来的收益和成本孰高孰低的原则，权衡利弊，作出正确的决策。现金折扣虽然可以刺激客户提前付款，但是也会造成盈利的损失。所以企业在采用现金折扣时要仔细分析，不应经常使用，要结合授信期限一起搭配使用。

二、收账政策

（一）收账政策的定义

收账政策也称收账方针，是指当客户违反信用条件，拖欠甚至拒付账款时所采用的收账策略与措施，即企业采取何种合理的方法最大限度收回被拖欠的账款。

收账政策是企业对应收账款的控制、逾期应收账款的催收和坏账的处理而制定的政策。一方面，收账政策中最敏感的内容是给出了对违约客户的处置方法，以及对商账追收活动范围和深度提出限制。另一方面，收账政策也是企业对信用管理部门的一种授权，即如何处置失信违约客户。经验丰富的信用管理人员能够在收账政策允许的范围内灵活行事，在尽可能不彻底"得罪"客户的基础上，取得某种最大的收账效果。收账政策包括对收账方法的指导，并且比较详细地规定出允许企业的商业信用管理部门采用的收账方法。信用管理部门应该以企业收账政策为依据，针对企业客户的特定情况设计出对逾期应收账款的追收操作方法。

（二）收账政策的内容

从具体内容来看，收账政策用于指导企业的商业信用管理部门的日常催收活动，包括合同期内的应收账款管理、收账诊断、商账内勤催收、委托第三方商账催收、追账成本控制、法律方法处理客户和申报坏账等实际操作。如果企业采取的是宽松型信用销售政策，那么这种企业更应该强化它的收账系统，收账政策必须给予其信用管理部门充分的授权。收账政策是企业有关收账工作的全面政策性指导，执行单位还涉及企业财务部门和销售部门，这两个部门应该配合信用管理部门的收账工作。

收账政策处理的问题包括与客户联系的时间，联系的方式，对有逾期账款的客户是否继续授信，对商账追收的问题，是否委托商账机构追收逾期账款，是否作为坏账进行核销等。当账款为客户拖欠或拒付时，企业首先应分析现有的授信标准及信用审批制度是否存在纰漏，然后重新对违约客户的资信等级进行调查、评价。对于信用品质恶劣的客户应当从信用名单中排除，对其所拖欠的款项可先通过电话、信函或者派专人前往等方式进行催收，态度可渐加强硬，并提出警告。当这些措施无效时，则可以通过法院起诉，以增强该客户信用品质不佳的证据力。对于信用记录一向正常的客户，在去电、去函基础上，可派专人与客户直接协商，彼此沟通意见，达成谅解妥协，既可密切相互间的关系，又有利于较为理想地解决账款拖欠的问题。

除了上诉收账政策外，还可以委托专业商账催收公司进行收账代理业务。企业无论采取怎样的收账政策，都是最大限度地收回欠款，提高企业的竞争力和效益。在企业的实际信用销售活动中，企业要权衡利弊，掌握好宽严界限，实事求是地制定出合理的收账政策。

(三) 收账政策的效果

收账政策一般是基于理想的收账效果而制定的。所谓理想的收账效果，可以描述为：每个被选定的客户都是信用良好或有实力的客户，在企业所持有应收账款到期之前，经过一定的提示和催收，能够全部收回应收账款，保证企业运转在良好的现金流量之下。同时，又能够让客户满意，让客户理解授信企业的收款催收工作是信用管理水平比较高的体现，使其继续同管理素质高的企业进行交易，而不去选择企业的竞争对手。因此，企业收账政策应该是信用管理部门的一种授权，使具有丰富经验的信用管理人员能够在政策允许的范围内灵活行事，取得上述令人满意的效果。

信用管理部门的收账成果可以用是否接近理想收账效果来检验,另一参考尺度是当前行业的平均收账水平,使用后一个指标更符合实际情况。由于收账政策包括对收账方法的指导,所以,收账政策还比较详细地规定出允许商业信用管理部门采用的收账方法,特别是对违约客户的处置权。信用管理部门应该以企业收账政策为依据,针对企业客户的特定情况,设计出对逾期应收账款追收的操作方法,包括商账追收有关的计算机工作流程。

由于客户取得信用额度是经过严格调查审批的,在正常情况下,客户会按照信用条件规定的期限及时付款,履行其购货时承诺的付款责任。但是,出于各种原因,有的客户在期满后仍不能付清货款。一些临时遇到困难的客户会在信用期限到达之前,不得不向授信企业的信用管理部门申请延期付款。信用管理部门可以根据客户的请求,给予客户一定限度的宽限,宽限时间长短为延展期。在延展期内,客户应该和授信企业签订补充合同,并按照补充合同的规定,付给授信企业合同违约金和拖欠货款的利息。因此,在信用条件中,还存在被称为"延展期间利息"的罚款条件,是对那些未能在协议期限付款的购买者进行惩罚。由于这一利息属于罚息,所以通常比银行利率高出很多,主要目的是保证客户按时付款。在延展期过后,如果客户仍不能结清货款,一系列的催收措施就是必要的,信用管理人员应该将这种客户列入标准收账程序执行。

对于在信用期限结束时不能付清货款,也没有向信用管理部门提出延迟付款申请的客户,信用管理部门应该直接将其列入收账程序执行。所以,收账政策还应该包括对客户延期还款申请和在延期内对客户进行管理的措施。

收账政策的松紧程度应该设置在比较适宜的范围内,同时应参考主要竞争对手的情况。如果收账政策过于消极,逾期应收账款工作的效果不会令人满意,应收账款的机会成本与坏账将会提高。如果采取一种比较严格的收账政策,应收账款的机会成本与坏账损失可能将降低,但收账费用也会相应增加,并有可能使企业与客户的关系受到影响,或者遭到销售部门的反对。一个适合企业自身具体情况的收账政策,应该是对这些此消彼长的相关费用进行权衡的结果。

(四) 协调各种关系

收账政策要明确对信用管理部门的授权,其中最敏感的部分是授予信用管理部门处理客户的权利，包括得罪客户，甚至彻底破坏与某些客户的关系。如果客户不愿意支付所欠货款，那么信用管理部门可以考虑使用更严厉的惩戒措施。在征得企业的商业信用经理的同意后，由信用管理人员或销售人员将交易过程做成书面报告，将案卷转移给企业授权的追账收款部门或商账律师，并附上证据。主管信用管理部门的副总经理对上述所有决定负全部责任。如果客户申请破产，也经过追账科和商账律师的努力，仍未能在6个月内收回账款，信用管理部门可以通知财务部门，将账款作为坏账进行核销。在收账政策中，要充分考虑到信用管理部门与销售部门的关系，要求将客户列入标准收账程序之前，要与销售部门沟通一次。

三、采购政策

采购是指企业在一定的条件下从供应市场获取产品或服务作为企业资源，以保证企业生产及经营活动正常开展的一项企业经营活动。采购本身是一种经济活动和商业行为，通过商品交易、等价交换来实现商品所有权的转移。采购部门制订了采购计划，采购政策不能孤立地制定，并且不能仅以采购业绩的最优为目标，应该以正确的商业导向为基础，反映跨职能、跨部门的方法，并且以改善公司的采购底线成本以及按时按质保证产品和服务的供应为目的。

制定采购政策时应该考虑这些决策对于其他主要活动的影响。因此，制定采购决策需要以平衡所有总成本为基础，信用管理部门就必须对企业的全盘经营方针有彻底的理解，协同采购部门制订了采购计划，配套地制定采购领域信用政策。采购分为公开招标、邀请招标、竞争性谈判、单一来源、竞争性磋商、询价六种主要形式，以公开招标最为常见。无论采用何种形式的采购，都需要对供应商（投标人）进行信用风险评估和信用等级评定。

采购政策主要包括供应商信用信息档案建立、投标人风险预警、围标串标风险评估、信用评级和评标信用分制度、动态履约实时监测五个方面。

（一）供应商信用信息档案建立

目前我国关于供应商的信用信息比较零散且分布在不同的机构，主要包括公共信用信息、市场信用信息、金融信用信息以及和目标企业交易活动中历史履约信用信息，各种零散的信息成为信息孤岛，这些信用信息相对单薄，只是一些基础性带有识别性质的信用信息。企业信用管理部门要做好供应商信用信息档案建立工作，与第三方信用评级机构协作开展，将客户的信用信息及时采集、调查，对于客户变更的信息，经核实后要及时将变化的信息输入档案，并经过自动统计处理分析客户经营状况的变化新趋势，做好重大风险预警提示，尤其要重视企业核心客户的变化情况，建立分层分类的数字化信用信息档案及标签系统，这样不仅可以将零散的信用信息统一起来，还能让各类信用信息形成合力，为开展供应商信用评级打下基础。

(二) 投标人风险预警

投标人（供应商、服务商、物流商）在参与企业采购项目中，在投标之前需要进行信用信息主动核验，企业信用管理部门依托第三方评级机构数据库，采用数据自动核验的方式，保证招标平台上投标人数据的准确性，降低错误率。同时可以完善企业新型的供应商数据库和档案，以公共信用信息、企业历史履约信用信息作支撑，自动添加、识别投标人企业相关信息，可以大大提高工作效率，节省人力成本。

信用管理部门对提交标书或者进入供应商管理体系的投标人进行全面的评估，包括基础背景信息、提供产品信息、行业地位、经营状况、服务水平、供应能力等进行综合全面风险预警评估，方便信用管理部门、采购部门对供应商分级分类管理。采购部门在开展招标等环节，通过核验供应商风险预警等级，对客户资信情况了解，对于有重大失信行为的客户，采取制定投标人最低标准要求和投标否决制。风险等级会直接影响客户的投标和中标的机会，所以需要根据行业环境和企业自身的现状，确定适宜的供应商风险预警等级标准。如果企业的信用管理部门执行比较严格的采购标准，一些投标人就可能失去投标资格和中标机会。企业应该制定一个合乎自己现状的科学采购准入标准，确定采购标准的主要因素包括竞争对手的情况、客户分析情况、市场战略、库存水平、其他历史经验等，对收入和成本进行认真权衡后再作决定，过松或过严的采购标准都不是明智的选择，企业的采购标准需要随企业、行业、市场情况变化而不断修订。

(三) 围标串标风险评估

采购招标环节存在诸多风险和问题，特别是围标串标成了招投标过程中的高发环节，企业在采购过程中很难预防和控制，监管也非常困难。围标串标行为的存在严重扰乱了正常的采购招投标秩序，违背了公开、公平、公正的招投标原则，投标人通过非法手段中标，使真正有实力的供应商被拒之门外，严重侵害了采购企业的利益。作为市场基础的诚信体系遭到破坏，市场规律和竞争法则失去作用，严重影响了采购企业的健康发展。

一些简单的围标串标行为，譬如不同投标人的投标文件由同一单位或者个人编制、不同投标人委托同一单位或者个人办理投标事宜、不同投标人的投标文件载明的项目管理成员或联系人员为同一人、不同投标人的投标保证金从同一单位的账户转出等情形，采购部门可以通过一些常规的方法识别出，但是围标串标行为的认定不是一件简单的工作，要做好此项工作，必须要有理、有据。

信用管理部门、采购部门与第三方信用评级机构合作开展，开展投标人风险预警筛查，投标人（供应商、服务商、物流商）信用信息档案查询，通过对企业的历史投资、历史招投标等信息，构建两个企业、多个企业之间的关联关系网络，挖掘投标人可能的关联路径，对每一次招标开展围标串标风险分析评估，对有围标串标违规违法行为的企业，记入其信用信息档案，实施失信惩戒。

（四）信用评级和评标信用分制度

供应商为采购企业提供长期的货物和服务，对企业生产经营产生重大影响，企业在采购招标环节中，需要综合对供应商（投标人）进行信用评级和风险诊断。供应商（投标人）主体信用评价是对投标人履约能力和意愿进行综合评定，通过采集企业信用信息，根据数据模型进行指标分析，主要对企业公共信用信息、市场信用信息、金融信用信息以及历史履约信用信息进行系统分析，最终得出评价结论，确定企业信用级别，出具《信用评级报告》。

信用评级是由专业权威的第三方评级机构根据"独立、公正、客观、科学"的原则以及相关的法律、法规、制度与有关标准，运用科学的指标体系与评级方法，按照规范化的程序，对评级对象在特定期间或特定条件下，履行相应经济责任的能力与意愿，进行的调查与综合评价。第三方信用评价机构评价过程收集的信用信息和现场尽职调查，信息量远远大于采购招标现有的资质审查工作。信用评价机构对投标人信用评价等级划分为三类九级（AAA、AA、A、BBB、BB、B、CCC、CC、C），信用评级报告有效期一般为3年，每年对其评价结果进行跟踪更新，复审复评。

同时，将综合企业信用状况、失信状况、履约状况的信用评级报告和结果以信用分的形式引入评标环节，保障质优、价廉、守信的供应商进入企业采购供应体系，使原有的招采评标环节更加公正、科学。引入信用分的新评标办法改变了中标竞争模式，招标文件的技术标和商务标评审的方法仍然按照原两阶段评标办法实行，但在原有基础上单独增加一个信用标，对企业信用等级进行评审。对于采用通用技术标准、不要求编制技术标的项目，采用"商务+信用"评标办法；对于按规定采用综合评估法、要求编制技术标的项目，采用"商务+技术+信用"评标办法，企业信用评分分值占投标得分的比重控制在10%至20%；联合体参与投标的，按联合体企业中最低企业信用评分认定。

采购招标综合信用评分办法取代原有的评标办法已是大势所趋，此种评分法将评标方法和信用评级结果运用融合创新，改变传统的评标办法，解决招标中忽视对投标企业信用的问题。对于供应商而言，实行增加的信用标后，投标企业普遍开始关心和重视自身信用评分情况，增强了企业、行业自觉和自律意识，更加珍惜自身的信用记录。

（五）动态履约实时监测

供应商中标以后，采购部门和信用管理部门通过持续采集、归集供应商的公共信用信息、市场信用信息、金融信用信息的失信信息，对在信用信息档案库中的企业进行信用状况动态监测。以月度为单位进行更新，采购部门和生产部门将当期需要动态监测的供应商名单提供给信用管理部门，于每月上旬开展动态监测名录状态变更信息，包括市场监管信息重大变更动态、司法失信动态、税务失信动态、行政处罚、舆情信息动态等信息状态。

采购部门利用并根据每年的供应商信用评级结果和跟踪复审复评，可以主动对供应商开展动态监测，进行信用等级分析，动态观察投标人每年信用等级的变化情况，对于变化较大、级别下降较多的投标人，建立预警名单，实现实时监测和动态评测。企业信用管理部门、采购部门与行业内关联企业协调建立统一的信用评级体系，使各方互联互通，信息共享，对供应商监测管理的合力，形成一处失信处处受限的良好市场环境。

第三节　商业信用政策的评价

一、商业信用政策的评价原则

（一）成本效益原则

评价信用政策的优劣，可以利用成本效益原则来判断，比较采纳信用政策给企业带来的收益与增加的成本来权衡利弊。当采纳信用政策增加的收益大于增加的成本，则采纳信用政策是可行的。反之，当采纳信用政策增加的收益小于采纳信用政策增加的成本，则不应采纳该信用政策。

（二）全面客观原则

全面客观原则要求信用政策立足于影响客户信用的各因素，评价客户信用等级，要全面客观。客观首先强调制定信用政策依据的资料来源要真实客观，同时制定信用政策的人员要客观、公正，不可偏向于某一个客户。

（三）谨慎性原则

信用政策必须坚持多考虑影响客户的不利因素，尤其对偿债能力及还款意愿的分析要严格谨慎。

（四）稳定性原则

信用政策应该具有相对稳定性，即信用销售规模能够在信用政策指导下长期稳定地增长，而且条款在一定的时间区间内基本不变。政策稳定是非常重要的，既显示企业的实力，又显示企业自身的信誉和成熟程度。如果一个信用政策方案能够使企业实现其销售规模的相对长期稳定增长，而且增长幅度比较显著，说明企业在同行中的竞争力比较强。

（五）时效性原则

信用政策讲求实效性，因为客户信用状况不是一成不变的，企业应该随时跟踪，根据客户信用状况的变化及时变更对其的信用评价和信用政策。

二、商业信用政策的评价方法

（一）收益成本比较法

成本收益是指应收账款发生的成本和给企业带来的收益。其中收益是信用销售能够给企业创造的收入扣除销售成本的收益增加额。应收账款的持有成本有：（1）机会成本，是指企业的资金如果不投放于应收账款而用作其他投资应获得的收益；（2）管理成本，主要包括调查顾客情况的费用、收集各种信息的费用、账簿的记录费用、收账费用、其他费用等；（3）坏账成本，应收账款无法收回而给企业带来的损失，该项成本一般与应收账款的发生额成正比；（4）收账成本，包括对应收账款的正常收账费用和对逾期应收账款的催收费用；（5）短缺成本，企业持有应收账款水平过低造成的损失。

比较企业持有应收账款的成本和收益，使企业的净收益达到最大的信用政策就是最好的信用政策。

（二）DSO 法

DSO，是应收账款销售变现天数，也称"收账期"，即企业收回应收账款的平均天数，一般也称为授信期限或是平均信用期限。企业为客户制定相应的授信期限目标，或是为不同行业的客户设定不同的授信期限标准。DSO 有三种计算方法：

1. 期间平均法。

$$DSO = \frac{期末应收账款余额}{本时期销售额} \times 本时期天数$$

这是最普遍的方法，也是误差最大的计算方法，其计算的期间可以是 3 个月、半年或者一年。采用期间平均法计算 DSO 的目的是企业的横向比较和纵向比较，最典型的期间平均法是计算年度 DSO，用期末应收账款除以总销售额再乘以 365 天可以求得年度 DSO。用这个数据与本企业前几个年度进行比较，可以得知本年度的现金回收速度变化，从而为下一年目标的制定作准备。也可以用这个数据与其他企业本年度的 DSO 作比较，评估出本企业的信用管理是否优于同行业的其他企业。用期间平均法计算出来的 DSO 只能作为综合评价指标使用。

2. 倒推法。倒推法是从最近的一个月开始,用总的应收账款减去逐月的销售额,直到总应收账款为零时,再查看减去的总天数,总天数即为 DSO。该方法注重最近的账款回收业绩,而非全年或半年的业绩,该方法是使用率最高的一种方法。

倒推法计算 DSO 的目的是了解最近时期的 DSO 大小,因为倒推法 DSO 是从最近一个月算起的。这种计算方法最能够准确地反映每个月的 DSO 变化,从而使商业信用管理部门和信用经理及时作出安排。如果本月 DSO 较之上月的少,说明信用管理部门业绩提高;如果大,说明收款速度放慢,资金更多地被占用,信用管理部门需要更严格的审查额度,并且加大追款力度。倒推法的缺点是无法了解每笔被拖欠货款的账龄。

3. 账龄分类计算法。综合考虑信用销售和账龄的关系,对一段期间内不同账龄的应收账款分别计算 DSO,最后将其相加,得出总信用销售额的 DSO。

账龄分类计算 DSO 时,信用管理部门和信用经理可以对每笔应收账款掌控了解,并通过计算每个阶段应收账款的比例,发现拖欠的原因和解决方法。但账龄分类计算法得出的 DSO 的数据也存在一定误差。

不同的 DSO 计算方法有不同的作用,信用管理人员要根据企业的需要分别或全部计算出 DSO 的数据,以供信用经理和高层管理者使用。

(三)应收账款账龄分析法

应收账款账龄分析就是把应收账款按账龄的长短分为不同的账龄组,然后计算各账龄组的比重,编制应收账款账龄分析表。关注应收账款账龄分析表中比重较大的账龄组,分析原因,加强管理,对客户进一步修订信用政策。

(四)坏账水平测算法

1. 坏账率。坏账率反映在某一时期信用管理降低坏账的能力,其计算公式为

$$坏账率 = \frac{注销的坏账}{信用销售总额} \times 100\%$$

对坏账率进行纵向和横向分析,纵向分析就是比较企业内部近年来或几个季度内的坏账率变化;横向分析则是与同行业企业的坏账率进行比较。

由于信用销售总额统计标准不同,期限也没有统一的标准,所以如果信用

管理中仅考虑坏账率，则会导致保守授信，或只接受信用最好的客户，最终导致被竞争对手淘汰，利润下降，因此在使用坏账率时，要同时结合其他比率进行综合分析。

2. 逾期账款率。逾期账款率指某一时期期末逾期应收账款占应收账款的比率，其计算公式为

$$逾期账款率 = \frac{期末逾期应收账款}{总应收账款} \times 100\%$$

分析逾期账款率在几个时期内的变化趋势，进一步判断应收账款的变化问题。在一定时期内如果指标上升太快，则表示有问题的账款变化多，必须采取措施阻止这种趋势，使其回到正常比率的水平。

3. 回收成功率。回收成功率考察某时期内应收账款的回收情况，其计算公式为

回收成功率

$$= \frac{期初总应收账款余额 + 季度内月平均信用销售额 - 期末总应收账款余额}{期初总应收账款余额 + 季度内月平均信用销售额 - 当期产生的总应收账款额} \times 100\%$$

回收成功率越高表明商业信用管理的效率越高，该指标考察的是在总应收账款中，实际收回的应收账款所占比例。其较早地反映和预见企业在回收账款方面的困难，并尽早纠正追讨方法。如果指标下降，表明坏账增加或者回收效果下降，应及时调整信用政策，也可能意味着企业的信月销售和付款方式期限太过宽松，给客户的信用产生偏差，追讨行动产生反作用，收款措施力度不足，在处理危机时出现问题。

4. 信用批准率。信用批准率是评估企业在信用申请方面采取的态度过松还是过紧、申请的质量、信用部门的效率等，其计算公式为

$$信用批准率 = \frac{获批准的信用申请额}{提交的信用申请额} \times 100\%$$

信用批准率反映企业的商业信用政策的总轮廓。如果比率过低，说明信用政策保守，不利于企业的发展；如果比率过高，则说明信用政策可能过于激进或宽松，信用风险会剧增。在分析信用批准率的同时要结合其他比率，对信用政策进行全面客观的评价。

【延伸阅读】商业信用文件样本

完善的信用文件是有效执行信用政策的基础。以下提供一些最基本的信用文件表格,这些表格具有普遍性,每个企业都可根据自己的实际情况加以修改和完善。

信用文件主要包括信用评级及承诺函、信用评级申报表、尽职调查企业资料申报表、信用额度申请表、信用额度确认表、向相关企业咨询调查表、未逾期账款查询反馈表、追讨函——前期(账款逾期7天内)、中期追讨函、后期追讨函等。

一、信用评级承诺函

企业凡是申请信用等级评价都必须填写一份承诺函,企业对自己提供的申报材料真实性负责。

【样本】

企业申请信用评级承诺函

商业信用中心:

我公司对××××单位供应商(经销商、服务商)信用评价中提供的申报材料真实性负责,该等资料的副本或复印件与原始资料或原件一致,所有文件上的签名、印章均为真实。

我公司保证填报提供的有关信息真实、准确和完整,不存在虚假记载,误导性陈述或重大遗漏,对所提供信息的真实性,准确性和完整性承担一切法律责任。

本企业符合下列条件:

(1)依法登记注册的企业法人和其他经济组织;

(2)成立已满二个会计年度,近二年均有主营业务收入,企业处于持续经营状态,非即将关、停的企业。

××××公司
××年××月××日

二、信用评级申报表

企业凡是申请信用等级评价都必须填写一套企业信用等级评价申请表

(包含表1企业基本信息、表2企业简介表、表3股东和实际控制人及出资信息、表4管理架构及制度建设、表5高管信息、表6从业人员情况、表7研发投入、表8主要产品或服务销售情况、表9主要客户和关联方、表10企业借贷融资情况、表11主要财务数据和审计报表信息、表12司法相关信息、表13对外担保、表14资产抵、质押、表15重大舆情信息等。由于表格较多，以表1为例，目前申报多采用评级申报系统在线填报的方式）。

【样本】

信用评级申报表（表1：企业基本信息）

企业信息备案表	
项目	说明
1. 企业名称	
Enterprise name	
2. 统一社会信用代码	
Unified social credit code	
3. 法定代表人	
Legal Representative	
4. 法定代表人身份证号	此项不对外公开
ID Number of Legal Representative	
5. 注册资本	
Registered Capital	
6. 所属行业	
Sector	
7. 所属地区	精确到地、市
Region	
8. 注册地址	
Registered Address	
9. 经营地址	
Business Address	
10. 企业网址	
Website	
11. 联系电话	
Telephone	

续表

企业信息备案表	
项目	说明
12. 传真 Fax	
13. 经营范围 Business Scope	
14. 主营业务 Main Business	
15. 主要产品 Main Products	
16. 注册日期	
17. 成立日期（始建于）	
18. 公司性质注	
19. E－mail	
20. 联系人	

注：此表用于商业信用中心、受托企业信用管理部门备案使用。

注：公司性质是指国有独资、混合所有、民营、外资、合资、上市公司等。

三、尽职调查企业资料申报表

企业凡是申请信用等级评价，到开展尽职调查环节都必须填写一份现场尽职调查企业资料申报表，企业都应如实填写和提供相关支撑材料，现场查验材料原件。

尽职调查企业资料申报表

序号	资料名称	是否存在问题
1	社会统一信用代码证	□无 □有 描述：
2	公司章程及修正案	□无 □有 描述：
3	股东和关联关系表	□无 □有 描述：
4	经营资质（许可）证	□无 □有 描述：
5	银行开户许可证、贷款卡	□无 □有 描述：
6	组织结构图	□无 □有 描述：
7	历次股东出资的验资报告	□无 □有 描述：

续表

序号	资料名称	是否存在问题
8	上年度公司总经理工作报告（董事会的年终汇报材料）	□无 □有 描述：
9	经营资质、许可证照、荣誉证书（如进出口许可证、生产许可证、经营许可证、技术标准证书、产品注册证/批准证书、产品质量证书、高新技术企业证书、商标等）	□无 □有 描述：
10	公司各项管理制度	□无 □有 描述：
11	科研成果证书（专利、著作权等；子公司如果纳入合并报表也要提供）	□无 □有 描述：
12	公司高管人员、主要人员工作简历	□无 □有 描述：
13	公司享受的相关优惠政策和支持文件（国家、省/市级、园区的财政、税收、贴息、资金等）	□无 □有 描述：
14	经审计的近三年年度审计报告，及本年度上月底的财务报表（资产负债表、利润表、现金流量表及其补充资料）、财务报表的附注说明	□无 □有 描述：
15	申请信用敞口、应收保理业务需求的用户同时提供上述四期"纳税报表"	□无 □有 描述：
16	公司办公场所的权属证明（土地证、房产证或租赁合同）	□无 □有 描述：
17	主要固定资产列表（特别是研发和生产的专用设备）	□无 □有 描述：
18	近三年度和本年度上月底银行对账单	□无 □有 描述：
19	公司上年度公司所得税缴税凭证	□无 □有 描述：
20	非银行、信托、发债等金融机构借贷合同或企业融资对账单	□无 □有 描述：

四、信用额度申请表

凡是申请信用销售方式的客户都必须填写一份信用额度申请表。如果客户没有类似的表格，可将以下的表格提供给客户填写。

[样本]

信用额度申请表

××企业：

我在此申请贵企业信用额度，我企业的情况如下：

A 部分：

企业名称：

企业地址：　　　　　　　　　　　　　　　　邮编：

联系电话：　　　　　　传真：　　　　　　　Email：

企业登记号：

成立日期：

注册资金：

母企业（如果有）：

银行名称：

地址：

银行账号：

B 部分：我的贸易伙伴的联系方法：

名称：　　　　　　　　地址：　　　　　　　电话：

名称：　　　　　　　　地址：　　　　　　　电话：

名称：　　　　　　　　地址：　　　　　　　电话：

贵企业可以按照上述联系方法向我的贸易伙伴了解情况。

我拟与贵企业销售部门签订的合同条件为：

交易条件：

信用期限：

信用申请额度：

签章：

日期：

职位：

五、信用额度确认表

当同意授予信用额度后，要向客户发出信用额度确认书：

[样本]

信用额度确认表

致：

呈：

关于：批准××企业信用额度

××先生（女士）：

我很高兴地通知您，我们已经同意给予贵企业一个信用额度。

我们已批准的初始信用额度为××元/月；对于这个额度，我们会经常评估以便随时增加。我们提醒您，该信用额度的期限是发票日期后××天。

我们可能定期或不定期地向您了解一些情况，希望得到您的配合。

如果您有任何问题，请随时与我们联系。

签章：

日期：

职位：信用管理部经理

六、向相关企业咨询调查表

在向相关企业索取客户的贸易信息时，考虑到竞争的因素，被咨询企业也许会拒绝回答有关问题。但不论是否得到信息，都应把这项工作作为制度认真履行。

[样本]

咨询调查表

致：

呈：

关于：××企业向我公司申请信用额度

我们已经接到××企业对我公司提出的信用申请。该企业称，在与贵企业进行贸易时，其信用状况良好，贵企业长期给予这个企业信用额度。如果您能够提供更多我们需要的信息，我们将不胜感谢。

贵企业提供的信息将被严格审查和保密，如果贵企业也需要类似信息，我们十分乐意提供。

请回答以下问题：

1. 客户名称地址是否正确？
2. 贵企业和该公司贸易的时间有多长？
3. 贵企业给予的信用额度是多少？
4. 该企业目前欠款多少？
5. 贵企业的付款条件是什么？
6. 以前申请的付款期限是（   ）

A. 准时　　　　　　B. 较慢　　　　　　C. 很慢

7. 贵企业过去与该企业的关系紧密吗？

8. 在过去 6~9 个月，贵企业是否曾经停止向该企业发货或采取措施追收逾期账款？

以上信息请贵企业在　　月　　日前反馈给我公司，在此再次表达我们的谢意。

签章：

日期：

职位：信用管理部经理

七、未逾期账款查询反馈表

此表是在客户收到货物后、账款到期前发给客户，并要求其在规定的时间内返回的调查表。这个调查表一方面可以提高自身的服务质量，另一方面可以防止客户在无法卖出货物时推脱说货物存在问题以推卸责任。

[样本]

查询意见反馈表

致：

呈：

关于：××号合同、××号发票项下的服务反馈

××先生（女士）：

贵企业已于　　年　　月　　日收到我方发出的××号合同、××号发票项下的货物。按照合同规定，贵企业应在　　月　　日前检验货物。请贵企业将有关情况反馈我部门并做出评语：

1. 您认为货物的品质是否合格？

   是（　　）　　　　否（　　）

   因为：

2. 您认为我企业服务质量是否合格？

   是（　　）　　　　否（　　）

   因为：

3. 您还有哪些不满意之处？

签章：

日期：

职位：

八、追讨函——前期（账款逾期7天内）

前期追讨函应在账款逾期后马上发出。但是，由于不能确切了解客户迟付款的原因，而且账款逾期时间很短，所以初期追讨函的文字应较温和，只起到提醒客户注意的作用。

[样本]

逾期询问函

致：

呈：

关于：贵企业的逾期未付款

发票号：

逾期账款金额：

账款到期时间：　　月　　日

以上金额已经逾期　　天

××先生（女士）：

我企业财务部门提醒我们，我企业的发票号　　项下的账款尚未收到，此笔账款已经逾期（　　）天，可能贵企业尚未发现这个情况。

请贵企业务必在　　月　　日前支付这笔欠款，或提前告知原因。

签章：

日期：

职位：

九、中期追讨函

中期追讨函是经提醒后客户仍然未在宽限时间内付款时发出的追讨信函（一般为30~60天），此时信函的内容和语气较之初期变得严厉一些。

[样本]

逾期询问函（第二封）

致：

呈：

关于：贵企业的逾期未付款

发票号：

逾期账款金额：

账款到期时间：　　月　　日

以上金额已经逾期　　天

根据我们双方协议，我企业给予贵企业的信用额度是发票日期后××天，目前账款已过期　　天。这个账款过期时间已经超过我方提出的付款宽限期限，将产生严重后果。请贵企业立即支付上述迟付货款并告知我方迟付的真实原因，并在　　月　　日之前给我们答复，否则我方会关闭信用账户，停止向贵企业供货，并将采用必要方式追收该账款。希望本信函能够引起贵企业注意，以便使我们的交易继续顺利进行。

签章：

日期：

职位：

十、后期追讨函

如果发出前期追讨函和中期追讨函后，客户仍然对催款置若罔闻，不理不睬，就有必要发出最后通牒。发出最后通牒的时间一般在账款逾期 60 天以后。西方很多企业将后期追讨函的信封和抬头打上"最后通牒"字样，并且文字的颜色为红色，以显示该函的严重性。

[样本]

追讨函（最后通牒）

致：

呈：

关于：对贵企业逾期未付款的最后通牒

发票号：

逾期账款金额：

账款到期时间：　　月　　日

以上金额已经逾期　　天

我们已经多次提醒贵企业拖欠我方账款，但贵企业至今仍未偿付。现我企业正式通知贵企业,如果我们在从今日起 4 个工作日内仍没有收到全部货款,我们将马上采取必要的行动追收账款。

我们已经安排××收账公司和××律师准备起诉所需的法律文件,如果我们采取追收行动并最终诉诸法律,你们将为此付出法院费用、律师费用、利息和违约罚金,这将大大超过现在应付的金额。

在正式提起法律诉讼之前我们不再另行通知。

签章:

日期:

职位:

本章小结

企业制定适当的信用政策是信用管理部门最重要的工作,科学的信用政策是相对比较稳定的,通过掌握政策的松紧程度,在扩大信用销售额和增加现金流量两者之间取得动态最佳值。

企业信用销售政策受宏观经济环境、市场竞争、企业本身财务状况等多种因素的影响,根据企业不同的内外部条件,理论上讲商业信用政策分为五类,在实际中广泛应用的只有其中的三种类型。考虑主观意愿和客观要求,企业在制定信用政策时,必须坚持稳定性和灵活性两项基本原则,影响因素包括企业的外部经济环境因素、企业的内部因素、与企业发展相匹配的政策因素和企业客户相关因素。

商业信用政策主要包括采购政策、授信政策和收账政策,其中采购政策包括供应商信用信息档案建立、投标人风险预警、围标串标风险评估、信用等级、评标信用分制度和履约动态实时监测。授信政策主要包括授信标准、授信额度、授信期限和现金折扣四个方面,收账政策包括合同期内的应收账款管理、收账诊断、商账内勤催收、委托第三方商账催收、追账成本控制、法律方法处理客户和申报坏账等实际操作。

对商业信用政策进行评价时要遵循一定的原则,主要包括成本效益原则、全面客观原则、谨慎性原则、稳定性原则和时效性原则。商业信用政策的评价方法主要有收益成本比较法、DSO 法、应收账款账龄分析法和坏账水平测算法。

本章要点

- 商业信用政策的定义
- 商业信用政策的类型与应用
- 制定商业信用政策的原则和影响因素
- 商业信用政策的内容与制定
- 商业信用政策的评价原则和方法

本章关键术语

商业信用政策 授信政策 授信标准 授信额度 采购政策 授信期限 现金折扣 收账政策 DSO法 收益成本比较法 应收账款账龄分析法 坏账水平测算法 信用文件

本章思考题

1. 简述商业信用政策的定义及其类型与应用。
2. 简述制定商业信用政策的原则和影响因素。
3. 简述授信政策和收账政策的内容。
4. 简述商业信用政策的评价原则和评价方法。
5. 分析给出案例的商业信用政策中存在的问题,对其进行评价,并制定出科学合理的新政策。

第六章 应收账款管理

第一节 应收账款管理概述

一、应收账款管理的目标

应收账款管理的最终目标是足额、按时收回账款,最小化持有应收账款的成本,最大化应收账款的净收益,降低和规避信用风险,维系良好的客户关系,实现应收账款的最佳流动性和效益性。应收账款管理的基本目标是在提高竞争能力、扩大销售的同时,尽可能降低投资的机会成本、坏账损失和管理成本,最大限度地提高应收账款投资的收益。应收账款管理的具体目标有以下几点。

(一)支持营运资金

应收账款是流动性仅次于现金和短期有价证券的营运资金项目,如果收款滞后,企业可能要贷款来维持正常运营。为避免企业出现资金短缺现象,必须加强对应收账款的管理,密切关注企业的财务状况,制定合理的收款政策,保证企业营运资金的按时到位。

(二)减少应收账款的管理成本和坏账

应收账款的管理费用包括企业维护应收账款管理系统发生的费用和应收账款的收账费用。一般维护企业应收账款管理系统所发生的费用是相对固定的,其变化是阶跃性的,随应收账款规模的数量级变化而变化。对应收账款的管理主要是减少收账费用,这些费用包括电话费、邮寄费、差旅费、收账公司费用、法律诉讼费等,应收账款拖欠的时间越长,应收账款收回的可能性越小,产生的收账费用也越高。

应收账款无法收回就产生了坏账损失,坏账的产生与企业的应收账款管理水平直接相关,坏账比例过高,会影响企业的正常运营,甚者威胁到企业的生存和发展。加强应收账款的管理是减少坏账损失的有效途径,可以实现坏账损失最小化。

(三)维持良好的客户关系

收账是人与人之间的交涉,有人性化的一面,在收账过程中应尽量维持良好的客户关系,保护客户的声誉。客户不付款的原因不一定是没有还款能力,很可能是失误引起的,加强与客户的沟通,根据客户拖欠的实际情况,妥善解决因客户失误产生的暂时性问题,恢复与客户的正常关系。维护良好的客户关系,不仅保持与好客户的长期继续合作,而且可以提高企业在业界的声誉。

在实际工作中,有时客户不能及时付款的原因可能是由于工作的失误引起的,比如原始发票的丢失等,客户可能还不知道拖欠,一旦失误引起的问题解决后,许多客户都能够恢复正常付款。客户也很愿意及时付款,以获得更大额度的信用支持。所以,在应收账款收账中,应该尽量保持良好的收款工作,以促进销售。

(四)恢复客户还款计划

当客户没有及时结清账款,出现拖欠的现象时,企业要与客户一起分析其拖欠的原因,帮助客户制订实际可行的还款计划,在尽量减小企业损失的前提下,帮助客户提高信用,使受益客户与企业保持良好的长期合作关系。客户延迟付款的原因可能是负债过高,对债务持不在乎的态度或者是过度扩张,可以帮助客户确定总债务,分析收入来源,使客户恢复还款计划。

(五)协助扩大信用销售规模

信誉良好的客户都愿意及时还款,以便获得企业更高的信用销售额度。在应收账款管理过程中,应尽量保持良好的收款工作,促进信用销售规模的稳步扩张。如果因收款不当而产生使客户不愉快的现象,导致客户转向其他销售商,将是企业最大的损失。

二、应收账款管理的原则

（一）分类原则

对客户进行分析与划分，根据不同客户的特征、情况采取不同的行动，提高收款行动的效率和效果。

（二）及时回收原则

一般情况下，要求客户按照信用销售合同中规定的期限及时付款，履行其购货时承诺的付款责任。在客户逾期的时候，要尽快作出反应，及时催收，否则会损害企业的财务制度以及账期的严肃性；在确认客户无诚意、无能力通过正常方式解决应收账款问题的时候，也要果断地采取升级行动。不切实际的幻想和犹豫、无原则的等待等将破坏企业严谨的财务管理形象，给客户造成实际展期的假象，增大账款损失的风险。

（三）渐进原则

收款行动要循序渐进，在采取进一步行动前应该经过必要的程序，在最大限度维护客户关系的同时，为下一步行动提供准备的时间与信息。

（四）延展原则

对于信用度好但一时出现资金短缺的客户，企业要根据客户的请求，在详细了解客户资金短缺原因后，给予客户一定限度的延展期。在延展期内，要求客户付给企业一定的违约金和账款余额利息，而且延展期的批准，首先必须详细了解客户发生资金短缺的原因，其次是严格授信批准制度。

（五）催收原则

对延展期到期后仍不能按时结清货款的客户，或合同到期为履行付款责任也为申请延展期的客户，要采取一系列的催收措施，将这些客户纳入追账程序执行。企业催收政策的制定应该根据自身实际，参考主要竞争对手的情况，制定适宜的催收政策，既不能过松也不能过于消极。如果催收政策过于消极，催收工作的效果不会令人满意，应收账款的机会成本与坏账损失可能降低了，但收账费用也相应地会增加，并有可能使本企业与客户的关系受到影响，或者受到销售部门的强烈反对。一个适合企业的收账政策，应该是对这些此消彼长的相关成本费用进行权衡的结果。

三、应收账款管理的方法

（一）定期对账

应收账款发生后，各部门要定期相互核对账目，以免日后发生账目不清，给收账带来麻烦。有些企业由于疏于管理，不能做到相关部门之间或与相关单位进行定期账目核对，尤其债务人对债权人的对账要求持抵触态度，长此以往将给应收账款管理带来很大的不利因素。

（二）定期清理

对于名存实亡的应收账款，应及时转销处理，以免造成账目混乱，发生没必要的重复追账问题，造成成本的无价值增加。

（三）授权批准制

对于客户的信用销售额度申请和到期后延展期申请，都要经过严格审核和相关部门负责人的授权批准，以确保应收账款的质量和及时可收回性。

（四）加大监督考核力度

应收账款后期的无法收回，通常是由前期授信时考核不严导致的，企业要加强授信的考核监督，同时对业务人员的业绩考核与可收回的信用销售额挂钩，而非简单的销售额，从侧面提升应收账款的质量。在实际中，应收账款的发生大多数都与销售一线的销售人员有关，有些销售人员为完成自己的销售定额，会不顾及货款的回笼，从而导致发生大量的应收账款。根据这种情况，企业应对销售人员的销售情况进行追踪，对其业绩进行按月考核，并将考核结果与奖惩挂钩，对于逾期未还款的客户，应督促该销售人员催收，做到责任到人。同时，对于应收账款的范围予以严格限定，看是否有将费用列为应收账款的行为，以免成为永远收不回的款项。

（五）信息与沟通

企业销售部门、财务部门与信用管理部门之间要经常沟通与信用销售相关的应收账款余额、账龄、风险分析等信息资料，做到定期向主管领导汇报应收账款中存在的问题，并提供风险分析报告及解决方案。此外，企业相关业务部门之间要信息共享，部门之间进行定期交流，相互配合，共同做好应收账款的管理工作。

第二节 应收账款管理分析

一、应收账款持有成本分析

企业进行信用销售,产生的应收账款是要发生一定的持有成本的。通常,持有应收账款主要会产生四种成本,即机会成本、管理成本、短缺成本和坏账成本。其中短缺成本与信用销售规模成反比例变化关系外,其他三项成本都与信用销售规模成正比例变化关系。

(一) 机会成本

持有应收账款,意味着企业有一笔资金被其客户所占有,企业也就丧失了将这笔资金投资于其他项目所取得的收益。这是企业在作出一项决策时放弃其他可供选择的机会所产生的成本。机会成本的高低与应收账款额度的大小成正比例关系,即与企业信用销售的规模大小成正比例关系。持有应收账款的机会成本是作为一种观念上的成本来看待的,可以参照某种投资回报来衡量,例如国家利息、有价证券的投资收益率、企业平均资金成本率、预期报酬率、近期的某种投资项目收益率等都可以用来衡量持有应收账款的机会成本。

(二) 管理成本

从应收账款发生到收回期间所有的与应收账款管理系统运行有关的费用总和就是管理成本。持有应收账款的管理成本主要包括因制定信用政策所产生的费用、对客户资信状况调查与跟踪的费用、信息收集费用、应收账款记录簿记与监管费用、收账费用等。持有应收账款所产生的管理成本是相对固定的,其变化是阶跃性的。在应收账款低于一定规模时,管理成本是基本固定的,当企业持有应收账款规模高到一定程度后,应收账款的管理成本将会跳跃到一个新的数量级,然后再在高数量级水平上维持一种相对固定的状态。

(三) 短缺成本

持有应收账款的短缺成本指的是没有取得尽可能大的销售规模而产生的销售损失,从而导致的利润损失。当企业放弃信用销售手段时,企业的短缺成本最大,随着企业信用销售规模的加大,短缺成本逐渐降低。如果企业生产出来的产品全部都销售出去，此时短缺成本消失，即企业持有应收账款的规模越大，短缺成本越低。

（四）坏账成本

如果应收账款完全无法收回，就会导致坏账损失的产生，该项成本一般与应收账款的发生额成正比。坏账成本属于一种变动成本，企业持有的应收账款规模越大，坏账成本就可能越大。信用销售坏账的发生，与企业的信用管理水平高低直接相关。在发达国家成熟的市场环境中，企业持有应收账款的机会成本是大于坏账成本的。但是在不成熟的市场上进行信用销售，坏账成本有成为持有应收账款的成本中最大一项的可能性。

图 6-1 是企业持有应收账款成本示意图。

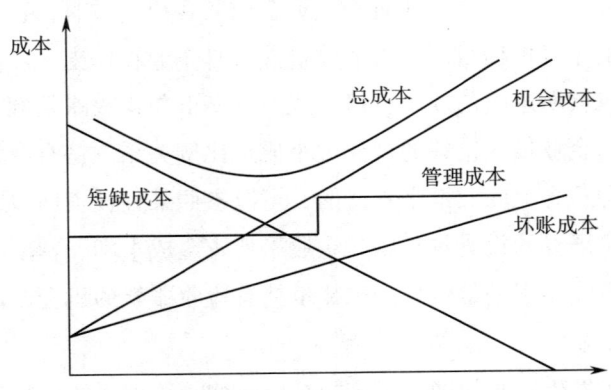

图 6-1　企业持有应收账款成本示意图

二、应收账款管理的流程分析

应收账款管理涉及多个部门，周期长，情况复杂，需要有一套标准、规范、科学的流程。

（一）应收账款记账流程

该流程是指应收账款的确认、记账，收账以后的销账，以及坏账核销，具体包括：

（1）应收账款的确认规则；

（2）应收账款记账的时间、依据凭证、人员工作程序；

（3）销账的时间、依据凭证、人员工作程序；

（4）坏账计提与核销的政策、程序等。

（二）应收账款监控流程

应收账款的动态监控流程时间跨度大、牵涉的部门多，是一个复杂的流程，具体包括：

（1）应收账款的日常管理、人员工作程序；

（2）应收账款的质量分析；

（3）应收账款的定期核对、调账；

（4）大额应收账款的原因、状况调查与分析；

（5）相关资料的搜集、整理与保管等。

（三）逾期应收账款的催收流程

该流程是指逾期应收账款的确认、分析诊断、催收处理等，具体包括：

（1）逾期应收账款的确认原则；

（2）逾期应收账款的分析及诊断；

（3）逾期应收账款的处理原则；

（4）逾期应收账款的催收方法、程序和技巧等。

（四）应收账款管理的职责划分与绩效考核流程

明确应收账款的最终责任部门对催收的效果有直接影响，同时，必须辅以良好、公平的绩效考核。具体包括：

（1）确定参与应收账款管理的组织、人员；

（2）明确各组织与人员在应收账款管理中的目标、权限与职责；

（3）制定对各组织与人员的考核办法、执行方式等。

通过对企业应收账款管理的流程分析，明确企业应收账款管理的能力水平，为信用政策的制定和应收账款管理能力的提高提供依据。

三、未到期应收账款的日常管理

对企业的商业信用销售产生的合同期内未到期应收账款的日常管理，主要包括准确报价进行定价管理、确定客户签署的"收货确认单"进行合同管理、及时与客户沟通、尽早发现客户的经营或产权发生重大变化的征兆、培养客户正常付款的习惯、在合同期即将到期前提示客户付款、调整应收账款的账龄结构等，其具体工作内容如下所述。

（一）准确报价，进行定价管理

报价是将一个产品或一项服务的正式价格报给目前客户或潜在客户的过程。清楚、完整的报价是高质量地满足客户订货和准确开具发票的基础。报价决定产品或服务提供的可行性和可交易性，是信用销售双方一致同意的交易条款和条件的清晰表达。

准确定价是成功管理应收账款的决定性因素。科学合理的定价管理必须做到以下几点：第一，尽可能地使用简单的定价方案；第二，确保提供的所有产品和服务都有一个独立的产品标号和价格；第三，确保定价主文档和个别客户价格安排的所有要素的最新和有效；第四，确保促销定价置于安全的控制下；第五，确保所有合同价格和价格安排的变化在生效之前进行充分沟通；第六，采用合理的争议管理程序来解决定价和其他争议。

准确的报价和科学合理的定价管理，是满足客户订货和准确开具发票的第一步，对进行信用销售产生的应收账款管理具有重大意义，能够有效地避免事后的很多不必要的纠纷和争议，提高应收账款管理的有效性。

（二）确定客户签署"收货确认单"，进行合同管理

企业应该备有"收货确认单"，在客户提货或送货上门时，销售和物流人员必须要求客户确认收货单内容，并在单据上签字/盖章。这种单据是一种证据，代表客户已经初步验货，对未来的收款很重要。

合同是信用销售双方协商一致的交易证明，规定了在合同有效期内收到订单的交易条款和条件。签署合同的客户一般为大客户或在一段时期内经常发生交易行为的客户，所以必须确保合同的准确性、及时性和长期有效性。合同管理最重要的就是要建立一个合同系统，对于即将到期的合同及时续签，交易条款和条件随时更新，将积压订货的价格变化反映在合同系统中。

"收货确认单"的签署和严格的合同管理，有效地避免了客户延迟付款和付款不足现象的发生，可以减少很多不必要的重复性工作。

（三）及时与客户沟通

在大量拖欠货款的案例中，产生纠纷的原因主要表现在客户错误理解合同

中的信用销售条款、货物质量、包装、运输、交货期、结算方式等,也包括合同的漏洞。所以企业要及时地与客户沟通,了解客户的抱怨和要求,及时协调有关部门采取补救措施,便可以减少应收账款向拖欠款的方向发展。具体的做法是在信用销售的 5 个工作日后,联系购货客户的验货部门或使用单位,确认客户的满意度是否达到合同要求。

(四) 尽早发现客户经营或产权发生重大变化的征兆

企业要通过各种信息渠道,动态跟踪客户,及时了解客户企业经营状况和产权状况发生的变化。例如,客户发生了经济纠纷、大规模的销售活动失败、进行并购谈判等,上述情况的发生都会影响应收账款回收的可能性。一旦发生上述情况,企业要及早采取信用风险转移手段来减少坏账损失。

(五) 培养客户正常付款的习惯

企业要设计一个适合自身的工作程序,有步骤地与客户沟通,培养客户到期正常付款的良好习惯。债务人总是优先将货款支付给管理严格的债权人。

(六) 在合同即将到期前提示客户付款

对于信用销售产生的应收账款,客户的付款行为一般分为如下几类:收到货很快付款、快到期才付款、被提醒后才付款、受到强催款压力后才付款,恶意拖欠不愿付款。实践经验显示第二和第三类客户占客户总数的绝大多数,所以企业要对客户进行分类,并在应收账款到期前的 5 个工作日,通知客户的会计部门,提示信用销售合同的到期时间和额度,让客户的财务人员安排资金,将应付货款及时调入准备付款的账户内。具体可以通过电话形式通知客户的财会人员或者有关负责人,这样既节省成本又具有时效性,但是通话时要注意措辞的礼貌、严谨和资料准确,一般进行电话通知的人员要特别经过专业的培训。

(七) 调整应收账款的账龄结构

随时掌握应收账款的基本情况,做好适时的决策。采用一定的管理技巧,微调应收账款的分布,使企业所持有的应收账款内部结构趋于合理。由于应收账款的发生是持续不断的,所以其时间分布是不同的,有些账龄长些,有些账龄较短,企业所持有应收账款的不同时间分布,意味着不同的应收账款质量、坏账风险和管理费用。按照账龄对应收账款的分级包括合同期内的应收账款、预警期内的应收账款、到期应收账款、逾期应收账款、最后通牒期的逾期应收账款、付诸专业追账的逾期应收账款、付诸法律的逾期应收账款和坏账。

（八）不断完善收账政策

当企业应收账款遭到客户拖欠或拒付时，企业应当首先分析现行的信用标准及信用审批制度是否存在漏洞，然后对违约客户的资信等级重新调查，进行再次审批确认。对于恶意拖欠、信用品质差的客户应当从信用清单中除名，不再对其授信，并加紧催收欠款。如果催收没有结果时，可与其他经常被该客户拖欠或拒付款项的同类企业联合向法院起诉，以收集更多的有力证据。对于信用记录一向正常甚至良好的客户，在去电发函的基础上，再派人与其面对面地沟通，协商一致，争取在延续、增进相互业务关系中妥善地解决账款拖欠的问题。

企业在制定收账政策时，要在增加收账费用与减少坏账损失、减少应收账款机会成本之间进行比较、权衡，以前者小于后者为基本目标，掌握好宽严界限，拟订可取的收款方案。

四、合理的应收账款持有水平

企业应收账款的发生，会同时给企业带来正反两个方面的影响。一方面，推行信用销售将有利于扩大企业的销售规模，带来较高的销售收入；另一方面，持有应收账款会发生一系列的持有成本。因此，对应收账款的持有成本分析，就是要确定企业最佳应收账款持有水平，主要是基于企业资金、生产和库存的实际情况，采用最小成本法或最大净收益法，来测算企业当前最佳的应收账款持有水平。

（一）最小成本法

最小成本法主要是利用企业进行信用销售产生的应收账款的短缺成本与其他成本之间成反比例变化的关系，找出总成本曲线上最低点，与这一点相对应的应收账款持有水平就是企业当前最佳的应收账款持有水平，企业在该点取得最佳收益。

可以通过求函数极值的数学方法来找到答案，测算出信用额度的最小成本。企业持有应收账款会发生管理成本、机会成本、收账成本、坏账成本和短缺成本，前四种成本与应收账款的持有规模成正比，短缺成本与应收账款的持有规模成反比，将五种成本与对应的应收账款持有规模型对应，总成本曲线存在一个最低点，利用最小成本法就是要找到这个最低点，以此来确定最佳的应收账款持有水平。

（二）最大净收益法

最大净收益法是将信用销售产生的销售收入，减去被占用资金的机会成本、管理成本、坏账成本等得到信用销售的净收益，比较多个信用销售方案，找出取得净收益最大的方案，从而确定企业的最佳应收账款持有水平。

该方法与最小成本法考虑问题的出发点刚好相反，它通过找出与企业持有应收账款成正比例关系的销售收入，以及与销售收入中减去被占用资金的机会成本、管理成本、坏账损失额等得出的净收益，从数学的角度讲，是求最大值问题。

五、应收账款的质量分析

在分析应收账款的质量时，风险和时间是考虑的两个重要因素，其中时间因素对于应收账款的质量至关重要。应收账款是一项流动资产，通常应该可以在 12 个月内转化为现金，但在实际中，由于缺少有效的信用销售控制机制，很多应收账款不能及时回收，甚至变为坏账。应收账款的风险取决于客户本身的风险，在信用销售业务审批时，一般都对客户的资信进行调查，对其信用状况进行评价，但是一笔应收账款发生后至到期前，客户的信用状况有可能发生变化，此时需要对客户所发生的应收账款的风险程度进行重新评价。商业信用管理部门要随时掌握客户的生产经营状况，以便了解应收账款的质量，调整应收账款的风险级别。在对应收账款质量进行分析时通常有以下方法。

（一）账龄分析法

应收账款账龄分析即应收账款的账龄结构分析。所谓应收账款的账龄结构，是指企业在某一时点，将发生的各笔应收账款按照开票日期进行归类，确定账龄，然后计算出各账龄应收账款占总计余额的比重。通过账龄结构分析，衡量企业对客户应收账款的管理水平，用以分析应收账款回收情况。

制作应收账款账龄分析表，从账龄分析表中获得以下信息：一是每个客户的付款状况和拖欠状况，客户在信用期内支付和逾期支付的情况，企业对客户的收账水平；二是客户在信用期内支付和逾期支付所占的比率，变成呆账、坏账的比率。一般情况下，应收账款账龄越大，收回的可能性越小，发生坏账的可能性越大。如果企业应收账款拖欠、逾期、坏账过多，表明企业的应收账款质量差，应该引起企业管理的重视，分析原因，采取必要的管理措施。

此外，可以将应收账款分类，分为未到期的应收账款、进入预警期内的应收账款、到期应收账款、逾期应收账款、最后通牒期的应收账款、付诸专业机构追账的应收账款、诉诸法律的应收账款、坏账等，并编制账龄分析表来对这些应收账款进行反映和管理。

（二）比率分析法

比率分析法是通过对一系列应收账款的相关比率指标进行分析，从而保证持有应收账款的质量和可回收性。这些指标主要有应收账款销售额比、应收账款资产总额比、应收账款流动资产比等。这些指标一般以年时间区间来计算，也可以按月份、季度时间跨度来计算。

具体的计算公式如下：

$$应收账款销售额比 = \frac{应收账款余额}{有效时间区间的信用销售额}$$

$$应收账款资产总额比 = \frac{应收账款余额}{企业资产总额}$$

$$应收账款流动资产比 = \frac{应收账款余额}{企业流动资产总额}$$

对应收账款的财务指标进行纵向和横向的比较，即进行前后期的比较，以及与同行业平均水平的比较，对其中的差异进行分析，找出原因，判断应收账款的质量和可回收性。

（三）产生原因分析法

对企业应收账款的产生原因进行分类分析。

1. 融通资金手段。客户是基于将在信用销售期间的欠款看成是其获得的一笔无息或低息贷款而进行的信用额度申请。这类客户往往会想尽办法拖延付款，可能形成恶意拖欠。企业对该类客户形成的应收账款要重点管理，及时采取法律手段等措施加大力度进行催收。

2. 资金临时性短缺。客户因为经营不善、资金暂时周转不灵，出现临时性经营困难而不能及时偿还应收账款。该类应收账款常有资产抵押或担保，其安全性较好，企业可以根据合同规定收款或拍卖抵押物以收回应收账款，也可以重新与客户签订协议适当延长其货款的付款时间。

3. 销售和收款时间差异。客户由于其销售和收款的时间差异而形成的应收账款，一般情况下，客户收到货款后会很快付款，安全性很好。该类客户为长期合作客户，其信用政策可以适当放宽，但是也不能放松对老客户的跟踪调查，一旦突发事件发生可能导致企业的巨大损失，要视具体情况调整。

对应收账款中三类产生原因的比重分析，了解应收账款的风险大小，从而判断应收账款的质量高低。

（四）应收账款的追踪分析

应收账款是存货变现过程的中间环节，对应收账款运行过程实施追踪分析的重点应放在信用销售产品的销售和变现方面。客户能否严格履行信用销售企业的信用条件，取决于两个因素：一是客户的信用状况；二是客户现金的持有量和调剂程度。企业要将信用销售额度大或信用品质不高的客户欠款作为重点考察追踪对象。

在此环节上，企业的信用管理部门应该做的很重要的一项工作就是及时与本企业的财务部门联系，了解客户的付款情况，将客户付款的优良记录和不良记录都记录下来，作为第一手的客户付款记录。企业的信用管理部门应该既积极加入由专业信用管理公司组织的供应商网络，将客户的不良付款记录提供给专业信用管理公司，将其列入征信数据库的"黑名单"，达到资源共享的目的，同时企业还可以获得专业信用管理公司的一些优惠和折扣，这不仅有利于本企业的信用管理工作，也为社会公益作出贡献，促进信用环境的共建。

及时收款对企业来说是至关重要的工作，在对应收账款进行收回时，企业尤其要注意的是收账方式的选择和收账步骤的安排。

（五）应收账款收现保证率分析

应收账款收现保证率是为适应企业现金收支匹配关系的需要，所确定出的有效收现的应收账款占全部应收账款的比率，其公式为

应收账款收现保证率

$$= \frac{当期必要现金支付总额 - 当期其他稳定可靠的现金流入总额}{当期应收账款总额} \times 100\%$$

第三节 逾期账款回收和坏账管理

一、逾期应收账款的形成原因

逾期应收账款的产生有外部原因,也有企业内部管理的原因,主要分为三种,即政策性拖欠、客观性拖欠和管理性拖欠。政策性拖欠发生在政府干预企业经营的情况下,由于国家计划或者行政部门的干预,使企业形成的逾期应收账款。客观性拖欠产生的原因主要是自然和环境发生了特殊变化,客户遇到不可抗拒的因素而导致财务状况恶化,甚至破产,从而导致逾期应收账款的产生。管理性拖欠是由于企业自身管理不善,没有或欠缺信用管理功能,而产生的逾期应收账款。但是在各类客户拖欠中,近三分之二是管理性拖欠,其原因分为客户企业的原因和授信企业自身的原因。

(一) 客户企业的原因

1. 客户办事粗心或低效。客户由于自身公事繁忙,或内部管理不严密,一时粗心忘记了付款,企业要在合同到期前及时地提醒客户按时还款,在维护良好的客户关系同时,按时收回货款。此外,有时客户会因为货款金额小,不按时付款,而是待货款积累到一定数额才支付,面对这样的情况,企业更要做好及时提醒工作,让客户知道企业对小额货款也要执行严格的收款政策。

2. 好客户暂时资金短缺。信誉良好的客户出现拖欠货款的现象,可能是客户资金暂时短缺造成的,企业要查明真实原因,与客户进行协商,给予其一定的还款延展期。经济不景气或行业衰退导致的客户拖欠,不影响客户的总体评价,但必须实施收款措施,与客户友好协商,并尽快调整适当的信用期限。

3. 客户付款习惯慢,需压力。有的客户在日常的交易中已形成了付款慢的习惯,一般只有在各种收账措施都使用之后才付款,所以对其收账费用一般较高。企业在向该类客户授信之前,要权衡信用销售利润与收账费用,作出正确的授信。此外,对该类客户要制定严格的收款政策,从信用销售开始直到货款到期日,始终与客户保持联系,提醒、催收货款,给客户一定的压力,有利于货款的及时回收。

4. 客户经营或财务管理不善。客户因自身经营管理失误或管理水平低下，造成亏损或产品积压，无力偿还欠款。该类客户一般是诚实的、乐观的，但是由于其购买过度，加上内部财务管理不善，而不能满足付款要求。诚实的客户不代表其信用好，企业要对该类客户进行重新的资信状况评价，确定其未来是否具有盈利能力，然后确定采用宽松的还是严格的收账政策，甚至终止交易往来。

5. 客户在付款条款上做文章。客户常常会在付款条款上做文章，或者为了得到更多的折扣，或者为了更长时间地占用货款资金，具体做法有过了折扣期仍要求给予折扣，否则拒付；或者倒签支票日期，使付款期限看起来在折扣期限之内等。企业要及时发现和正确处理该类情况，适当的时候可以采用法律手段来解决。

6. 客户心理侥幸甚至恶意拖欠。客户故意迁址、将资产转移来逃避付款，或者出于侥幸心理，对货款一拖再拖，甚至是企业欺诈。企业除了要与客户随时保持联系，还要保证企业收账政策的严格执行。在激烈的市场竞争中，企业往往面临市场风险和资金短缺情况，客户有时拖欠付款，可能并非恶意拖欠，而是经营上的原因。在这种情况下，面对其众多的债权人，客户总是选择那些对应收账款管理严格的债权人优先付款，对应收账款追收不严的债权人，客户会采用"躲一时是一时"的侥幸心理，所以企业要制定合理的收账政策，以避免出现这种侥幸的拖欠行为。

(二) 授信企业自身的原因

1. 商业信用管理欠缺。商业信用管理上的欠缺是产生逾期应收账款的重要原因。企业要加强客户资信调查，合理授信，对客户全程跟踪，保持与客户的联系，做好货款到期前的及时提醒工作，对已逾期的应收账款能采取有效的处理方法等。

2. 信用销售合同欠妥。企业向客户提供的产品或服务质量出现问题；企业的销售部门工作失误，或者与法律顾问和信用管理部门配合不当，造成信用销售合同出现漏洞或合同管理混乱，因而与客户纠缠不清；在信用销售合同中使用的付款和结算方式条款选择不当，合同中又没有设保护性条款等，这些都会造成客户拖欠。

3. 企业与客户沟通发生障碍。实践表明，大量的货款拖欠案件，是由于企业与客户沟通不足，出现货物质量、包装、运输、货运期以及结算上的纠纷而产生的，要处理好客户与企业之间的争议，就要做好与客户的沟通。当客户对交易的相关项目有争议时，要认真调查，以合作的、友好的态度与客户进行沟通和协商来解决纠纷，同时要及时了解客户的反映、要求和意愿，以便作出相应的对策。这样，就为要求客户按时付款扫清了障碍，争议一旦解决，款项就能很顺利地按时收回，也维护了与客户良好的业务关系。

从一定意义上讲，逾期应收账款形成原因的分析是对信用审核原则和效果的很好的检验，对于已经发生的逾期应收账款，要根据其形成原因采取不同的方案。一般情况下，那些确实是因为企业主观因素以外的客观困难而到期未能还清所欠货款的客户，会向商业信用管理部门提出延期付款的请求。这种申请包括愿意支付违约金或增加利息等条件，授信企业在再次审查该客户的资信状况后，如果认为企业的困难是暂时的，可以接受其申请，以保证应收账款的最终回收，同时维护好已有的客户关系。如果审查后发现客户已处于危机状态，那么是否接受延期申请就要慎重决策，以避免让授信企业承担更大损失为设定处理方案的基准原则。而对于那些有实际偿还能力却故意拖欠的客户，则应该拒绝其提出的各种申请，必要时委托专门收款机构进行催收。通过专门的债款催收人员的工作，妥善处理与客户之间可能发生的摩擦和债权债务关系。

二、逾期应收账款的特征分析

在对逾期应收账款采取催收程序之前，一般要对逾期应收账款进行特征分析，具体包括债权特征分析、债务人特征分析、拖欠特征分析、追讨特征分析。

（一）债权特征分析

债权特征是逾期应收账款催收的重要依据，用来衡量债权确定程度。

1. 债权文件。债权文件指交易双方往来的所有与债权有关的文件，包括合同、发票、提单、付款承诺协议等。这些具有法律效力的文件可以有效地证明企业与客户发生过交易，是债权的最有效证明，企业要妥善保存这些债权文件。如果这些债权文件不慎丢失或缺损，将会对后期的债务追讨工作带来一定的阻力。

2. 债务关联。债务关联指债务涉及的当事人、中间人的数量和关联程度，要明确关联对象在债务中的地位和关系，对有效解决未来可能产生的问题非常重要。

3. 债务认同。债务认同指交易双方对债权债务关系的共识，如果双方在认识上有分歧，有可能加深债务拖欠的程度。企业要保持与客户的联系沟通，分析客户对债务的认同情况，避免拖欠程度的加重。

4. 债务确认。债务确认指债务人对债务的确认情况。如果债务人口头上认同债务的存在，但是却不肯出具任何确认证明，则拖欠行为性质就比较严重。所以，在这一环节，信用管理人员要尽量要求客户给予对债务的书面确认，做好有关凭证的收集和整理，协助后期的收账工作。

（二）债务人特征分析

对债务人的特征分析，主要是衡量债务人偿还欠款的可能性。

1. 债务人背景。债务人背景包括债务人的上级管理部门、历史发展状况、股权结构、高管人员背景等。

2. 信用状况。信用状况包括债务人以往的付款、诉讼、信贷情况。拖欠是某些企业的一贯做法，曾经的不良记录会让追账人更加谨慎。

3. 偿债能力。债务人偿还债务的能力直接影响企业进行追债的方式方法和力度。企业可以根据债务人的银行存款、其他债务、固定资产、其他权益等分析判断其实际偿债能力，然后决定债务的处理方法。

4. 偿还意愿。债务人对债务的偿还意愿态度，可以反映出其欠款的真正原因，了解债务人的还款意愿是债务追讨的前提。

（三）拖欠特征分析

拖欠特征指债务产生的有关情况和拖欠的具体表现。及时、准确了解债务产生的过程以及拖欠细节，是制定决策、进行有效追讨的基础。

1. 拖欠时间。拖欠时间是指应收账款到期日至评估分析日的时间长度。拖欠期间，债务人有可能发生很大变化，或者对企业有利，或者对企业更加不利，所以在拖欠期间，对于客户状况变化要给予特别关注，尽可能缩短时间长度，保证进行诉讼的时效。同时密切关注客户动态，如果出现有利时机，要及时追回所欠账款,而如果对企业更加不利,则应当及时借助法律程序来保障自己的利益不受更大的损失。

2. 拖欠地点。债务人所在地或追债实施地点的确认会直接影响债权人采用的追讨方式。距离远的,电话追讨会更节约成本;距离近的,则可派人上门追讨,该方式使账款追回的可能性更大。

3. 交易内容。交易涉及的行业、产品和背景是分析的基础因素。不同行业和产品有着不同的特点,把握这些因素有助于正确地预测该企业的未来发展趋势,并为调整追讨策略提供有益的信息。

4. 拖欠性质。企业要分析客户拖欠的真实原因,根据具体情况做好追讨的充分准备。是经营困难无力支付,还是蓄意欺诈或恶意拖欠,对于后者追收的难度会比较大,要做好充分的准备。

(四) 追讨特征分析

债权人可以采取自行追讨、委托专业公司追讨或进行法律诉讼等不同方式,企业要根据以上各方面的特征分析,选用适当的追讨方式。此外要记录下所选方式的追讨情况,积累经验,为以后的工作提供参考,以选择最有利于债权人的追讨方式。

三、逾期应收账款的管理流程

对逾期应收账款的管理,企业要制定一系列的程序和方法,进行流程管理。

(一) 信息收集

调查债权人目前的状况,把有关资料整理归类,并认真分析,然后出具详细的分析报告,列明分析结果、预测回收成功率、将要采取的各种收账步骤、收账费用预算等。

(二) 欠款原因分析

对逾期应收账款形成的原因进行分析,包括外部原因与内部原因,客户自身的原因与企业自身的原因,确定主要原因及其他相关原因。

(三) 特征分析

根据收集的信息仔细分析研究逾期应收账款的特征,及时、准确地了解债务发生的全过程和具体详细的拖欠情况，为商账追收提供有效的建议。

（四）追讨货款

根据不同的具体情况，企业可以选择自行追讨，如先发追讨函，然后登门追讨，也可以委托专业公司追讨，甚至采取法律诉讼的方法来追讨。

四、采用逾期付款费用和及时付款折扣

逾期付款费用和及时付款折扣是为了鼓励客户依据付款期限履行付款而制定的激励措施。及时付款折扣为"早"付款提供了奖励，逾期付款费用是对延迟付款的惩罚。如果执行得当，它们可以对改善应收账款管理结果产生巨大的影响。

逾期付款费用（也称财务费用、利息费或服务费）是客户在到期日后使用资金的利息价值。付款期限一般被认为是价格的组成部分，因而，如果客户付款比协议规定的时间长，客户获得的价值就比要支付的价格高。在根据《罗宾逊—派特曼法案》（Robinson – Patman Act）评估价格歧视时，法庭通常会将付款期限包含在定价等式里。

估计利息额时使用的利息率各不相同，但是它们都是卖方因逾期获得付款而遭受额外借款成本的补偿。在美国的许多州，利息受高利贷法的限制，最普遍的利率是年利率12%。在20世纪80年代早期，当基础利率在18%~21%时，许多公司率先采用征收逾期付款费用。18%或稍高的利率，通常是法律允许的最高利率。

收取逾期付款费的最大困难是客户拒绝支付。许多公司的应付账款部门都要执行首席财务官下达的不要支付逾期付款费的指令，因此，收取逾期付款费非常困难。

及时付款折扣极其有效，但却为加快付款付出了高昂代价。为了解释这一点，考虑规定为"发票日期后30天全额付款，10天内付款可享受1%折扣"的付款期限。即客户如果在发票开出10天内付款，就能够从发票总金额中折扣1%；如果客户不在10天内付款，那么发票的全部金额在发票日起30天后到期。当利率很低时，1%的及时付款折扣非常具有诱惑力，即使客户必须借款才能在10天内付款，这样做也很值得。如果公司的利润率不高，额外的

1%利润率将极具吸引力。

实施及时付款折扣的主要困难在于，客户在折扣期过后很长时间才进行付款，却仍然享受及时付款折扣，这种折扣叫作未实现折扣，通常要向客户索回。许多应付账款部门实行不管何时支付发票，都享受全部及时付款折扣的政策，因此，收回未实现折扣非常困难。

逾期付款费用与及时付款折扣的最佳实务相似，包含以下五点。

1. 信守承诺。成功实行逾期付款费和及时付款折扣的最重要前提条件是，企业对实行这两种方式采取了完全承诺。完全承诺的意思是企业内的所有职能部门，尤其是销售、客户服务和日常管理以及财务部门，都应信守承诺，承诺必须为企业多数高层员工共同兑现，这种承诺对于在客户面前保持一致非常重要。不可避免地，重要的大客户将不情愿支付逾期付款费或被索回未实现的及时付款折扣。如果这些条款的执行不够坚定，这些工具的实施情况将逐渐恶化。如果不存在高层管理者的承诺，最好不要实行逾期付款费用和及时付款折扣。没有必需的承诺，全部的后果将只是产生大量必须予以调整或注销的逾期付款费和未实现的及时付款折扣。额外增加的工作量，以及措施受挫，会影响员工士气。此外，真正遵守规则的客户将因提前付款而受到惩罚。如果企业任意解释付款期限的一些流言在市场上传播开来，在遵守这些条件的客户中将产生很多问题。

2. 实现逾期付款费用和及时付款折扣的自动化。需要实行自动化处理的都是那些数量非常大、价值非常低而且需要时间较长的交易，其他需要进行自动化的操作是：（1）将估计的逾期付款费用或未实现的及时付款折扣告知客户。因为大多数这样的通知不会被客户理睬，另一种方法是将它们粘贴在客户账户上，这样就能将它们包含在寄给客户的月度账目表里。（2）交易的调整或注销。不可避免地，很多这类交易将因与客户的谈判而调整。

3. 在到期日上采用宽限期。如果客户付款只比到期日晚了几天，真的愿意计算逾期付款费用或拒绝给予及时付款折扣吗？对逾期只有几天的付款进行收费将非常困难，即使得到了逾期费用，也会使客户产生反感。宽限期允许在到期日后规定的几天内付款仍然被视为准时，而且仍然不收取逾期费用或仍然给予及时付款折扣。最佳实务主张将最佳宽限期定为 5~8 天。当然，应该保守宽限期这一秘密，否则，客户会将其作为付款周期。

4. 将逾期付款费和及时付款折扣作为收款工具使用。将逾期付款费和及时付款折扣作为收款工具的这种做法在事前同客户联系时极其有用，它增强了事前客户电话的服务效果。建议采用的一个方法是，找出未付期限超过及时付款折扣期限的发票或将招致逾期付款费用的发票。

逾期付款费用和及时付款折扣还可以被用作讨价还价的筹码，可以放弃有限数额的费用作为客户付款或采取其他措施的交换，收款员应该被授予单方面折让一定数额费用的权力。

5. 将逾期付款费用和未实现的及时付款折扣计入暂计账户。应将逾期付款费用和未实现的及时付款折扣计入暂计账户，而不要直接计入利息收入账户或收入账户。除非收回了超过 90% 的这类费用，否则将它们计入收入账户可能引起几个月后很大的收入偏差。

五、回收账款的一般步骤

欧美专业收账机构的收账过程很规范，从案件委托到欠款收回，都要经历一个固定的收账流程，这个流程如图 6-2 所示。

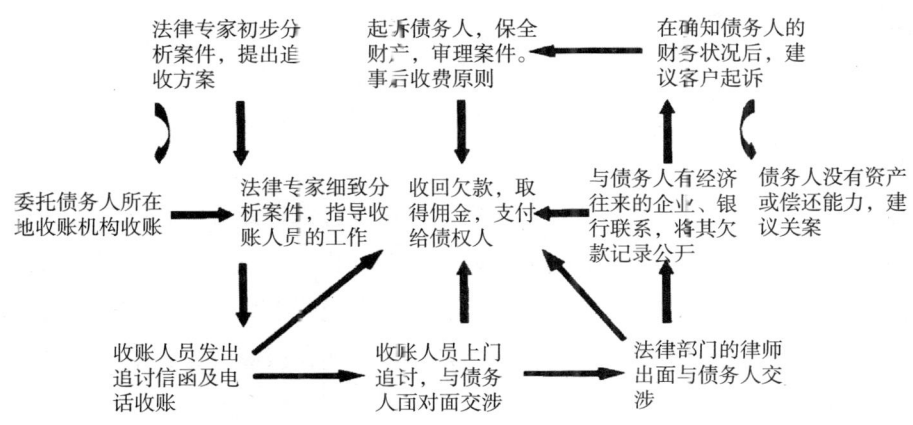

图 6-2 应收账款回收流程

第一步：初审案件

当债权人将案件资料交给收账机构后，收账机构的案件初审部门负责把有关资料整理归类，并认真分析案情。有一些案件由于欠款时间过长、债务人破产倒闭、债务负责人失踪、超过诉讼时效等原因，账款收回的可能性变得极小，收账机构为了维护自身的信誉会退回案件；对于通过初审的案件，债权人会得到一份详细的分析报告，报告中列明收账机构对案件的分析结果、预测的案件回收成功率、将要采取的各种收账步骤以及收费比例。

更负责任心的收账机构会在接受案件前调查债务人目前的状况，这样做可以使案件委托更有目的性。这时，分析报告中会增加债务人状况的说明。

如果收账机构所在地与债务人跨国家或跨地区，而且当地没有分支机构，收账机构会把案件委托给当地的代理机构追讨。

初审案件需要大约5个工作日。

第二步：分析案件

案件委托后，案件资料转到收账机构的法律部门详细分析。通常，法律部门会因此召开案件分析会议，并邀请收账部门、调查部门的经理参加，一起讨论案件拖欠性质、难易程度、法律依据和收账方案，其中以分析拖欠性质最为重要。

分析案件大约需要3个工作日。

拖欠的性质是决定账款是否能够收回的重要原因之一。一般而言，收账机构把拖欠的性质分为以下几类。

1. 纠纷型拖欠。

原因：买方认为货物存在质量问题，要求卖方在货款上给予折扣，但遭到拒绝，买方因此拒付货款。

分析结论：这是最普遍的拖欠案件，也最适合收账公司追讨。绝大多数这样的案件都是因为买卖双方在沟通上未处理好，相互存在一定的误解，又都不愿轻易放弃原来的观点造成的。这时，收账公司充当桥梁的作用，做好买卖双方的沟通工作，收集双方提供的证明文件，以事实说服双方或其中一方放弃以前的观点，在不影响双方业务关系的情况下达成还款协议。

收账方案：温和型，交收账部门负责追收。

2. 财务困难型拖欠。

原因：债务人经营不善，财务出现困难，资金周转不畅，但仍在经营。

分析结论：拖欠性质为善意拖欠。对于善意拖欠的案件，收账公司采取的态度是,通过分期付款偿还债务。即使债权人要求收账公司尽快尽可能多地收回欠款,但收账公司会劝说债权人接受分期付款的方案。让债务人生存比让他倒闭可获取更多的还款。但要保证的是,分期收回的欠款是合理的,既不能过多,也不能过少。

收账方案:温和型,交收账部门负责追收。

3. 消失型拖欠。

原因:消失型拖欠的原因很多,比如债务公司倒闭、破产,债务负责人失踪,债务公司搬迁无法找到,债务公司被兼并等。

分析结论:这种案件在初审部门初审时就可能被退回。即使接受委托,账款回收的可能性也很小。但是应该从具体案件中发现债务公司和负责人的线索,并通过负责人向新成立的公司追讨欠款。

收账方案:严厉型,调查部门、收账部门和法律部门联合追收。

4. 诈骗型拖欠。

原因:纯属诈骗行为,通过取得债权人的信任,或通过欺骗手段获取货物或财物。

分析结论:在处理此类欠款的方式上,国内案件和跨国案件不尽相同。在我国,当遇到诈骗型拖欠案件时,一般只能采取法律手段追讨债务。收账机构要做的工作是,与公安机关联系沟通,帮助公安机关了解案情、寻找债务人的下落等。

跨国诈骗案件的情况比较复杂,绝大多数案件不能通过法律手段追讨债务。因为跨国诈骗案件在取证上十分困难,在时间上和费用上无法把握。因此,收账机构要做的工作是尽快查清货物或财物的去向,并通过民事诉讼把货物或财物封存,最后通过民事诉讼追回欠款。

收账方案:严厉型,国内案件由调查部门、收账部门联合追收,国际案件由法律部门追收。

5. 勾结型拖欠。

原因:债权人的负责人与债务人勾结,骗取货物或财物,负责人随后离开债权公司。

分析结论:勾结型拖欠其实也是诈骗型拖欠的一种,但其追收办法却不相同。主要是，在向债务公司追讨的同时，也必须给该负责人施加压力，如果该负责人在国内，应当面陈述利害，如果他已经出国，应通过其家人转达。

收账方案：严厉型，法律部门负责法律程序，收账部门负责联系该债务人。

6. 障碍型拖欠。

原因：有些委托案件是由于种种原因，在取得法律判决的情况下，仍无法收回欠款。

分析结论：通过收账机构的能力，调查债务的财务状况，疏通与当地部门的关系，并在有关媒体上曝光。

收账方案：严厉型，由宣传部门、法律部门联合追收。

7. 无原因型拖欠。

原因：这类案件的特点是，债务人写出还款协议，承认全部欠款，并且未对货物提出任何异议，经营也正常，但总是在拖延还款时间。

分析结论：通常情况下，这种案件发生在跨国债务中。债务人距离债权人路途遥远，债务人观察债权人的反应，如果债权人没有办法追讨债务，或者不作出很大让步，债务人拒绝还款。这种案件也是收账机构收账的强项。它们正好发挥全球网络优势，追回全部欠款。

收账方案：温和型，由收账机构追收。

第三步：发出追讨函

收账机构第一步措施是向债务人发出追讨函，这个步骤是世界各国收账机构的通行做法。在追讨函中，收账机构陈述了收账的理由、收账机构的身份、收账机构将采取的行动和债务人可能面临的损失，以及给予债务人考虑的时间。收账机构在追讨函中一般要求债务人在 10~20 天给予答复。

发出追讨函和等待答复大约需要 20 个工作日。

第四步：上门追讨

如果债务人没有在规定的时间内回复追讨函，或者回函表示不予合作，收账部门的人员开始上门追讨债务，与债务人面对面地交涉。在这个阶段，收账人员总是采取比较温和的态度，与债务人讨论欠款的原因，帮助债务人找到解决纠纷的途径，使债务人明白，债权人的代理人就在身边，躲避债务是不可能的，只有偿还债务才是解决问题的唯一途径。

在特殊的案件中，有时收账人员也充当私人侦探的角色。他必须收集债务人更多的信息，以便当不得不采取法律行动时有的放矢。

与债务人交涉需要30~60个工作日。

第五步：律师协助

当收账人员无法说服债务人还款时，就需要法律部门的人员协助追讨。其实，大多数收账人员也是律师，本来不需要其他律师的协助。但是，这个步骤是向债务人做出的姿态，显示问题已经升级，如果仍然不能得到债务人的配合，这个案件将很可能最终诉诸法律。

律师协助追讨大约需要30个工作日。

第六步：公之于众

当法律压力无法取得满意效果时，收账机构会向债务人施加信誉压力。比较常用的手段有：向与债务人有往来的商家和债务人所在行业协会发出"情况通报"，联系债务人主要借款银行的主管经理，在公共媒介发布公告，在信用管理部门的公共记录中降低信用登记等。

当然，所有这些步骤的实施都有计划。向债务人施加信誉压力的目的是迫使他还款，而不是彻底与债务人决裂。因此，每一步行动之前都应该让债务人知道，并真正使他感受到巨大的压力。

公之于众的时间是30~60个工作日。

第七步：准备诉讼

虽然绝大多数案件都在前期结案，但仍有一些案件由于种种原因无法解决。在法律压力和信誉压力都无法取得效果时，收账机构开始着手准备起诉债务人。大多数情况下，收账机构会调查债务人的财务状况。但是，这是一件很困难的事，在经过与收账机构和债权人的多次较量后，债务人已经对收账机构的调查十分敏感。债务人的财务信息只能通过一些公共机构取得。各国和各地区的情况都不相同，是否能够得到债务人财务信息很难确定。

如果调查结果发现，债务人已经没有足够的财产，起诉变得没有意义，收账机构只好建议债权人停止诉讼，关闭案件，以免白白花费诉讼费用。

准备诉讼阶段的时间大约需要30个工作日。

第八步：起诉债务人

收账机构都有自己的律师事务所和律师，出于职业的特点，它们与当地的司法系统保持着良好的关系。由于秉承事后收费的原则，它们总希望诉前保全债务人的财产，使它们能够在打赢官司后立刻得到补偿。

诉讼阶段可能持续 90 个工作日到 360 个工作日，甚至更长。

第九步：收回欠款

其实，从收账机构发出追讨函的时候，债务人可能已经开始偿还欠款。统计表明，只有大约 5% 的案件最后走到诉讼阶段。一般来说，如果没有诉讼，收账机构会先得到欠款，在扣除佣金后付给债权人。如果通过诉讼追回欠款，则是债权人先收到全部赔款，再向收账机构支付佣金。

至此，一笔欠款圆满收回。

六、特别收款努力

特别收款努力的起初重点仅是有限的几个目标，而应收账款有效管理是特别收款努力的广义目标。狭义目标主要有两个：一是减少严重逾期未付款项的金额和数量；二是最大化今后 120 天的现金收款。

特别收款努力将多余的资源和管理时间集中用于指定的目标，通过将资源和注意力集中用于有限的任务，可以加快进展和改进结果。但是，因为大量资源被投入到特别收款努力中，其他任务和职责就被耽搁或推迟。

通常，特别收款努力是为了解决长期以来存在的，但在正常的经营活动中没有得到满意解决的问题。

以下介绍在应收账款管理问题中两个常见的特别收款努力。

（一）对账和回收

1. 对账和回收方案的内涵。这项收款努力主要是为了减少严重逾期款项的金额和数量，通常将这类严重逾期款项定义为过期 90～120 天，在应收账款账龄报告的最右栏可以找到这些款项。这类应收账款的坏账损失风险最大，在坏账准备金中通常冲减高水平的准备，且高层管理者和审计师对此非常关注。这些严重逾期款项很难处理，即很难被清除，试图收回和清除它们将付出很大代价。而且，它们的可收回性很低，如果包含很多混乱交易，可收回性就更低,这样,企业将面临为相对较小的回报花费大量资源的问题。另外,直接注销它们成本又太高,如果指派收款员投入其大部分时间去处理这类账户,现金流量将减少,因为正常的收款努力减少了。

解决以上问题的最有效方法是采用对账和回收方案,对账和回收方案是指:(1)确定包含大量严重逾期和混乱交易的客户账户,这类交易数量少于8个和只有完全未付款项的客户不在此列,这些账户可以由收款员在正常收款过程中处理,不用花费过多时间。(2)规定向客户提交要求及支持文件的格式——对账单,具体包含的要素有:一封以客户服务为导向的封面信,说明对账单是企业记录的严重逾期款项的汇总,请客户审查并做好回应准备;按交易类型(如发票、短付、贷项凭单、未核销付款等)分类的所有严重逾期款项的汇总;所有信用销售交易的交易号码、日期和原始金额及余额的详细清单;发票、贷项凭单等的副本;交货证明(POD)的副本。(3)为防止客户索要丢失的交货,可以采用以下措施:第一,使用具有决策点的高级程序汇总对账单,这些程序由能够最快、最高效地汇总对账单的员工制定。使用决策点是为了节约成本,例如,如果不能找回一张逾期一年的小额发票的副本,那么最好的方法是注销这张发票,而不是花费过多时间寻找它。同样地,也可以单方面注销小额混乱交易,以减少汇总对账单的时间和费用。第二,利用临时指派的文员汇总对账单。这为收款员节省了大量的时间,使他们能够集中精力处理收款。汇总对账单只需要客户账户处理和文献检索技能,这些技能比收款技能的成本要低。此外,当方案制订后,就可以停止使用这些资源。第三,在面对面会谈时,收款员与客户讨论对账单、促进收款以及清除所有严重逾期款项等事项。

2. 对账和回收方案的制订步骤。对账和回收方案的制订应遵循以下七个步骤:

(1)制定一张准备进行对账和回收的客户账户清单;

(2)提供对账单内容、形式方面的文件和汇总对账单的高级程序;

(3)估计检索每类交易(发票、贷项凭单、未核销付款等)和汇总对账单所需的时间,估计为账户清单上的每个客户制定对账单所需的时间;

(4)计算在期望的时间内汇总所有对账单所需的文员数量,多安排一些

员工,防止临时工的频繁流动产生的不利影响;

(5) 召集、培训对账小组,指定解答疑问和促进成果的管理者,内部员工是该管理者的正确人选,因为内部员工熟悉本企业及企业系统,这有助于其对临时工的指导;

(6) 将对账工作计划分配给临时工;

(7) 对方案进展情况进行每周一次的跟踪考察,尤其要注意对账单的实际完成情况与计划完成情况,收款员进行的客户对账单后续活动,严重逾期款项的结算情况及区分现金和非现金(账户调整、注销)结算的原因。

采用对账和回收方案的最终目的是结算严重逾期款项、最大化现金回收,但是必须在规定的时间和成本内。一些企业迟迟不愿注销其销售额的严重逾期款项,这样做不仅拖延了方案的执行,而且增加了成本。

(二) 高效行动计划

1. 高效行动计划的实施前提和目的。短期内现金收回最大化的一个有效方法是实施高效行动计划。高效行动计划的基本前提是采取以下措施:一是可以1个月内制定并实施;二是在2~3个月内收到成效。这就排除了必须在较长期计划内讨论的一些重要行动。例如,自动化、正式的争议管理、重新设计程序等。

高效行动计划的目的是:尽快、尽多地收回现金;清理组合(呆坏账、抵消交易等),使未来要管理的资产比较少、不太复杂。

2. 高效行动计划方案的要素。高效行动计划的起点是1~2周的计划阶段,这样的方案通常包含七个要素:

(1) 根据客户特征(规模、国内客户与国外客户、是否是大客户、公共部门与私营部门、经营范围、转售商、合作伙伴或终端用户等)或需要特别处理的单据状态,将应收账款组合进行分类;

(2) 为每个具体方法(如闪电式电话、收款信、对账单等)设计高级程序并提供文件;

(3) 制定并实施收款基础工作(谈判授权、自动升级协议、特别争议处理、文件检索、信用控制等);

(4) 利用现有员工和必要的补充,尤其是行政和协调支持,设计组织结

（5）实施收款行动计划以监控、衡量进展情况。本书稍后会解释这个工具，它既衡量措施（输入），也衡量成果（输出）；

（6）获得管理者的批准，在公司宣布计划，然后实施计划；

（7）有经验、有策略和内行的管理者监控该计划的实施，并促进成效。

七、设立坏账准备金

按《企业会计制度》的规定，企业应当在期末分析各项应收账款的可回性，并预计可能产生的坏账损失计提坏账准备。在实际中，企业应当制定计提坏账准备的政策，明确计提坏账准备的范围、方法、账龄的划分和提取的比例，并进行备案，备置于企业所在地。企业坏账准备计提方法一经确定，不得随意变更，如需变更，应当在会计报表附件中予以说明。在确定坏账准备的计提比例时，企业可以根据以往的经验、债务人的实际财务状况和现金流量等相关信息予以合理估计。

企业的预付款，如有确凿证据表明其不符合预付款性质，或者因供货企业破产、撤销等原因已无法再获得已购货物，应当将该预付款转入其他应收款，并按规定计提坏账准备。对于预计可能发生坏账损失的其他应收账款，按规定计提相应的坏账准备。

坏账准备金计提的具体方法有以下三种。

1. 信用销售净额百分比法。企业根据过去的经验，并针对当前的营业情况，确定坏账损失占信用销售净额的百分比，然后以期末实际的信用销售净额估计坏账损失的方法。该方法注重利润表上收入与费用配合。

公式为

估计坏账损失 = 信用销售净额 × 坏账损失占信用销售净额的估计百分比

2. 应收账款余额百分比法。企业根据过去的经验估计确定坏账损失占应收账款余额的百分比。

公式为

估计坏账损失 = 应收账款余额 × 坏账损失占应收账款余额的百分比

3. 应收账款账龄分析法。根据应收账款拖欠时间越长其收回的可能性越小进行推理，估计确定企业坏账损失的一种方法。首先对应收账款正确划分账龄段，编制账龄分析表，确定不同账龄段应收账款的准备金计提比例。

以上三种坏账计提方法，企业可根据自己生产的特点和管理的需要自行选择，计提方法一旦确定不得随意更改，如需更改要在会计报表附注中说明。

八、全额计提坏账和最小化坏账

债务企业已撤销、破产、资不抵债、现金流量不足、发生严重的自然灾害等导致停产而在短期内无法偿还债务，以及 3 年以上的应收账款，在有确凿证据表明该项应收账款不能够收回或收回的可能性不大的情况下可以全额计提坏账准备。

下列各种情况不能全面计提坏账准备：

（1）当年发生的应收账款；

（2）计划对应收账款进行重组；

（3）与关联方发生的应收账款；

（4）其他逾期，但无确凿证据表明不能收回的应收账款。

企业在处理应收账款时应遵守会计制度和会计准则的规定，但是不管制度有多健全，都存在各种未知和无形的风险，因此坏账时有发生。信用管理部门要加强对坏账的管理，把坏账的账户数目、金额、发生的频率降到最小化，具体做法有：对客户谨慎授信；密切关注客户的付款方式；及时调整对客户的收款政策；选用适当的收账追收方式等。

本章小结

应收账款管理的最终目标是足额、按时收回账款，最小化持有应收账款的成本，最大化应收账款的净收益，降低和规避信用风险，维系良好的客户关系，实现应收账款的最佳流动性和效益性。应收账款管理的基本目标是在提高竞争能力、扩大销售的同时，尽可能降低投资的机会成本、坏账损失和管理成本，最大限度地提高应收账款投资的收益。

应收账款管理的具体目标有支持营运资金、减少应收账款的管理成本和坏账、维持良好的客户关系、恢复客户还款计划和协助扩大信用销售规模。应收账款管理的原则包括分类原则、及时回收原则、渐进原则、延展原则和催收原则。应收账款的管理方法有定期对账、定期清理、授权批准制、加大监督考核力度、信息与沟通。应收账款的管理分析方法包括持有成本分析、财务指标分析、流程分析。

对企业信用销售产生的合同期内未到期应收账款的日常管理，主要包括准确报价进行定价管理、确定客户签署的"收货确认单"进行合同管理、及时与客户沟通、尽早发现客户的经营或产权发生重大变化的征兆、培养客户正常付款的习惯、在合同期即将到期前提示客户付款、调整应收账款的账龄结构等。利用最小成本法或最大净收益法确定应收账款的最佳持有水平。利用账龄分析法、比率分析法、产生原因分析法、追踪分析、收现保证率分析法对应收账款的质量进行分析评价。

对逾期应收账款的管理，首先要分析应收账款逾期的原因，然后对其特征进行分析，之后要分析逾期应收账款的管理流程，采用逾期付款费用和及时付款折扣是比较好的解决逾期应收账款问题的方法。

应收账款回收管理中的一般收账步骤为：初审案件→分析案件→发出追讨函→上门追讨→律师协助→公之于众→准备诉讼→起诉债务人→收回欠款，至此，一笔欠款圆满收回。特别收款努力将多余的资源和管理时间集中用于指定的目标，通过将资源和注意力集中用于有限的任务，可以加快进展和改进结果，在应收账款管理问题中两个常见的特别收款努力为：对账和回收、高效行动计划。

对坏账进行管理主要包括：设立坏账准备金；全额计提坏账准备；最小化坏账。

本章要点

- 应收账款管理的目标与原则
- 应收账款管理的方法
- 应收账款的管理分析方法
- 未到期应收账款的管理
- 逾期应收账款的管理

- 应收账款回收管理
- 坏账管理

本章关键术语

持有成本分析　机会成本　管理成本　短缺成本　坏账成本
财务指标分析　流程分析　最小成本法　最大净收益法　账龄分析法
比率分析法　产生原因分析法　追踪分析　收现保证率分析　坏账准备金
全额坏账准备　最小化坏账

本章思考题

1. 简述应收账款管理的目标与原则。
2. 简述应收账款的管理方法。
3. 利用应收账款的管理分析方法，对给出的案例中的应收账款的质量和可回收性进行分析。
4. 简述未到期应收账款的日常管理。
5. 对逾期应收账款进行原因分析、特征分析和管理流程分析。
6. 简述坏账管理的基本方法。

第七章 采购供应管理

第一节 采购供应管理概述

在市场竞争日益激烈的今天,控制采购成本及加强对供应商的管理已成为企业增强核心竞争力的有效途径之一,也是衡量企业发展良好与否的重要标志。企业在采购管理领域存在诸多的困难和问题,由于采购数量和额度庞大,投标人准入管理较为混乱,信息公示不规范,信用信息披露不足或虚假。很多企业对于投标人的公共信用信息,市场信用信息,包括行政处罚、违法行为、重大失信行为等,特别是历史履约信息并没有规定明确的采集和管理方法。加上生产和供应市场瞬息万变,采购环节对供应商的信用信息掌握不全面、不及时,无法有效地控制自己的物资采购成本和风险。

国外多数企业都有自己的供应商信用认证体系,而且是从基础到顶层形成的认证体系。例如加拿大西部铸造有限公司的供应商整体业务信用评级,包括整体业务评估表、供应商质量系统调研、供应商季度评估、供应商的信用评价,通过系统化指数来识别供应商信用风险。与国外很多发达国家相比,我国尚未形成完整的供应商管理体系,国内采购和供应商管理还处于初级阶段,对供应商管控还没有达到一个系统化的层面,仅是各大企业制定了一些有关供应商的管理制度、管控方案等,只有一部分企业意识到通过对供应商开展风险预警评估、独立尽职调查、主体信用评级、信用报告来管控采购和供应商风险。

一、采购管理目标

(一) 为企业提供所需的物料和服务

保证企业能够获取连续提供物料、供应和服务,使整个企业正常良性地运转,这是采购管理最基本的目标。

(二) 制订合理采购计划

采购部门制订合理、及时、准确的采购计划和执行路线,包括定期采购计划(如周、月度、季度、年度)、非定期采购任务计划等,按照以销定购、以销定产、以产定购的多种采购应用模式,结合公开招标、邀请招标、竞争性谈判、单一来源、竞争性磋商、询价等多种采购形式。

(三) 力争最低的采购成本

一般企业经营生产中,采购部门支出的资金最大,除了降低用来完成采购目标的管理费、提升采购流程的效率外,最主要是降低物料和服务的采购成本,当确保质量、供货周期和售后服务等方面的要求都得到满足时,采购部门应全力以赴地以最低的价格获得所需的物资和服务,确保所有的耗费降到最低。

(四) 选择诚信供应商

采购部门必须有能力找到或发展诚信、合格的供应商,分析供应商的能力,从中选择合适的供应商并与其一起努力对流程进行持续的改进。如何有效甄别合格供应商,保障物料和服务的及时、保值、低价供应,需要对供应商开展信用信息档案建立、投标人风险预警、围标串标风险评估、信用评级和评标信用分制度和动态履约实时监测等方面的管理。

(五) 保持库存投资和损失维持在最低限度

保证物料供应不中断的一个办法是保持大量的库存。但是库存必然要占用资金,这些资金就不可能用于其他方面。在保证生产和服务水平的同时,通过对供应商管理协同发展、低库存与低成本追踪,以及实施库存物料的标准化,达到控制持有库存的成本。

(六) 与信用管理、生产、财务、销售等其他职能部门之间建立良好的工作关系

企业生产经营活动是一个完整的体系循环,必须和其他部门开展有效合作，同时紧密和第三方信用评级机构开展协作，保障采贩管理工作正规化、规范化。

二、供应商管理原则

（一）客观性

收集供应商信用信息以公开、合规、可信的渠道为主，重点依托权威专业第三方评级机构的数据库信息，不以采购部门、信用管理部门信息采集人员的个人主观评判为记录内容。

（二）系统性

全面地收集供应商信用信息，包括公共信用信息、市场信用信息、金融信用信息，使其能够全面反映供应商的各种信用特征。

（三）实效性

供应商信息依据客户状况变化而随时更新，及时反映供应商的最新情况，一般只采集近3年内的信息，超过5年以上的信用信息原则上不归集、不采用。

（四）动态管理

进行事前评估（供应商风险预警评估、尽职调查、信用评级）、事中控制（履约动态监测管理、信用评级年度跟踪评级）、事后归档（将更新的实时信用信息及时归档）。

（五）分类管理

从供应商信用等级、产品质量评价、历史履约信用信息、采购成本价格等方面评估，不同供应商制定不同的信用政策，包括预付政策，账期时间、账期金额等。

三、采购和供应商管理方法

大多数企业的采购和供应商管理实施的时间较短，很多供应商的诚信意识还比较淡薄，各种失信的行为时有发生，为营造健康和谐的企业、行业经营市场环境，提升企业自身内控和风险管控意识，必须建立和完善投标人风险预警、市场资格准入、供应商信用评价制度，形成一套行之有效的采购和供应商管理方法。

（一）存量供应商风险排查

基于新型的供应商数据库管理，通过内外部数据整合，帮助企业信用管理部门、采购部门建立供应商信用信息档案库，并对有历史交易记录的存量供应商的企业状态、企业名称、主要事项变更、关键风险点等进行梳理，为供应商的分级分类监管提供决策支撑，提高决策效率。

（二）投标人风险预警审查

利用第三方评级机构数据库，辅助设立投标人风险预警条件，并对新申请进入的投标人进行准入重大失信行为预审，为企业高质量发展提供第一道安全防线。对进入供应商管理体系的投标人进行全面的评估，包括基础背景信息、提供产品信息、行业地位、经营状况、服务水平、供应能力等进行综合全面风险预警评估，方便企业信用管理部门、采购部门对供应商后期分级分类管理。

（三）围标串标风险评估

信用管理部门与第三方信用评级机构合作开展，开展投标人风险预警筛查，投标人（供应商、服务商、物流商）信用信息档案查询，通过对企业的历史投资任职、历史招投标等信息，构建两个企业、多个企业之间的关联关系网络，挖掘投标人可能的关联路径，对每一次招标开展围标串标风险分析评估。

（四）供应商信用评级

针对重大项目、重点项目等供应商，依托风险预警评估，增加线下的现场尽调，综合对企业进行信用评级和风险诊断，开展供应商主体信用评价，通过采集企业信用信息，根据数据模型进行指标分析，主要对企业公共信用信息、市场信用信息、金融信用信息以及和历史履约信用信息进行系统分析，最终得出评价结论，确定企业信用级别，出具《信用评级报告》。

（五）评标信用分制度

将综合企业信用状况、失信状况、履约状况的信用评级报告和结果以信用分的形式引入评标环节，采用"商务+信用"或者"商务+技术+信用"评标办法，企业信用评分分值占投标得分的比重控制在10%～20%，保障质优价廉守信的供应商进入企业采购供应体系，使原有的招采评标环节更加公正、科学。

（六）优质供应商开发

采购部门和信用管理部门按照统一标准建立供应商资格准入条件，包括供应商注册资金、生产场地、主要产品、价格体系、生产能力、售后服务等基础信息，建立一个行业供应商信息库。信用管理部门委托第三方信用评级机构对信息库中拟选供应商开展企业画像、法人信用评价、风险评估等，获得实时、完整、准确的数据支撑，开展供应市场竞争分析和潜在供应商的评估，寻找合格供应商，探索构建基于供销关系的产业图谱，实施更精准的优质供应商开发。

第二节　采购供应管理分析

一、采购和供应商管理需求分析

（一）企业信用风险管理意识不够

信用风险是目前大多数企业的重点管控领域，预防企业重大信用风险发生，也符合社会信用体系建设中总体规划要求，我国许多企业在经营管理中没有完善和详细的风险管理制度，不能有效防止有失信记录的企业进入采购体系，致使企业遭受巨大的信用风险损失，由于缺乏理论指导，如对采购、舆情监督、合规、风险管控等方面进行信用风险防控工作不到位，信用风险管理没有形成一套科学的管理制度，企业信用风险管理有很大的随意性与盲目性。

（二）投标人数量庞大，监管手段缺失

企业运营机制较为复杂，采购工作是企业经营的核心环节之一，采购涉及的供应商不仅数量庞大，而且种类繁多，采购部门人员有限、精力有限，无法做到对供应商行为进行及时、全面的监管，致使一些诚信缺失、履约能力差、质量问题多的供应商浑水摸鱼，进入企业供应商体系；与此同时，采购部门缺少有效的信息工具，查找、开发优质供应商。

（三）招标采购问题较多，监督体系不完善

以招投标方式进行的采购中，投标人恶性竞争、围标串标、资质借靠、提供虚假材料；代理机构违规收费、诱导评标；评标专家把关不严，依据主观经

验评分；评分体系不够完善，不能有效筛选出质美价优的企业，招标、投标、评标、定标中问题频发，缺少全流程的监管体系，无法保证招投标过程公开公正透明。

（四）供应商问题频发，信息监管不到位

部分供应商巧立名目、变相加价、捆绑销售，扰乱市场秩序；部分供应商以次充好，破坏品牌形象，部分供应商经营状况不佳，导致账款难以追回；部分供应商多次受到相关行政部门的处罚，已经影响正常业务的开展，采购部门由于无法掌握风险信息，导致无法分级分类管理以及保障货物保质、按时供应。

（五）采购部门信用评级手段和能力不强

供应商的信用评级是一项较大的工程，我国关于供应商信用评级的法律法规及相关的管理制度和发达国家还有一定的差距，目前已经建立供应商管理和评价制度的企业，其信用评价的指标维度、模型比较笼统，没有细化，设置不够科学，体系上的不够完整。企业信用管理部门、采购部门基本都不具备采集供应商、投标人的信用信息的能力和技术手段，同时也不具备开展尽职调查的能力。

（六）尚未建立第三方评级机构体系制度

目前大多数企业尚未建立"独立、公正、客观、科学"的第三方评级机构体系，缺乏评价标准、评价模型、系统应用、核实手段、尽职调查团队以及运营团队等。大多数企业尚未利用第三方评价机构的建模、系统搭建、大数据分析、信息核实渠道等方面能力以及服务团队资源开展对供应商的信用、能力评价评级的工作。随着大数据、云计算、AI等技术的高速发展，采购业务、供应商管理方式也随之发生变化，通过基于第三方信用评级机构信用信息数据库，对供应商商业信用履约能力进行评价，制订供应商管理解决方案，有助于解决企业采购和供应商管理中存在的问题。

二、采购和供应商管理指标分析

构建采购和供应商管理指标的主要步骤：

（一）确定评级结果的应用场景

供应商信用评级指标体系的建构以评级结果应用目标为依据，分为信用信息报告、风险预警报告、信用评级报告,应用于采购招标预警、评标信用分制度、履约动态考核等,指标需充分反映应用目的。

(二) 分析受评企业行业特性

供应商信用评级指标体系的建构,首先应将采购企业供应商按照行业特性进行有效分类,结合各个行业的特性,评级的指标体系根据受评对象的行业的特点来建构。

(三) 罗列评级指标

根据受评企业的行业特性与评级结果应用目的确定大致的评价内容之后,需要将测评的内容分解,把它们变成可操作的指标,可以运用工作分析法对工作目标、内容及行为进行分解,把一个工作目标(内容或行为或动作)分解为几个相互联系的子系统,每个子系统下又分若干个子系统,直至每个具体测评项目都能满足可测性的要求为止。一般采用诸如组内成员进行头脑风暴,广泛罗列与之相关的指标,或者针对供应商信用评级项目进行专家咨询,以获取信用评级指标,或者通过查阅相关行业、学科的文献资料来分析受评对象及相关评级指标。

(四) 确定指标结构

在信用评级指标体系的建构过程中,每个行业指标都需要具有一定的层次结构。如在分解评价目标的过程中,将指标与评价目标对应。第一、二、三分析层次的各个项目分别称为一级指标、二级指标、三级指标等,其中一级指标表示评估对象的总体特征,二级指标反映一级指标的具体特征,三级指标说明二级指标的具体内容。专业的信用评级报告甚至可以分为五级指标体系。

(五) 筛选测评指标

对每一个初步罗列出来的测评指标,都必须认真分析研究,界定其内涵与外延,并给予清楚、准确的表述,使测评者、被测评者以及第三者均能明确测评指标的含义,使指标具有明确性。指标的表述特别要注意保证不要有歧义,此外,还要分析测评指标的整个内涵,删除那些重复的指标项。

(六) 指标分值权重设置

任何一个评级指标的计量,均由两个因素决定:一是计量等级及其对应的分数;二是计量的规则或标准。对企业供应商进行信用评价时,将原始评价信息进行初始化或标准化处理，特别是将一些定性的内容转化成定量的指标，也是开展指标体系建立的必要步骤。

（七）修订指标体系

评估指标在大规模的实施之前，还必须在选取一定比例样本开展试测，检查结果的分布情况，适时调整指标权重和标准，同时还要按照测量学的标准对整个测评指标体系进行分析、论证、检验并不断修改，进一步完善与充实，以保证其可靠性和有效性。

商业信用中心在采购和供应商评级中，指标主要涉及公共信用信息、市场信用信息、金融信用信息、采购的历史履约信用信息等，以历史履约信用信息为例，按照采购企业的要求具体选定以下内容作为评级指标项，分别设定确定的指标项的评分分值和权重比。

（一）作为评级指标项的主要内容

1. 近三年内参与投标的情况，主要是参加投标的次数和中标次数，可以反映其对采购支持与否，也可以反映企业采购部门对该供应商的肯定程度。

2. 合同执行情况，包括该供应商提供历史中标合同的中标额度、供货质量情况、供货周期时间、售后服务与承诺等问题是否严格执行，可以反映其守信情况。

3. 投诉情况，一是生产、物流、财务等其他部门有无对其的投诉情况，二是有没有被其他供应商或用户投诉；三是有没有诬告其他供应商的现象，供应商有权进行投诉，但绝不能无中生有，应根据实际情况依法投诉。

基于上述的采购历史履约信用信息内容，初步可以设置相对应的评价指标项，一级指标：交易规模、交易活跃度、交易实力、交易违规、评价投诉等，二级指标：交易金额占比（近三年）、最近交易时间、历史交易规模（近三年）、供货周期评价（近三年）、产品质量评价（近三年）等。涉及历史履约信用信息的评价指标项占整体评分分值的10%～20%，根据各个企业采购部门要求和实际情况设置。

（二）作为评标否决项的内容，具有由各个企业采购部门结合自身要求自行选择设置

1. 提供严重虚假材料谋取中标、成交的；

2. 采取不正当手段诋毁、排挤其他供应商的;
3. 向采购部门、采购代理机构行贿或者提供其他不正当利益的;
4. 历史上有过开标后擅自撤销投标,影响招标继续进行的;
5. 中标、成交后无正当理由拒绝签订采购合同的;
6. 无正当理由拒绝履行合同的;
7. 提供假冒伪劣产品或走私物品的;
8. 拒绝提供售后服务,给采购企业造成损害的;
9. 近三年,有3次以上被生产等部门投诉,不予改正给采购企业造成损害的。

三、采购和供应商管理模型分析

(一)样本选取

1. 选取同类评级结果作为样本库。采集同类型同行业采购部门的信用评级结果作为样本进行模拟评估,重构评估模型。

2. 自主构建样本库。如没有明确的违约数据的情况下,综合采用统计方法和梳理方法构建出样本的目标变量,以生成样本。主要采用聚类算法,将样本聚类,并以类别作为目标变量,再用决策树算法、回归算法等其他算法模型生成分类规则。

(二)分组和设计

样本选取后,模型分组的意义在于区分不同行为模型和数理关系,以提高模型预测的精准度。例如,生产型企业和代理经销型企业的供货能力、周期是有差异的,但是某类自变量和违约率的表现上,趋势十分相似,所以将模型分组,则有效避免相互之间的模型因素的干扰和影响。影响模型结果的变量非常复杂,因此需要根据单个变量的实际预测能力进行筛选,剔除没有预测能力的变量,以缩小变量的范围。常见的模型算法有线性回归分析、非线性回归分析、逻辑回归模型、神经网络模型、决策树模型等。在实际的模型选择过程中,需根据模型性质、评级人员经验等多方面综合因素。

(三)检验结果分布

当采用不同量化评价模型对各受评企业进行分析时,得出的结论可能略有不同。在对受评企业信用结果进行最终确认时，应采用多种模型生成评价结果并进行比对和交叉验证，最终综合各种结论，得出一个科学、合理的信用分值。建立了企业信用评级模型后，评级人员必须要考虑模型的应用效果如何这个重要的问题。在模型投入实际使用之前，必须对模型的预测能力进行评估，即对模型进行验证和检验。

（四）模型检验方法

在对模型进行检验时，经常采用的方法是"保留样本法"，也就是在建立供应商信用评分模型时，将样本随机地分成两部分：一部分用于建立模型，另一部分（称为保留样本）用来对模型进行检验。如果模型对建模样本和保留样本的预测结果都较好，说明该模型比较稳定可靠。

1. 二项分布检验。评级指标中很多数据的取值结果只有两类，正确的与错误的、有与没有、合格与不合格等。从这种二分类总体中抽取的所有可能结果，要么是对立分类中的这一类，要么是另一类，其频数分布称为二项分布。二项分布检验就是根据收集到的样本数据，推断总体分布是否服从某个指定的二项分布。

2. 卡方检验。卡方检验是用途非常广的一种假设检验方法，就是根据统计样本的实际观测值与理论推断值之间的偏离程度，实际观测值与理论推断值之间的偏离程度就决定卡方值的大小，如果卡方值越大，二者偏差程度越大；反之，二者偏差越小；若两个值完全相等时，卡方值就为0，表明理论值完全符合。

3. 似然比检验。似然比检验是利用似然函数来检测某个假设（或限制）是否有效的一种检验。一般情况下，要检测某个附加的参数限制是否是正确的，可以将加入附加限制条件的较复杂模型的似然函数最大值与之前的较简单模型的似然函数最大值进行比较。如果参数限制是正确的，那么加入这样一个参数应当不会造成似然函数最大值的大幅变动。似然比检验是所有具有同等显著性差异的检验中最有统计效力的检验。

四、采购和供应商管理流程分析

（一）确定评级结果的应用场景

企业信用管理部门、采购部门委托第三方评级机构开展"需求诊断分析"，确定企业采购和供应商管理的目的、模式、评级结果的应用方式，需求分析与确认是开展工作的首要条件，由评级专家通过了解企业信用管理部门、采购部门的业务管理模式，制定、发放和收集各种业务数据表单、报告格式等，由采购企业确定具体评级方案。

（二）信用信息档案建立

根据业务和技术需求分析，第三方评级机构和信用管理部门、采购部门共同对历史供应商信用信息梳理，建立信用档案，完善历史存量供应商、新投标人的基础信用信息，确定数据采集来源、数据处理方法、数据采用标准等。

（三）确定信用评估指标

第三方评级机构和信用管理部门、采购部门共同对供应商信用评估指标进行梳理，包括指标名称、指标释义、指标对应原始数据、指标量化方法，建立一套国际一流又符合采购企业自身特色的供应商信用评级指标体系。

（四）构建信用评级模型

根据业务和技术需求分析，在确定的指标体系内，选择合适的样本数据，运用多种梳理计算方法确定最优的信用评级模型，包括确定模型最终采用的指标、将样本分为训练样本和测试样本、运用多种算法确定各级指标权重、模型测试、选出最优模型。

（五）建立尽职调查流程

依据评级模型完成初步评价，将受评企业的信用信息中影响企业信用的有关问题及供应商资料检查中的有关问题列入尽调问题清单，形成尽职调查问卷、尽调资料清单、行程安排表等。

（六）设计开发评级系统

在确定评估模型的基础上，根据评级流程、评级功能、尽职调查、评级报告等，设计开发评级系统，包括供应商信用信息档案管理系统、评级申报系统、企业信用评级系统、供应链金融服务系统等。

（七）设计信用评级报告

设计信用评级报告样板，依据信用模型评估的结果全方位地展示企业的信用状况，主要包括信用评估报告内容构成和信用评估报告版面设计、对评估结果进行信用等级划分和释义，形成信用评级报告样板。

（八）结果和报告的分析应用

在企业采购和供应商管理具体业务中，信用管理部门、采购部门针对采购供应商信用信息档案建立、投标人风险预警、围标串标风险评估、信用评级和评标信用分制度和动态履约实时监测等方面具体应用建立相关办法和制度。

第三节　信用风险预警和动态监测管理

一、信用风险预警管理概述

企业建立和完善采购供应信用风险预警制度，明确信用风险管理目标、管理计划机制、风险防范机制、风险评价机制、风险处理机制和风险责任追究机制等。与此同时，加快相关配套供应商（投标人）准入风险预警管理机制、围标串标审核预警机制、供应商信用等级评价机制等，尽快形成一套完整、实用和操作性强的采购供应信用风险管理体系。

建立供应商（投标人）准入信用风险预警机制，通过准入机制来降低和化解采购风险，在大数据时代和信用经济社会，采用供应商（投标人）信用风险预警管理，发现和分析供应商（投标人）在企业经营中的重大失信行为，作为采购前供应商（投标人）资格审查和准入机制。实行采购前信用风险预警，首要把住采购招标的"准入关"、发放"通行证"，加强事前监督，降低采购风险。

供应商的信用状况直接影响着商品（服务）的供给质量和效率，通过采购前信用风险预警对供应商（投标人）实施信用风险管控，不仅对采购方意义重大，对供应商自身也是一种监督和约束。既保护了采购方的合法权益，保证企业资金的安全和企业经营发展的正常运行，也是下一步建立规范的合格供应商信用评价机制和开展评价的前提，有利于促进构建诚实守信的市场环境。

信用风险预警管理的方法，一是建立健全供应商信用信息档案和标签，利用市场监管总局企业信息数据库做好招标人信息自动核验，保证采购和招标平台企业信息数据录入的准确性，降低错误率，形成企业基本信息自动调取。二是对供应商信用信息资料管理，建立新型的供应商数据库，以市场监管总局全量企业数据作支撑，自动数据更新服务可以自动实时更新企业相关信息，大大提高工作效率，节省人力成本。三是基于信用信息档案库的供应商（投标人）风险预警审核，对存量的供应商管理体系的供应商，以及采购招标时投标人进行全面的信用风险评估，包括基础背景信息、提供产品信息、行业地位、经营状况、服务水平、供应能力等进行综合全面风险预警评估，方便企业实施采购风险准入机制和供应商后期分级分类管理。四是通用对新申请进入的供应商（投标人）进行信用风险预警审核，作出准入资格判断，保障具备守信、质优、价低、合格的供应商进入企业供应商体系，参与企业采购招标工作，对于有重大失信行为和违法行为的供应商（投标人）采取一票否决制，为企业高质量发展提供第一道安全防线。

供应商信用风险预警处理流程如图7-1所示。

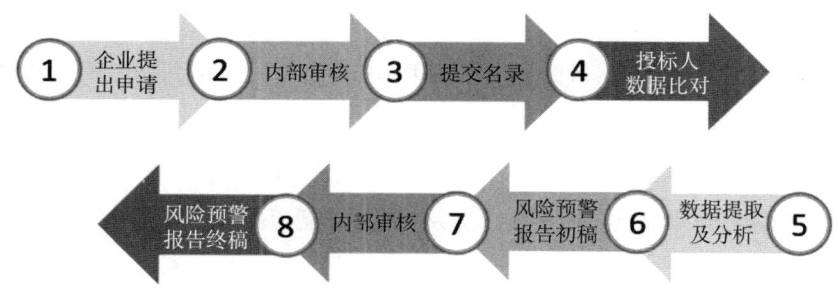

图7-1 供应商信用风险预警处理流程示意图

1. 企业提出申请：企业采购部门和信用管理部门向商业信用中心提出信用风险预警申请。

2. 内部审核：中心针对申请进行内部合规性审核，对于不合规或无法满足的需求进行磋商调整。

3. 提交名录：企业提交需要进行信用风险预警的供应商（投标人）企业名单，与存量历史供应商数据库数据进行比对，确定最终审核的名单。

4. 投标人数据比对：基于市场监管总局全量数据库对名单数据进行清洗，对不规范的名称进行规范，对不存在的企业进行标记/删除等。

5. 数据提取及分析：信用分析人员根据不同的采购招标要求，提取相应的风险项和基础数据项，并依据不同的维度进行整合、汇总、分析。

6. 风险预警报告初稿：基于信用分析人员提供的数据，通过表格、图形的可视化的方式进行呈现，并对关键的风险项统计分析数据进行解读，根据数据分析规律进行针对性的风险预警管理建议，形成报告初稿。

7. 内部审核：信用分析人员完成报告初稿后，交由信用评级师进行审核，保障指标定义、口径等的一致性。

8. 风险预警报告终稿：经过再审过后的报告反馈给企业采购管理部门和信用管理部门。

二、实施采购信用信息公示制度

企业在采购过程中，无论是采用公开招标方式，还是采用谈判采购、询比采购、竞价采购以及框架协议采购等非招标方式，采购部门除了需要将中标（成交）结果公示，还需要将中标人（成交供应商）信用信息公示，作为采购合同签署前的供应商信用风险预警管理措施，保障交易安全，优化采购流程，提高采购运作效率。

供应商信用信息除了供应商信用档案库和信用标签的记录，还应公示其在经营活动中未遵守信用承诺、拒不履行义务、恶意串通等破坏公平竞争和市场秩序的行为，但应当遵循合法、客观、及时的原则，不得侵犯商业秘密和个人隐私。

中标人（成交供应商）需要公示的信用信息中包含企业以及股东、法定代表人、董监高失信行为，主要可以分为特别严重失信行为、严重失信行为、一般失信行为。其中，特别严重失信行为包括违法行为以及列入联合惩戒的行政处罚行为。

特别严重失信行为主要包括：

1. 被司法机关确定为失信的被执行人。

2. 被金融机构确认为严重失信的社会法人和自然人。

3. 被有关部门列入"重大税收违法案件当事人""违法失信上市公司相关责任主体""失信企业协同监管当事人""安全生产领域失信生产经营单位及有关人员""环境保护领域失信生产经营单位及其相关人员"等领域严重失信名单的相关单位和人员。

4. 其他行政管理部门依法依规列入应予从严惩戒名单的严重失信社会法

人、自然人。

5. 被行政主体依法予以行政处罚（市场禁入）并确定为"严重失信"的社会法人。

6. 近5年内提供虚假证明材料谋取中标、成交，或是提供虚假材料进行注册的记录。

7. 近5年内提供假冒伪劣产品的记录。

8. 近5年内与采购人、采购代理机构或者其他供应商恶意串通的记录。

9. 近5年内向采购人或者采购代理机构行贿或者提供其他不正当利益的记录。

10. 近5年内向评标委员会、竞争性谈判小组、磋商小组或者询价小组等成员行贿或者提供其他不正当利益的记录。

11. 近5年内采用捏造事实、提供虚假材料或以非法手段取得证明材料等方式进行虚假、恶意投诉的记录。

严重失信行为主要包括：

1. 近5年内采取不正当手段诋毁、排挤其他供应商的记录。

2. 近5年内拒绝有关部门监督检查或者提供虚假情况的记录。

3. 近5年内中标或者成交后无正当理由拒不与采购人签订采购合同的记录。

4. 近5年内未按照投标文件约定非法将采购合同转包的记录。

5. 近5年内擅自变更、中止或者终止采购合同的记录。

6. 近5年内供应商恶意围标、串标行为记录。

7. 近5年内投标人在投标承诺中隐匿其受行政处罚的记录。

8. 近5年内未按合同规定履行合同义务的，存在延迟交付、不完全履约、偷工减料等情形的记录。

9. 近5年内以电话短信等方式恶意威胁、骚扰采购代理工作人员、采购人代表的记录。

10. 近5年内投标人违反其他公平竞争的原则，有妨碍其他投标人的恶意竞争行为，损害采购人或者其他投标人的合法权益的记录。

11. 采购、信用管理部门认定的其他严重失信行为。

一般失信行为包括：

1. 以不正当手段获得其他投标人的标书信息及一些需要保密的证明材料。
2. 近 5 年内在评审现场故意扰乱开标评标现场秩序的记录。
3. 近 5 年内不配合或采用不正当手段干扰采购质疑、投诉处理工作的记录。
4. 近 5 年内拒不按照法定程序进行质疑投诉，采用虚假陈述干扰采购活动正常进行的记录。
5. 近 5 年内开标后擅自撤回投标文件，影响采购活动继续进行的记录。
6. 近 5 年内中标后未经采购人同意进行拆包、分包的记录。
7. 近 5 年内履约期间向采购人恶意加价的记录。
8. 近 5 年内其他供应商质疑、投诉没有明确的请求和必要的证明材料的记录。
9. 近 5 年内履约期满后，拒不与新的中标单位交接的记录。
10. 近 5 年内以明显低于其他通过符合性审查投标人的报价，且不能证明其报价合理性，经评标委员会认定情况属实的记录。
11. 采购、信用管理部门认定的其他一般失信行为。

三、动态监测管理概述

采购部门和中标（成交供应商）人签署采购合同以后，对于供应商的实时履约情况开展动态监测管理，作为事中监管的重要手段，通过对主体经营信息变更、重大违法行为、特别严重失信行为和严重失信行为、舆情信息等信用信息的实时动态监测。一是实现风险定期扫描，利用公共信用信息、市场信用信息的信用记录数据，定期进行风险扫描，对风险点进行提示，标识存在经营异常变动的供应商以及现在仍有严重失信行为的供应商；二是实现实时在线监控，从企业供应商风险管理的实际需求出发，利用前沿的风险预警评价模型，构建全生命周期管理、风险实时在线监控推送系统；三是分析潜在风险，动态监测现有供应商风险状况，对重大风险进行预警，对关联风险进行提示，开展数据挖掘和分析，提升风险反应速度和应对能力、评估分析签字风险，进行实时管控。

第七章　采购供应管理

（一）动态监测报告流程

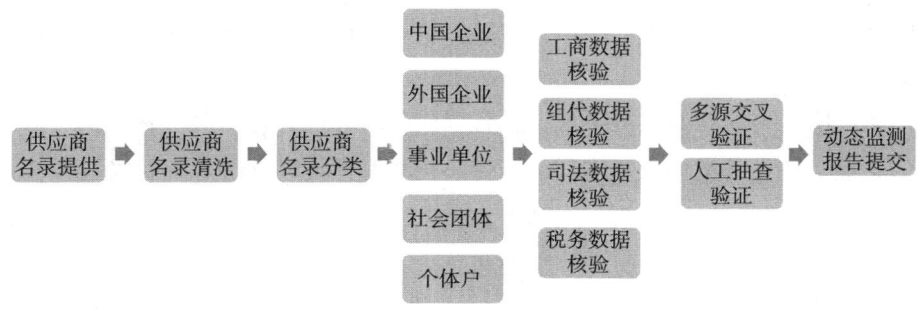

图7-2　动态监测报告流程示意图

1. 系统自动将企业采购系统中供应商名录实时提交到动态监测系统。

2. 供应商名录清洗：对供应商名录中出现的问题进行清洗，包括空格、括号、名称不规范、名称与注册号不匹配等问题进行全面的清洗。

3. 供应商名录分类：按照供应商名录的类别，将供应商名录分为中国企业、外国企业、事业单位、社会团体、个体户等不同的类型的主体进行划分，为分来源进行数据比对作准备。

4. 数据核验：通过不同的数据源，包括市场监督管理总局、全国统一社会信用代码中心、最高法、税务总局等多个数据源对供应商的存续状态、失信行为情况进行核验。

5. 交叉验证：通过多个数据源之间的交叉验证，筛选结果信用信息不一致的数据，人工审核数据不一致造成的原因。

6. 报告提交：提交经人工审核后的报告，向企业采购部门、信用管理部门反馈供应商的信用动态监测结果报告。

（二）动态监测主要内容

动态监测主要关注供应商失信行为风险项，对能够识别的供应商在司法领域、市场监管领域、税务领域等不同部门的失信信息、行政处罚信息进行统计分析。依据风险失信严重等级的不同，对不同等级的风险信息进行分类统计分析。包括通过市场监督总局的企业主体经营状态信息，将异常名录、重大变更项、行政处罚、注吊销的企业进行标记进入监测系统；通过最高法的失信被执行人名单，将供应商库中进入失信被执行人与退出失信被执行人进行标记进入监测系统;通过税务总局的重大税收违法案件名单,将供应商库中仍属于公示期的存在重大税收违法案件的企业与退出重大违法税收案件的企业进行标记进入监测系统;等等。

系统实时反馈动态监测报告,报告风险项统计内容包括对所有涉及司法诉讼的企业、涉及的案件数量进行的统计。对所有涉诉案件所处的阶段进行统计分析,以环形图的方式呈现。对所有裁判文书的时间增长趋势、涉诉的案由、地理空间分布、案件类型分布、涉案角色分布等进行统计分析,以柱图或色阶地图的方式进行呈现。对所有企业的行政处罚信息进行统计分析,包括处罚的来源、行政处罚的数量以及增长趋势等方面,具体包含市场监管行政处罚、税务行政处罚、环保行政处罚、海关行政处罚等。

本章小结

在市场竞争日益激烈的今天,控制采购成本及加强对供应商的管理已成为企业增强核心竞争力的有效途径之一,也是衡量企业发展良好与否的重要标志。采购管理的目标是为企业提供所需的物料和服务,制订合理采购计划,力争最低的采购成本,选择诚信供应商,保持库存投资和损失维持在最低限度,同时保证物料供应不中断的一个办法是保持大量的库存,与信用管理、生产、财务、销售等其他职能部门之间建立良好的工作关系。

为营造健康和谐的经营市场环境,提升企业自身内控和风险管控意识,必须建立和完善投标人风险预警、市场资格准入、供应商信用评价制度,形成一套行之有效的采购和供应商管理方法,包括存量供应商风险排查、投标人风险预警审查、围标串标风险评估、供应商信用评级、评标信用分制度、优质供应商开发。

企业采购和供应商管理需求主要表现在企业信用风险管理意识不够、企业投标人数量庞大监管手段缺失、招标采购问题较多监督体系不完善、供应商问题频发信息监管不到位、采购部门信用评级手段和能力不强、企业尚未建立第三方评级机构体系制度,随着大数据、云计算、AI等技术的高速发展,采购业务、供应商管理方式也随之发生变化,通过基于第三方信用评级机构信用信息数据库,对供应商商业信用履约能力进行评价,制订供应商管理解决方案,有助于解决企业采购和供应商管理中存在的问题。

企业在采购过程中,应建立和完善采购供应信用风险预警制度,明确信用风险管理目标、管理计划机制、风险防范机制、风险评价机制、风险处理机制和风险责任追究机制等内容。与此同时,加快相关配套投标人准入风险预警管理机制、围标串标审核预警机制、供应商信用等级评价机制等,尽快形成一套完整、实用和操作性强的采购招标信用风险管理法规体系。

同时,企业还应建立中标人(成交供应商)信用信息公示制度,在采购过程中,无论是采用公开招标方式,还是采用谈判采购、询比采购、竞价采购以及框架协议采购等非招标方式,采购部门除了需要将中标(成交)结果公示,还需要将中标人(成交供应商)信用信息公示。在采购部门和中标(成交供应商)人签署采购合同以后,对于供应商的实时履约情况还应开展动态监测管理,作为事中监管的重要手段,通过对主体经营信息变更、重大违法行为、特别严重失信行为和严重失信行为、舆情信息等信用信息的实时动态监测。

本章要点

- 采购管理目标
- 供应商管理原则
- 采购和供应商管理办法
- 采购和供应商管理需求分析
- 采购和供应商管理指标分析
- 采购和供应商管理模型分析
- 采购和供应商管理流程分析
- 供应商信用风险预警处理流程
- 动态监测报告流程

本章关键术语

投标人风险预警　评标信用分　动态监测　围标串标风险评估　样本保留法　二项分布检验　卡方检验　似然比检验　严重失信行为　一般失信行为

本章思考题

1. 简述采购和供应商管理目标和原则。
2. 简述采购和供应商管理方法。
3. 简述采购和供应商管理指标分析。
4. 简述采购和供应商管理模型分析。
5. 简述企业历史履约信用信息的指标设置和分析。
6. 简述采购信用信息公示制度的主要公示内容。
7. 简述供应商信用风险预警处理流程。

第八章 商业信用风险转移

第一节 信用担保

一、信用担保的概念与功能

(一) 信用担保的概念

信用担保在世界各国都有悠久的历史。信用担保,是指由专门机构面向社会提供的制度化的保证。信用担保的概念包含三个要点:第一,信用担保是由专门机构提供的担保,而不是由一般法人、自然人等提供的担保;第二,信用担保是一种制度化的担保,即其是在一定的政策、法律、制度、规则框架安排体系之中的担保,是一种标准化、规范化的业务;第三,信用担保是一种面向社会提供的担保,而不是对内部关联机构或雇员提供的担保。

信用担保介入银行与企业、企业与企业之间的交易活动,是由担保方向第三方担保债务方履行债务合同或其他资金契约的责任和义务,其担保效力来自担保方的信用。

在业务性质上,信用担保属于一种特殊的信用中介服务,具有金融性和中介性的双重属性。一方面,按照《中国经济大百科全书》的解释,金融既包括货币资金与信用的融通,也包括货币资金与信用的授受。另一方面,信用担保又具有会计师事务所、律师事务所那种传递信息、提供咨询、促进双方交易成交的作用,并通过提供此项服务而收取佣金的中介服务性质。

(二) 信用担保的功能

信用担保实质上是一种专业担保,它除具有担保的一般功能之外还具有其他特殊功能。

专业担保具有经济杠杆的属性。非专业担保是分散的、没有统一的目标，往往是为满足与担保人有特定关系的债务人的个案需要，而专业担保可以提供集中、系统的担保，从而引导资金和其他经济资源的配置。当专业担保为政府所利用时，就成为贯彻特定经济政策的工具，经济杠杆的属性是信用担保最重要的属性。正是有了这一属性，信用担保才能够引导社会资源、生产要素的流向，并为社会资源、生产要素的动态过程，即资金融通和商品流通提供保障。

信用担保的经济杠杆属性直接由它的放大功能体现。放大倍数是担保机构所提供的担保额与其承担风险的担保资金或资产的比例。一般而言，担保放大比例越高，它对社会所作的贡献就越大，同时，担保放大比例越大，担保机构所要承担的风险也就越大，需要担保机构具备更高的风险控制和风险管理能力。担保机构的担保能力不是一个简单的常量，而是随着担保机构各方面因素的变化而变化。因此，担保放大倍数并不是越大越好。要在担保机构社会贡献率、担保机构风险承受能力、债权人、债务人认可度之间寻找一个适当的平衡点，过高或过低地确定担保放大比例，都会对担保机构的经营和发展带来不利的影响。

合理的担保放大比例应该是与担保机构的担保能力相对应的，担保能力越大，担保放大比率也就越大。担保在法律和经济责任上具有或然性，担保人实际承担担保责任有一个不确定的概率，该概率的存在为担保的放大倍数提供了存在的依据。放大倍数应根据各个担保机构的资金实力、责任比例、操作能力、以往实际业绩记录来确定和调整。但从管理上，难以做到分别确定对各个机构的放大倍数，一般以各机构的平均的综合倍数为参照确定一个可以放大的最高倍数，这个倍数不是很准确的标准，是作为一个最高级限数，最终实际的放大倍数取决于债权人的认可。

二、信用担保方式的选择

信用担保是经济生活中保证债权实现的一种重要的民事法律制度，是保障债权债务合同顺利履行的有效措施，是化解信用风险、提高整个商业界信用状况的有力保障。目前在信用销售活动中的信用担保方式可以归纳为五种：保证、抵押、质押、留置和定金。

（一）信用担保的主要方式

1. 保证。保证是授信方要求受信方提供具有清偿能力的法人、其他组织或者公民作为第三方来担保受信方的付款担保方式。一旦债务方不能按时付款，该担保方就要承担相应的付款责任。

保证的方式分为一般保证和连带责任保证。当事人在保证合同中约定，债务人不能履行债务时，由保证人承担保证责任的，为一般保证。一般保证的保证人在主合同纠纷未经审判或者仲裁，并就债务人财产依法强制执行仍不能履行债务前，对债权人可以拒绝承担保证责任。当事人在保证合同中约定保证人与债务人对债务承担连带责任的，为连带责任保证。连带责任保证的债务人在主合同规定的债务履行期满没有履行债务的，债权人可以要求债务人履行债务，也可以要求保证人在其保证范围内承担保证责任。当事人对保证方式没有约定或者约定不明确的，按照连带责任保证承担担保责任。

由于保证在债务人不能承担责任后，仍可要求保证人代为履行债务，从债权人的角度，有双重的保障，可以分散债权人的信用风险。

2. 抵押。抵押是指债务人或者第三方保证人以其合法占有的财产作为债权的保证。当债务人不能按时履行债务时，债权人有权依法以该财产折价或者以拍卖、变卖该财产的价值优先受偿。抵押担保的基础是抵押物在主合同有效期内具有清偿债务所需要的价值，抵押物可以是单独的财物，也可以是组合的财产，其可以只为单一的主合同提供担保，也可以在其价值内为一批合同提供担保。

抵押担保成立的前提：一是抵押人对抵押物的绝对处置权利，即所有权或使用权派生的处置权；二是共同占有人间抵押意见的一致；三是抵押物具备偿债的价值；四是确保债权人"他项权利"的落实，即抵押物不能被重复抵押。

3. 质押。质押是债务人或者第三方将其财产移交给债权人占有，以该财产作为债权的担保。债务人不履行债务时，债权人有权依照法律规定将质押物折价或者以拍卖、变卖的价款优先受偿。质押分为动产质押和权利质押。动产质押是指债务人或者第三方将其动产转交债权人占有，该动产作为债权的担保；权利质押是指以汇票、支票、本票、债券、存款单、仓单、提单，依法可以转让的股权、股票、商标专用权、专利权、著作权中的财产权以及依法可以质押的其他权利作为质押标的的担保。

无论是动产质押还是权利质押对于债权人都可起到债权保障的作用，有利于信用风险的转移。

4. 留置。留置是指债权人按照合同约定占有债务人的动产，债务人不按照合同约定的期限履行债务的，债权人有权依照法律规定留置该财产，以该财产折价或者以拍卖、变卖该财产的价款优先受偿。留置担保仅仅适用于保管合同、运输合同、加工承揽合同发生的债权，债务人不履行债务的，债权人有留置权。

5. 定金。定金也称为"保证金"，是指债权人要求债务人给付一定金额作为债权的担保。债务人履行债务后，定金应当抵作价款或者收回。债务人不履行债务，无权要求返还定金；收受定金的债权方不履行自己义务时，应当双倍返还定金。定金的数额由当事人约定，但不得超过主合同标的额的20%。定金作为一种担保形式只能部分地转移信用风险。

（二）担保方式的选择

担保方式的选择过程，实际上是对信用风险大小、担保费用高低、获得利润多少的权衡过程。如果对客户的资信信息掌握不齐全、客户要求的信用条件超过信用分析的结果、客户发生异常情况下，而该交易又有利可图时，企业应当采取债权担保措施。在以下几种情况下一般选择担保方式转移信用风险。

1. 与客户第一次往来交易。当第一次与新客户交易时，对其信用状况不是完全了解，应寻求一定程度的担保。信用证或现金交易本质上是担保的一种特殊形式：限制信用。因此，与新客户交易尽量采取现金交易或选用银行信用结算方式；如客户一定要选用商业信用结算方式则应采取担保的方式，以转移信用风险，保障债权的实现。

2. 老客户要求扩大信用交易额。当老客户订货数量突然要求增大时，企业无法准确判断其业务扩大的真实原因时，可要求提供担保。

3. 客户要求改变交易方式。交易方式的改变包括付款方式的改变、付款期限的延长等，企业面临的信用风险增大时，应该要求对方提供付款担保。

4. 客户有异常情况发生。客户异常情况主要包括：客户被别人欠款或官司不断、客户企业改组或经营者易人、经营者健康状况欠佳、客户在行业中排位急剧下降等，客户有这些情况发生时应当要求其提供担保。

三、信用担保的操作流程

债权保证的选用和审批以及索偿是由各个部门通力合作完成的，债权担保的操作流程包括以下几个步骤。

（一）担保申请

信用管理部门依照客户信用分析结果和具体业务客户要求的信用交易条件，审核该业务是否需要担保，进而提出担保申请，并根据信用风险程度提供合理的担保方式。担保申请一般由信用管理部门和销售部门共同提出。

（二）要求担保

销售部门与客户洽商，要求提供债权担保，同时可能在单价等交易条件上作出调整，财务部门重新进行利润核算，并提出单价等交易条件变更的参考意见。

（三）担保审批

各部门汇总意见，制作《审批意见书》，交企业主管审批。

（四）签署合同

在法律部门的参与下，企业销售部门正式对外与债务人、保证人签署《保证合同》或双方之间的《抵押合同》等，同时签订《信用销售合同》。

（五）担保索偿

企业履行交易合同各项义务后，债务人为按期付款，应立即转入担保索偿程序，担保索偿由企业的销售部门和法律部门共同实施。

四、信用担保的注意事项

信用担保需要注意的事项有以下几个方面。

1. 担保合同是主合同的从合同，主合同无效，担保合同也无效。担保合同另有约定的，按照约定。担保合同被确认无效后，债务人、担保人、债权人有过错的，应当根据其过错各自承担相应的民事责任。

2. 保证合同、抵押合同、质押合同、定金合同可以是单独订立的书面合同，包括当事人之间的具有担保性质的信函、传真等，也可以是主合同的担保条款。

3. 抵押物、质押物、留置物折价或者变卖，应当参照市场价格。

4. 第三方为债务人向债权人提供担保时，可以要求债务人提供反担保。

5. 担保活动应当遵循平等、自愿、公平、诚实、信用的原则。所以如果担保合同是在一方欺诈或欺骗的情况下签订的，担保合同无效。

6. 企业在为其他企业提供担保时，应考虑自身的能力并对该企业的偿债能力和资信状况有全面的了解后，再考虑是否提供担保。

第二节 信用保险

一、信用保险的作用和类型

信用保险是在出口贸易或相关经济活动中发生的，是以在信用销售和货币借贷中的债务人的信用作为保险标的，以债务人到期不能履行其债务清偿义务为保险事故，由保险人承担被保险人（债权人）因此遭受的经济损失赔偿责任的一种保险。

（一）信用保险的作用

信用保险的主要任务是对企业和个人的资信状况进行调查、分析和评估，并在长期跟踪调查研究的基础上为客户提供信用保险，帮助其最大限度地将企业的信用风险降至最低点。信用保险在国内贸易和世界贸易中的重要作用主要表现在以下几个方面：

1. 有利于保障债权人利益。信用保险是在商品经济中，由于债务人信用危机的出现导致债权人的经济损失不断增加的情况下，债权人为了保障自己的债权权利而采取的一种保险手段。债权人通过信用保险制度的保障，有效地转移了信用风险，维护了自己的合法、合理利益，是一种行之有效的保障措施。

2. 有利于企业经营的正常运行。信用风险是不确定的，它是否发生以及发生的时间、地点和后果都是不确定的，而保险赔偿具有科学、合理、及时和有效的特点。投保企业一旦遭遇灾害事故损失，就能按照合同向保险公司求偿，及时获得资金，重新购置资产，迅速恢复生产经营，从而可减少受灾企业的损失。企业就能够把不确定的重大灾害损失化为固定的、少量的保险费支出，从而把风险的不确定性转移给保险公司，使企业能够正确地核算成本，保证财务收支平衡，有利于企业经营活动按计划正常进行。

3. 有利于促进信用体系的建立和完善。完善的商业信用管理体系应该包括商业信用法规体系、商业信用信息归集体系、商业信用监管体系、商业信用评级体系、商业信用担保体系、商业信用中介服务体系。信用保险业的发展必然会促进对企业和个人信用风险评估和管理水平的提高，同时，信用保险业的发展必然促进商业信用信息归集体系和商业信用中介服务体系的发展，以及整个商业信用管理体系的完善。目前，我国已经实行存款实名制，但是仅仅建立存款实名制并不能有效化解整个金融市场的信用风险，而信用保险业的发展可以促进我国社会信用体系的建立和完善，从而降低整个金融市场和商业界的信用风险。

4. 有利于促进国民经济的发展。资源的优化发展，保险人是否承保、按照什么价格承保，以及履行投资者和贷款人的职能时，会收集大量的信息，以便对企业、项目和经理人员进行评估。保险人可以通过这种方式显示出市场对有潜力、管理完善的公司的肯定，并推定一国有效配置稀缺的金融资本和增强风险承担的能力。

5. 有利于国际贸易和投资的发展。在国际贸易中，买卖双方相距遥远，货物在运输途中常因灾害事故的发生而遭受巨额损失，所以进出口货物都必须办理保险。保险是在贸易中，尤其是在对外经济贸易和国际经济交往中必不可少的环节。首先，信用保险是国际公认的贸易促销手段；其次，信用保险是出口商获得的前提条件；最后，信用保险是出口商灵活支付方式、开拓新市场、扩大出口的安全保证。信用保险也通过增强顾客的资信来支撑商务活动。

（二）信用保险的类型

信用保险主要分为国内信用保险、出口信用保险两大类。

1. 国内信用保险。国内信用保险又称商业信用保险，是指国内保险公司作为担保人按照被保险人的要求，受债务方约请，为债务方所欠债务承担连带责任的一种保险。其保险的风险产生在商业活动中，一方当事人为了避免另一方当事人的信用风险，而作为权利人要求保险人将另一方当事人作为被保证人，由保险人承担被保证人的信用风险以及这种风险给权利人带来的利益损失，如果被保证人发生保险事故，保险人首先向权利人履行赔偿责任，同时自动取得向被保证人进行代位求偿的权利。国内信用保险保障的是客户因破产、资金短缺、故意赖账等商业信用方面的原因造成的损失，其风险赔偿责任主要是商业信用风险。根据商业活动的类型，国内信用保险主要有以下几种类型的险种。

（1）赊销信用保险。赊销信用保险又称卖方保险，它主要适用于一些以分期付款方式销售的耐用商品。在这种业务中，投保人是卖方，保险人承保买方的信用风险，即在延期或者分期付款过程中买方可能由于各种原因拖延或逃避应该承担的付款义务而对卖方所造成的经济损失。

（2）贷款信用保险。贷款信用保险是保险人对贷款人（银行或其他金融机构）与借款人之间的借贷合同进行担保并承担其信用风险的保险。在市场经济条件下，商业银行的贷款风险是客观存在的，既有借款人经营管理不善或决策失误的原因，又有自然灾害和意外事故的原因。贷款信用保险的保险责任一般应包括决策失误、政府部门干预、市场竞争等风险，只要不是投保人或被保险人的故意行为和违法犯罪行为所致的贷款无法收回，其他行为均可承保。在贷款信用保险业务中，投保人是贷款人（即债权人），当借款人无法归还贷款时，贷款人可从保险人那里获得补偿，然后将债权转让给保险人追偿。

（3）个人信用保险。个人信用保险是以金融机构对自然人进行贷款时，由于债务人不履行贷款合同致使金融机构遭受经济损失为保险对象的信用保险。由于个人的情况千差万别，且居住分散，风险不一，保险人要开办这种服务，必须对贷款人贷款的用途、经营情况、日常信誉、私有财产物等作全面的调查了解，必要时还要求贷款人提供反担保，否则，不能轻率承保。同时，还包括各类企事业单位和社会团体在与具体权利能力和行为能力的自然人发生民事行为中，可能发生的因自然人侵犯而发生的利益损失为保险标的的保险。其中，各类企事业单位和社会团体，即雇主为投保人，作为雇员的具体权利能力和行为能力的自然人为被保证人；保险责任为雇员可能发生的不诚实的行为。

2. 出口信用保险。出口保险是由国内信用保险延伸发展起来的。出口保险是以出口贸易和海外投资中的外国买方信用风险为保险对象,以出口企业在执行出口合同中应当享有的合法权利为保险标的的信用保险,由债权人(出口商或贷款银行)为了保证自己的债权利益向保险公司投保,保险人对被保险人(债权人)因国外买方或借款人起到不能履行清偿债务而造成的相关损失负经济赔偿责任。出口保险是世贸组织允许的一种措施,与出口退税一样,都被视为扶持出口的经济杠杆。出口信用保险保障的是客户因破产、资金短缺、故意赖账等商业信用方面的原因和客户所在国因实施贸易、汇兑限制、发生战争等政治风险方面的原因给外贸公司造成的损失。

出口信用保险一般是由国家财政提供保险准备金的非营利性的政策性保险业务,其目的主要是推动本国的出口贸易、保障出口企业的收汇安全。出口信用保险是出口信用保险人与作为被保险人的出口商之间订立的一种特殊保险协议。按照保险协议,保险公司将赔偿出口商因债务人不能按合同规定支付到期的部分或全部债务所遭受的经济损失。出口信用保险具有政策性比较强、风险大、盈利可能性比较小的特点。

在出口信用保险服务中,根据保单的不同特点,从下列角度对出口信用保险进行划分:

(1)按保单责任开始的时间划分为"出运保险"和"合同保险"。出运保险又可分为货物出运后的保险和货物出运前的买方毁约保险;合同保险指签订合同开始直到合同执行完毕全部收汇为止的对整个出口合司的保险。

(2)按信用期限的长短划分为"短期保险"和"中长期保险"。短期保险指承保期不超过180天,出口货物一般是大批量、重复性的初级产品和消费性工业产品出口收汇风险的一种保险,其是目前各国出口信用保险机构使用最广泛、承保量最大,而且比较规范的出口信用保险种类。中长期保险适用于使用银行买方信贷、卖方信贷或其他方式签订的收汇期在1年以上且一般不超过10年,金额在100万美元以下且通常在1美元以上的出口合同,该保险具有政策性强、保险合同无统一格式、保险机构早期介入、需要提供担保及一次性支付保险费的特点。

(3)按承保的方式划分为"特定保险"和"总括保险"。特定保险即对某一进口商品或某一特定出口合同进行保险,每一份合同出一份保单,一般中长期出口信用保险均采取这种方式投保。总括保险即对每个出口企业签发一份保险单，要求出口企业投保其保单适用范围内的全部出口业务，不能仅选择其中一部分买方或一部分业务投保，一般短期出口信用保险都要求出口企业采取这种方式投保。

同时，根据对出口信用保险险种的不同划分，可以做出不同组合的保单。

二、信用保险的承保范围和除外责任

（一）信用保险的承保范围

1. 国内信用保险的承保范围。国内信用保险与其他保险不同，它保障的是客户因破产、资金短缺、故意赖账等商业信用方面的原因造成的损失。具体地说，信用保险的风险赔偿责任主要是商业信用风险，也称买家风险，包括：

（1）买方破产或丧失偿付能力。

（2）买方拖欠货款超出一定时间（通常规定3个月或6个月）。如果买方在规定的还款期限到期3个月后未履行或仅部分履行规定的还款责任，保险人负责偿还该到期部分的欠款或其差额。如果连续两周未偿还到期欠款，保险人代买方向被保险人清偿第一期欠款，于第二期还款到期3个月后向被保险人清偿买方的所有欠款。

（3）买方在发货前无理终止合同或发货后不按合同规定提货、付款。

2. 出口信用保险的承保范围。出口信用保险与外贸业务人员熟知的出口保险是截然不同的，后者主要是指出口货物运输保险，它保障的是货物在从出口国到进口国的运输途中因自然灾害或意外事故造成的物质损失，是买方不能按质、按量收到货物的损失。出口信用保险突出的是"信用"二字，它保障的是客户因破产、资金短缺、故意赖账等商业信用方面的原因和客户所在国实施贸易、汇兑限制、发生战争等政治风险方面的原因给外贸企业造成的损失。具体地说，出口信用保险的风险赔偿责任如下：

（1）商业信用风险，也称买家风险，包括：买方破产或丧失偿付能力；买方拖欠货款超出一定时间（通常规定为4个月或6个月）；买方在发货前无理终止合同或发货后不按合同规定提货、付款。

（2）政治风险，也称国家风险，包括：买方所在国实行汇兑限制；买方所在国实行贸易管制，如禁止进口或吊销进口许可证等；买方所在国发生债务危机而颁布延期付款命令；买方所在国发生战、动乱等。

（二）信用保险的除外责任

1. 国内信用保险的除外责任。由于下列原因造成买方不按时偿还欠款，导致被保险人的经济损失时，保险人不负责赔偿：

（1）战争、军事行动、核爆炸、核辐射或放射性污染；

（2）因买方的违法犯罪行为以及经济纠纷致使其车辆及其他财产被罚没收、查封、扣押抵债；

（3）因所购商品的质量问题致使买方拒付或拖欠款；

（4）该保险人对买方资信调查的材料不真实或销售手续不全。

2. 出口信用保险的除外责任。无论其他条款如何规定，承保机构对下列损失不负责任：

（1）在交付货物时已经或通常能够获得由货物运输险或其他保险承担的损失；

（2）由汇率变更引起的损失；

（3）由被保险人或代表他的任何人违反合同或不遵守法律引起的损失；

（4）在货物交付运输前，由于买方已违反合同或预期违反合同，被保险人已有权解除或终止合同，但仍向其出口货物而发生的损失；

（5）在交付货物时由于买方没有遵守所在国法律、法令、命令或条款，因而未得到许可证或进口许可证的展期所引起的损失；

（6）由于被保险人或买方的代理人，或被保险人的承运人，或任何有关的银行或金融机构破产、欺诈、违约或其他行为引起的损失。

三、理赔方式

理赔是保险人对被保险人损失的定损赔偿过程，理赔作为信用保险的后续环节，直接关系到被保险人的经济利益，保险理赔主要有自行核实理赔为主和委托相关调查机构进行理赔两种方式。

（一）自行核实理赔

当被保险人获悉保险条款列明的保险责任事故发生时，致使出口损失可能或已经发生，被保险人应在规定的时间内向保险人填报可能损失通知书，损失通知书的内容必须填写完整，而且必须真实、准确。被保险人如果填写不完整，将影响保险人的分析判断和处理时效。

在接到被保险人逾期未付账款通知或可能损失通知书后，保险人应该马上与被保险人取得联系，督促被保险人及时采取避免或减少损失的措施并提醒被保险人注意搜集有关书面材料、单证，包括：详细陈述案件发生经过和处理情况的书面报告函件；证明保险标的的材料；证明索赔涉及的出口已有承保的材料；证明损失原因及金额的材料；证明被保险人已及时履行损失通知义务和采取了一切可以采取的措施减少或避免损失的材料等其他材料和单证。

保险人在接到可能损失通知书和相关资料后，了解事件详情。同时，在审核出运申报、有效信用限额和保费缴纳情况后进行积极处理，针对不同的风险采取相应措施，控制风险，尽力减损。一旦损失确定或赔偿等待期届满时，即正式提赔。

（二）委托相关调查机构进行理赔

从社会分工的角度看，随着经济和保险业的发展，保险理赔调查被专业的调查行业取代，这是符合社会发展理论的，也是被国外市场运作所证明的。而且，从公平的原则而言，保险人身兼保险人和理赔人的双重身份，对于保险人是否应该获得赔偿容易造成偏倚，而调查机构处于第三方的特殊地位，可以提供更为真实客观的调查结果。这些调查机构除了在业务经营上具备专业性外，有些专业调查机构甚至具备强大的境外调查优势。

在保险行业市场化程度很高的国家，理赔调查交由专业调查机构已是一种规范，在我国则是刚刚起步。在美国、英国等市场较为规范的国家，保险人在理赔案件发生时，均交给调查公司进行调查，在依据结果决定是否赔付或是否存在诈保，构成刑事犯罪则移交国家职能部门。所以，在今后的理赔发展中，保险公司会不断地与专业调查机构进行合作。

四、出口信用保险的国际通行做法

为了有效地管理并促进出口信用保险的开展，世界各国普遍选择适合本国特点的出口信用保险运作管理模式，现将国际上通用的出口信用保险的组织形式简要介绍如下。

（一）政府设立特别的机构或部门

为了开展出口信用保险业务，政府单独设立特别的机构或部门进行运作管理，所有承保业务，无论是否属于短期、中期和长期性质的业务，都在政府开设的账户上进行经营和管理。该账户可以是国家授权经营的资本金，或者是根据每年业务量核定授权的资本金。

例如，英国出口信用担保局（ECGD）、澳大利亚出口融资与保险公司（EFIC）、挪威出口信用担保局（GIEK）、日本通产省贸易管理局进出口保险课（EID/MITl），等等。

1. 英国。英国政府于1919年成立了出口信贷担保局，通过承办出口货物的保险和担保业务，减缓外贸信贷风险，便利出口商从银行和其他金融机构得到资金融通，以扩大对外贸易。英国出口信贷担保局属于政府的独立机构，在成立之初须按照议会法案及1948年通过的《出口担保和海外投资法案》从事活动，后几经修改，目前按照1991年议会在1978年颁布的《出口担保和海外投资法》基础上修改的新的法案进行经营和管理。

英国出口信贷担保局的主管单位是英国的贸易工业部，其总裁通过贸易部长向英国的贸工大臣负责。出口信贷担保局代表国家来承做出口信用保险和担保业务，因此与财政部的关系也十分密切。财政部有责任保证和指导ECGD在承担风险上的合理性和分散性。对承保金额超过1亿英镑以上的项目，或是一些特殊性的项目，ECGD需要与财政部协商，经批准后方可承保，实际上这是财政部要求在特殊的重大问题上拥有否决权。但对于一般性的业务和项目，出口信贷担保局有权决定，而财政部也从不干预出口信贷担保局的日常业务。

1991年，英国出口信用担保局几乎将其全部的短期险业务卖给了荷兰出口信用保险局（NCM），而将自己的主要业务集中在中长期出口信用保险和投资保险业务上。由此可以看出，即便是政府设立的特别机构，也与中央政府间的距离日渐拉开，包括商业风险和政治风险在内的短期保险业务日渐私有化。

2. 澳大利亚。澳大利亚于1956年成立了官方出口信贷机构"出口融资和保险公司"，成立之初只是为大宗产品出口提供信用保险服务，通过承担出口信用风险，帮助出口商扩大非信用证支付条件下的出口。其从1974年开始承办直接融资业务。

澳大利亚出口融资和保险公司管理与业务经营的法律依据是《1991年出口融资与出口信用保险公司法》。根据该法律的规定，澳大利亚出口融资和保险公司的主要任务是：通过提供出口信用保险和出口融资服务，鼓励澳大利亚出口贸易；鼓励澳大利亚银行和其他金融机构为出口提供信贷支持；管理联邦政府援助支持的软贷款项目；提供有关出口信用保险和出口融资的信息和咨询服务。

澳大利亚出口融资和保险公司拥有政府拨给的600万澳元（约合460万美元）的资本金。政府对公司业务实行免税政策，并对其债务实行完全担保。政府除了在《1991年出口融资与出口信用保险公司法》中对出口融资和保险公司所能承担、担保的债务的最高限额及所能提供的贷款的最高限额数量作出规定外，在财务管理上，澳大利亚出口融资和保险公司也分设了两个不同的账户管理和经营出口信用业务。"商业账户"下的业务一般要求自负盈亏，"国家利益账户"下主要承保风险高、金额大，对促进出口有重要作用的项目，但事先要向主管部门报告，获得批准。"商业账户"和"国家利益账户"都以国家的财政为最后担保，只不过担保的程度和程序有所区别。

（二）政府成立全资公司

例如，加拿大出口发展公司（EDC）、捷克出口担保和保险公司（EGAP）、芬兰担保委员会（FINNVERA）、香港出口信用保险局（HKEC）、匈牙利出口担保公司（MEHIB）等都是政府成立的全资公司，然而，具体情况又不尽相同。芬兰和匈牙利是有限责任的合股公司，它们具有自己的授权经营资本金及其自身可否接受的最高风险限额，无须考虑政府的意见。

加拿大出口发展公司是以商业金融机构的形式来运作的，它可以在自己的账户上承保，若风险较大，也可以在政府账户上操作，同时，它还是直接贷款人。捷克出口担保和保险公司的短期商业风险业务在自己的账户上，此类业务在私营市场上进行分保（再保险）。所有政治风险（包括短期和长期业务）以及中长期业务的商业风险均由国家专项基金支持。作为有限责任公司，这些出口信用保险机构通常可以将其股份卖给私营公司。

加拿大于1971年成立了出口发展公司，是专门为出口提供信贷、信用保险和担保的金融机构。它不仅利用优惠利率条件向出口企业提供融资，而且向出口商提供政治和商业风险的保险，还提供混合贷款，以及向中小企业提供出口融资支持。

加拿大出口发展公司注册资本为15亿加元，其中大部分信贷资金是以政府信誉在国际资本市场上筹措的，筹资成本低于向财政部直接借款。该公司在发放贷款时，利率完全根据筹资成本确定，国家不给予利率补贴。但对风险大、期限长、商业上不可行但国家利益需要的项目可以列入"加拿大账户"，该账户的项目可以从财政部获得资金支持，因此，加拿大出口发展公司在资金筹措上得到的政府的支持是十分有力的。

加拿大出口发展公司向国会负责，但法律规定需要通过外贸部长，对有些特殊业务问题，须上报外贸部批准并征得财政部同意。在财务核算上，加拿大出口发展公司分两个账户管理项下的业务，即"加拿大账户"和"公司账户"。国家要求，在一般情况下，公司账户应该做到保本经营，无须政府补贴。如果某些项目在商业上有很大风险，但从国家利益和政策上考虑又需要给予支持，这时可以在外贸部的指示和财政部的同意下，将业务记入"加拿大账户"，在此账户下发生的一切赔付责任，均由财政部从国库直接支付，而不致影响到公司账户的效益。分两个不同的账户管理和经营所承担的业务，有利于出口信用机构强化经营管理，控制滥用国库资金，又可以在必须对某些项目给予支持时让项目得到支持。特别是重要的项目、有风险的项目，均由外贸部会同财政部作出决定，可以确保国家外贸政策和财政政策的协调统一。

（三）政府成立控股的有限责任公司

例如，波兰出口信用保险公司（KUKE）、葡萄牙信用保险公司（COSEC）。多数情况是国有公司，也有私人银行所有的。

（四）政府无股份的私营公司，但政府参与保险决策机制

例如，荷兰出口信用保险局（NCM）、法国对外贸易保险公司（COFACE）、德国赫尔姆斯信用保险公司（HERMES）。此类私营公司与政府间达成协议：它们代表政府承保（如HERMES）。近年来，在自营账户上承保的业务量所占份额显著增加。20世纪80年代初，COFACE和NCM的短险业务约有80%分保给政

府（主要是政治风险）。目前，该比例已降至20%以下，而越来越多的短险业务分保进入私营再保险市场。

1. 法国。为了支持法国的出口业务，1946年法国正式成立了法国对外贸易保险公司（COFACE），承担政策性出口信用保险业务。目前，COFACE有两项基本职能，一是经营商业性的出口信用保险业务，二是代表国家承办政策性出口信用保险业务。

关于政策性出口信用保险业务，国家财政经济工业部与COFACE签订了专门的财政协议。首先，财政协议对评估支付COFACE的承办费用作出了规定。其次，对COFACE的服务质量、工作效率和效益也作出了特别的规定。最后，财政协议对佣金的支付问题作出了明确的规定。

为了较好地监督和执行政策性保险业务，国家财政经济工业部在COFACE董事会派驻了2名专员，负责对公司日常运作的监督和管理。另一项特殊机制是，根据保险法典，政策性保险不是私营企业所能够担保的，国家必须承担一切风险。为满足政策性保险和商业性保险的核算需要，COFACE相应制定了分开记账、独立核算的财务管理制度。如属于政策性出口信用保险，COFACE收取的保费收入、支付的理赔费用和追偿的欠款收入，均列入国家政策性业务的核算范围。

COFACE每年向财政经济工业部提出国别出口信用政策的建议，决策权是部际委员会及国家有关政府部门。在规定的国别限额和保险期限之内，COFACE拥有广泛的业务授权。根据风险程度的不同，将国家划分为7类风险等级，保险费率也作相应的规定。最好的国家是1级，COFACE的授权范围是在35000万法郎以下，承保期限不超过7年；最差的国家是第7级，COFACE的授权范围是在400万法郎以下。根据以往的统计，约有50%的政策性保险业务是在授权范围之内，并由COFACE直接办理。未经授权的业务，COFACE预先进行审查并拟出审查意见报告，交由部际委员会讨论。

部际委员会主管国家政策性保险业务，其成员由财政经济工业部国库司、对外经济关系司、预算司、外交部、工业部国务秘书、法国国民信贷和外贸银行、法国发展基金（CFD）以及COFACE的项目代表，如有必要，政府行业主管部门可派代表参加，如涉及农业的有农业部，涉及军工的有国防部，部际委员会的主席由对外经济关系司司长担任。

部际委员会的决策机制采取协商一致的办法，并由对外经济关系司负责协调各方面的意见，但该司司长拥有最后决策的全权。部际委员会每15天召开一次会议，由财政经济工业部对外经济关系司国别处主持。会议首先由 COFACE 介绍项目，通过的项目决议要形成会议纪要，并由对外经济关系司司长签字。

2. 德国。德国于1952年成立了出口信贷银行，其主要任务是为扩大德国出口提供出口信贷。该行发放的出口信贷分为 A、B、C 三种基金。A、B 两种基金是对出口商的信贷，出口商在备货生产期内即可取得信贷资金。C 种基金是对进口商的信贷，出口商在交货或提供设备投入生产时，出口信贷银行才提供信贷。出口信贷银行提供的出口信贷，不仅利率优惠，而且规定只有在有关交易已在德国赫尔姆斯出口信贷保险公司投保后才能取得贷款，从而与出口信用担保机构相配合，取得了很好的信贷效果。

1949年，德国为了明确委托赫尔姆斯保险公司代表政府办理出口信用保险业务的地位，颁布了一项特别立法。法律明确规定，赫尔姆斯保险公司不仅代表政府办理这项业务，而且是以政府的名义提供出口信用保险，是为政府代销这种保险。赫尔姆斯公司在为政府办理业务之后，有权按协议收取一定的费用，但却不承担保险项下的任何赔偿责任。赫尔姆斯保险公司与德国政府的这种关系，在赫尔姆斯保险公司为政府代销的保险单中写得十分清楚。可见，出口信用保险在德国是名副其实的国家保险。

德国通过部际委员会对出口信用保险机构进行监管，部际委员会主要来自政府经济部、财政部、经济合作发展部和外交部。对一些重要的项目，还需征求央行和出口信贷集团专家们的意见。并不是所有的项目均要提交到部际委员会进行讨论和审议。赫尔姆斯保险公司被授权决定500万马克以下项目的承保；经济部和赫尔姆斯保险公司共同组成的一个预委会被授权决定500万马克至1500万马克之间的项目的承保。所以大部分项目并不需要提交到部际委员会讨论和审议。只有当项目特别大，或风险特别高，需要各政府部门共同商议时，才被提交到部际委员会。

从实践上看，德国的部际委员会完全是一个实际的工作性质的机构。委员会的主席由德国经济部对外经济政策司出口保险与融资处的一个副处长担任，部长一般是不参加这个委员会的工作的。部际委员会每三个星期召开一次会议，参加会议的除了各有关部门的官员外，还有赫尔姆斯保险公司的高级业务人员，此外还有12位来自出口界和银行界的特约专家。他们属于荣誉职位，由政府和商会提名，任期4年，不取报酬。在讨论和审批项目的过程中，采取协商和讨论的方式，不采取投票表决的方式，当然，最后会议应作出明确的决定，对提交的项目是承保或是不承保。但是，在有争议的情况下，通常是再进行小范围的磋商，加以协调，或由代表回去向部里请示后下次再议。

（五）进出口银行

例如，美国进出口银行（US EXIMBANK），是一个独立于美国政府的金融机构，提供买方信贷和卖方信贷保险，同时直接提供贷款。

1936年，美国政府正式成立了美国进出口银行（EXIMBANK），专门办理农产品、工业原料和半成品出口的9~12个月的短期信贷，1~5年的中长期信贷，以及更长期的用于机器设备出口的贷款。1945年，美国进出口银行被确定为联邦政府的独立机构，执行美国进出口融资、信用保险和担保服务的功能。

美国进出口银行是一个通过议会立法成立的政府独立机构，由参众两院的独立机构拨款委员会决定拨款。美国进出口银行依据1945年颁布的《进出口银行法》的规定，从事贷款、担保和信用保险等金融业务，以支持美国制成品、农产品及其他产品和服务的出口，维持和增加就业机会，提高国民收入水平。

美国进出口银行不仅由政府拨款设立，而且由政府提供营运资金，其资金来源的主渠道是向联邦政府财政部直接借款，用于发放中长期贷款。截至1998年9月30日，美国进出口银行拥有自有资本金15.7亿美元（其中财政拨付资本金10亿美元、留存收益5.7亿美元）。

美国进出口银行向国会负责，具体地讲，它是由参众两院的"银行业务管理委员会"负责管理，由参众两院的"独立机构拨款委员会"负责拨款。美国进出口银行依据美国《进出口银行法》从事贷款、担保和信用保险等金融业务，以支持美国产品的出口。美国《进出口银行法》于1945年颁布，后经多次修订，十分明确具体地规定了出口信用政策、各项业务的做法以及业务权限和最高限额。强调其宗旨是扩大制成品、农产品及其他产品和服务的出口，维持和增加就业，提高国民收入水平。并且，通过为出口进行融资和保险，帮助私营企业创造和保持在美国的就业机会。它的行长（董事长）、第一副行长（副董事长）及董事会成员，均由美国总统在征得参议院同意后任命。国会对进出口银行的业务经营活动进行监督，进出口银行每年必须向国会递交一份关于其经营状况和竞争力水平的详细报告，对超过1亿美元的所有最终承诺及有关对核电站开发的承诺均需经国会批准。国会还负责批准该行每年度的最高预算计划。原则上讲，美国商业部可以通过下属的贸易促进协调委员会对进出口银行有关的政策发表意见，但却无权就进出口银行的经营等具体问题作出决议。美国财政部也只是按照国会的决定，给进出口银行拨款或贷款，它也不介入进出口银行具体业务的审议，以及具体项目的审批等。美国进出口银行实际上直接向美国国会负责。

第三节　保理

一、保理的概念和种类

（一）保理的概念

"保理"一词是保付代理的简称，英文为Factoring。由于文化背景、商业习惯和发展阶段不同，各个国家和地区对于保理业务的界定也不尽相同，其业务模式、发展路径和发展状况也有较大差别。

1. 国际上对保理业务的定义。国际保理商联合会（Factors Chain International，FCI）将保理业务界定为：保理是融合了资金融通、账务管理、应收账款收取和坏账担保四项业务的综合性金融服务。其在2013年7月修订的最新版《国际保理通则》（*General Rules for International Factoring*，GRIF）中规定："保理合同系指一项契约，据此，供应商可能或将要向一家保理商转让应收账款，不论其目的是否为了获得融资，至少要满足以下职能之一：销售分户账管理；账款催收；坏账担保。"

2. 我国对保理业务的定义。中国服务贸易协会商业保理专业委员会（CFEC）在 2013 年 3 月发布的《中国商业保理行业研究报告 2012》中对保理的描述为："保理是指保理商（银行或商业保理公司）以受让企业因销售货物或提供服务所产生的应收账款为前提，所提供的贸易融资、销售分户账户管理、应收账款催收、信用风险控制与坏账担保等服务功能的综合性信用服务，它可以广泛渗透到企业业务运作、财务运作等方面。只要有贸易和赊销，保理就可以存在，它使用于各种类型的企业。"

一般的保理机构提供的保理业务包括：

（1）向卖方（或出口方）提供信用购买企业的资信调查和资信评估；

（2）接受信用销售合同作为抵押物，或者用立即付款的方式购买债权人的应收账款，为卖方（或出口方）融通资金，包括贷款和预付款；

（3）管理销售分类账并履行关于应收账款的其他财务处理责任；

（4）代理客户的债权，帮助客户追收账款；

（5）承担买方（债务人）无力支付而造成的损失。

早期的保理机构通过购买他人的债权而获利，其不同于保险服务，有时保理服务是一种债权转让交易。信用保险的投保业务为一项交易的合同购买保险后，企业仍然拥有合同或项目的所有权。但是，在企业取得保理服务时，有时债权就卖给或抵押给保理商。经过长期发展，现代的保理服务也很像信用保险服务，而且保理商提供更高的承保比例，可以对信用销售合同额度进行全额担保，费率甚至低于信用保险的费率。

（二）保理的种类

根据形式和效果不同，可对保理服务进行多种分类，在不同类别之间还可以做适当的组合。企业使用保理服务时，可以根据自身的不同需求进行选择。常见的保理服务如表 8 - 1 所示。

表 8 - 1　　　　　　　　　　常见的保理服务

种类	融通资金	收款风险担保	通知债务人	销售财务管理	收取应收账款
综合保理	提供	提供	提供	提供	提供
有追索权保理	提供	不提供	提供	提供	提供
批量保理	提供	不提供	提供	不提供	不提供

续表

种类	融通资金	收款风险担保	通知债务人	销售财务管理	收取应收账款
定期保理	不提供	提供	提供	提供	提供
代理保理	提供	很少提供	很少提供	很少提供	不提供
发票贴现	提供	很少提供	不提供	不提供	不提供
隐蔽保理	提供	很少提供	不提供	不提供	不提供

根据服务的贸易领域不同，保理业务可以分为国内保理和国际保理两大类。国内保理服务于国内贸易，国际保理服务于国际贸易，其中国际保理一般为双方保理，由出口国保理商和进口国保理商共同完成。由于国际保理是保理业务的主要构成部分，以下主要从国际保理的角度对保理业务进行分类。

1. 无追索权保理和有追索权保理。根据保理商对保理业务项下融通的资金是否有追索权，保理业务可以分为无追索权保理和有追索权保理。

在无追索权的保理业务中，保理商一旦根据出口商提供的进口商的名单进行资信调查，并逐一核定了信用限额后，就要在信用限额内购买出口商对进口商的应收账款，并放弃向出口商追索货款的权利。如果进口商由于某些原因无力或拒绝支付货款，保理商不能再向出口商追回款项，只能自己承担进口商无力支付货款的信用风险。这种方式解决了以信用方式销售商品或提供服务的出口商的后顾之忧，但是保理商承担了较高的风险。

在有追索权的保理业务中，销售商仅能拿到享受融资的服务，失去了企业要求规避风险的真实目的。保理商不负责核定进口商的信用限额，也不提供担保，仅提供包括融资服务在内的其他服务。当保理商向出口商提供资金融通后，不论进口商由于何种原因不能支付货款，保理商都有权利向出口商索回已付的款项或拒付应付的款项。这种保理方式适用于进口商信用较好、出口商仅需要融资和货款回收管理的情况。也正由于这些局限性，有追索权的保理在国际保理中应用较少。

但是，如果下列情况之一出现，即使销售商使用了无追索权保理服务，保理商仍然有权追索融资款和不承担担保义务，这些情况包括销售商有明显欺诈行为、不可抗力的意外发生、赊购方对货物的质量提供异议。

2. 公开保理和隐蔽保理。根据出口商与保理商签订协议后，是否将应收账款转让情形告知债务人，将保理业务分为公开保理和隐蔽保理。

公开保理业务是债权转让一经发生，保理商就通知债务人，请其到期直接向保理商付款的保理方式。在使用公开保理时，赊购方明确知道卖方使用保理服务。隐蔽保理的情况则相反，赊购方不知道卖方使用了保理。国际保理大多采用公开保理方式，出口商选择隐蔽保理服务方式，主要出于希望保持买卖双方良好合作关系的目的。

3. 融资保理和非融资保理。根据保理商是否向出口商提供融资款项，保理业务可以分为融资保理和非融资保理。

融资保理，又称预付保理。保理商在收到出口商提交的证明债权转让的发票副本和有关文件后，即对出口商提供不超过发票金额 80% 的垫付款。货款到期后，保理商扣除掉垫付款项和有关的费用和贴息之后，再将余额支付给出口商。非融资保理，又称到期保理。当出口商向保理商提交了证明债权转让的发票副本和有关文件后，保理商不立即付款，而是在付款到期日向出口商支付发票金额。付款到期日通常是保理商根据出口商给予进口商的付款期限计算出的平均到期日，即平均预计收款日。

如果销售的流动资金有限，急需销售后的回笼资金投入再生产，销售商可以选择融资保理服务；如果销售商的流动资金相当充裕，根本无须保理商预付货款，或者销售商可以拿到比保理商融资利息更低的融资时，销售商可以选择非融资保理服务。非融资保理服务提供的主要服务是担保，更类似于保险服务。由于资金的稀缺性，目前在国际贸易中非融资保理正逐步被融资保理所取代。

4. 单方保理和双方保理。根据保理业务中保理商的数量的不同，国际保理可以分为单方保理和双方保理。在国际保理业务中，位于进口商所在地的保理商为进口保理商，位于出口商所在地的保理商为出口保理商。仅涉及一方保理商的保理业务称为单保理业务，涉及双方保理商的保理业务则称为双保理业务。

双保理商保理模式被广泛运用于国际贸易保理业务，其优点：第一，出口商只需要面对本地的保理商，从而避免可能存在的法律环境、商业习惯和语言

第八章 商业信用风险转移

等问题；第二，进口保理商完成对购买商的风险评估和追收欠款等工作，出口保理商负责与出口商的联系工作，从而摆脱了在进口企业资信评估和追收债务时遇到的一些问题；第三，对进口商来讲，只需要通过当地付款的方式把货款交给进口保理商，在特殊情况下，进口商也会通过进口保理商协调解决一些贸易纠纷。

单保理商保理模式一般只在国内保理业务中使用。在每一笔续做保理的业务中，只有一家保理商参与其中，承担从评估、融资、寄单到追收货款、偿付货款的全部工作。由于国内保理业务没有像国家贸易地域差异造成的障碍，减少了工作量和资金周转环节，交换单据简便快捷，最终能以较低的保理费用成交。

二、保理的基本流程和作用

（一）保理的基本流程

国际保理是对传统保理业务的延伸，二者的区别主要体现在服务范围由国内拓展到国际，与国内保理业务相比较，国际保理业务的流程更为复杂，以国际保理业务的基本流程来介绍保理业务的基本流程。

在国际保理中，共涉及4个当事人，即出口商、进口商、出口保理商和进口保理商。具体业务步骤流程如图8-1所示。

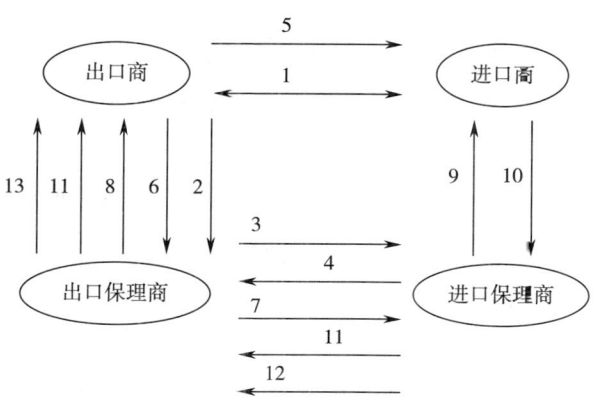

图8-1 保理基本流程

1. 出口商寻找有合作前途的进口商。

2. 出口商根据信用销售贸易的需要，向出口保理商提出承做保理业务的申请，或续做保理的需求，并要求为进口商核准信用额度，这是保理业务的开始。

3. 出口保理商选择进口保理商，并要求进口保理商对进口商进行信用评价。

4. 进口保理商对相应的进口商进行资信调查并逐一确定信用额度，并将其对进口商核准的信用额度或拒绝核准信用额度的通知书交给出口保理商，如进口商信誉良好，进口保理商将为其核准信用额度。

5. 如果进口商同意购买出口商的商品或服务，出口商开始供货，并将附有转让条款的发票寄送进口商。

6. 出口商将证明债权转让的发票副本及有关文件交给出口保理商。在公开型保理业务中，出口商应在发票上载明由此产生的应收账款已转让，债务人应将款项支付给进口保理商。

7. 出口保理商通知进口保理商有关发票详情。

8. 如果出口商有融资需求，出口保理商将向出口商提供不超过发票金额80%的资金融通。

9. 进口保理商凭受让的应收账款于发票到期日前若干天开始向进口商催账。

10. 进口商于发票到期日前向进口保理商付款。

11. 进口保理商将收到的货款全部转付给出口保理商，出口保理商再把货款付给出口商。

12. 如果进口商在发票到期日90天后仍未付款，进口保理商做担保付款。

13. 出口保理商扣除预付货款、融资贴息及其他费用后，将货款余额支付给出口商，并向出口商及时提供对账单。

（二）保理服务的作用

保理业务，特别是国际保理，在从其产生至今这短短几十年经历了迅速发展的过程，交易量已经十分可观，交易范围也正在迅速扩大。这项业务的蓬勃发展是同它自身具有的不可替代的优势分不开的。

1. 保理服务对出口商的益处。

（1）扩大出口营业额。在保理服务的保证下，由于出口商向进口商提供了承兑交单或赊销等优惠条件，出口商的竞争能力得以增强，有利于促成双方的交易，从而可以扩大出口商的出口营业额。

（2）规避收汇风险。由于保理银行承担了由它核定的信用销售额度内100%的进口商的信用风险，因而对于出口商来说，在此额度内发货的收汇风险已被有效控制了，这无疑有助于减少出口商的坏账损失，提高了出口商应收账款的质量。

（3）节省营业费用。由于保理银行负责向出口商提供销售账户管理、债款追收以及对进口商的资信进行调查等业务，出口商可以大大减少营业开支、降低营业成本。

（4）手续简便。由于保理业务采用非信用证结算方式，这就免去了烦琐的催证、审证、改证的手续及相关费用，特别是使出口商不会遭到由于"单证不符"而遭到银行拒付所带来的麻烦。

（5）增加利润。保理服务为出口商带来了综合的经济效益。出口商的出口额上升，业务成本降低，坏账损失得到控制，同时还可以从保理银行获得无追索权的贸易融资，这些有利因素使得出口商可以继续扩大再生产，增加出口，以此获得更多的利润。

2. 保理服务对进口商的益处。

（1）有利于资金周转，扩大营业额。保理业务有利于进口商以先收货后付款甚至待货物售出一定期限后再付款的方式与出口商达成交易，这种优惠的承兑交单或赊销的结算方式使进口商可以在一定期限内不需动用自有资金从事经营活动，并利用其有限的资金来尽可能地扩大营业额。

（2）降低了进口成本。由于保理业务采用非信用证结算方式，进口商可以免交开证押金和有关的银行费用，避免资金占压，降低了运营成本，从而降低了进口成本。

（3）避免了货物风险。保理银行对出口商承担进口商的信用风险的前提条件是出口商必须严格履行贸易合同的各项条款。出口商为了顺利收回货款，通常会按照合同的规定发货并提交单据，这样就确定了进口商可以收到与贸易合同规定相符的货物,从而免受出口商的欺诈,只要收到单据即可提货,并履行到期付款的责任。

(4) 简化购货手续。由于采用了非信用证方式结算,进口商免去了开证、改证等手续,大大简化了购货手续。

(5) 提供风险保障。进口商在国际保理业务中可以仅靠企业的信誉和良好的财务表现而获得信用额度,无须寻求外界担保。

3. 保理服务对保理银行的益处。国际保理是一项综合性金融业务,它需要充分利用保理银行在信息、账务管理、债款回收、信用控制、信用担保和贸易融资等多方面的优势,为贸易双方提供高质量、高效率的金融服务。因此,保理银行可以通过向出口商收取较高的佣金和利息,取得可观的收益。

三、保理注意事项

以下主要介绍我国外贸企业在选择国际保理业务服务时的注意事项,包括:

1. 国际保理业务一般适用于周转快的商品销售,如纺织、服装、体育用品、食品、消遣用品及玩具、家具、鞋类等数量较小、批量多的产品;

2. 需要开辟国际商品领域,且对买方资信情况不了解,而对方又不愿意接受信用证结算时,宜采用国际保理业务;

3. 对过去采用托收方式交易常出现逾期、拖欠货款的客户,可考虑选择国际保理业务服务;

4. 在我方同意对买方采用远期信用销售方式并寻求对应收账款进行有效管理和催收的情况下,宜采用国际保理的结算方式;

5. 遇到因市场和其他条件的变化,我方有可能失去原先以信用证为支付方式的订单,甚者有可能失去客户的情况下,应考虑采用国际保理业务;

6. 必须十分注意遵守出口供货合同,因为保理商只在商品与合同规定相符的前提下才承担付款责任,如由于货物品种、质量、数量、交货期等方面发生纠纷而引起买方不付款,则保理商不承担付款的责任;

7. 保理商只承担信用额度内的风险担保,对超过额度发货的金额,保理商不予担保;

8. 保理商不承担第一付款责任，而只是在进口方倒闭、无支付能力的情况下，在其确认的额度内履行付款责任。

第四节　债权融资

一、债权融资的动因

应收账款发生后，企业除了积极催收以外，还应尽量想办法利用它。利用迎合收账款进行融资，在直接有效地规避信用风险的同时，迅速低成本地为企业筹集了所需资金，开辟了企业融资的新渠道。

利用应收账款进行债权融资的动因有以下几个方面。

1. 企业筹措经营资金的需要。受经济不景气和资金短缺等因素的影响，企业为了推广业务、扩大销售急需筹措短期资金，缓解资金紧张的局面时，利用应收账款筹资的需求便产生了。

2. 企业为了减少管理费用和信用风险，降低收账成本。信用销售产生大量的应收账款，使企业承担了应收账款的管理和催收工作，又有发生呆账、坏账损失的信用风险。通过应收账款的抵押和让售，企业不但可以筹措到急需的经营资金，而且可与金融公司共同承担应收账款的管理责任和风险，降低收账成本。

3. 金融公司的利益驱动和业务拓展。金融公司的利益驱动和业务拓展，使利用应收账款进行融资成为可能。金融公司提供短期、长期的资金融通，其业务主要是承受和收购企业发行的股票、债券，也包括应收账款的抵押与让售，用各种形式融通资金。金融公司以风险和收益作为考虑的基本条件，决定是否接受融通资金的申请。

4. 应收账款融通本身的特点。利用应收账款筹资相比其他筹资方式，其具有以下特点：可以迅速方便地筹措到短期资金，改善企业财务状况；在应收账款让售形式下，应收账款无法收回时，企业一般不承担相应的损失；筹资费用低等。

二、债权融资的准备

应收账款融通关系到借款人、贷款人和客户三方,如何使融通业务正常进行,对三方责任进行协调和约束,以保证商业和金融程序的健康发展,首先必须为应收账款融通创造好的环境,做好应收账款融通前的准备工作。

(一)建立企业的商业信用

企业在给予客户商业信用时,要考虑对方的资信,否则有可能因客户信誉差而难以将应收账款融通出去,只有使应收账款具有可以回收的足够保证,使客户有风险承受能力去开展融通业务,企业才能获得资金融通。商业信用是企业间进行信用销售的基础,同时也是应收账款融通的基础。商业信用的建立,根本上是靠企业自身的实力。只有企业发展壮大,具有较强的盈利能力与成长能力,才能增强企业的信誉,从而建立起必要的良好的商业信用。

(二)建立良好的银行信用

作为企业间往来结算的银行,是以良好的信用为基础,获得企业的信任而从事中介服务的。重建银行信用,首先,应重组地方银行、民营银行,适当引进外资银行,加大银行间竞争。其次,加强对新设银行高级管理人员资格的审查,杜绝有不良记录的人员担任银行关键职务,带动整个金融界人员素质、能力的普遍提高;再次,建立信用制度,改善金融秩序。银行业的竞争,使银行内部要求社会对其信用给予公正的评价,其客观公正的评价将为企业提供存贷款的帮助,使信用良好的银行获取竞争中的优势,从根本上改善现行的金融秩序。最后,加大金融立法,加强行业自律。法律为金融业运作提供了交易的规则,而行业自律则使竞争从利率竞争转向服务质量的竞争,最终确立其良好的银行信用。

(三)建立融通公司

融通公司的产生是建立在商业信用、银行信用良好的基础之上的,充当着对应收账款、票据和债券等融通资金的角色。融通公司一般根据信用部门对各企业、银行及每一笔业务的信用评价,决定是否接受申请及其方式并同申请企业谈判,最终签订融通合同,为企业提供服务,自己从中获得利息或利润。对于融通公司而言,风险性与收益性是其考虑的基本条件。目前,我国的融通公司还较少，但是当商业信用、银行信用得以重建后，融通公司自然会大量产生。

（四）委托专业第三方评级机构

信用评级是为了提高资产和投资的安全性，评估等级必然影响企业和买方，信用等级低，则企业支付的佣金和利息高，融通公司的风险增大。对于融通公司而言，不仅要考虑买方的资信，也要评估卖方的资信，所以第三方评级机构的权威、专业是应收账款顺利融资的前提。在应收账款的抵押或让售前，必须了解债权人和债务人的信用状况，评估企业的信用等级，以判断应收账款抵押和让售的风险，决定是否抵押或让售。企业信用状况和等级不能仅仅依靠融通公司、银行以及向该客户提供信用的其他企业的调查，必须由专业的第三方评级机构为应收账款抵押和让售提供全面、真实的咨询服务和专项信用调查，以降低信用风险。为了保证信用评级的公正性、权威性，信用评级应由独立的评级公司进行。主要关注转让应收账款的信用风险，并且对其跟踪监督和调整信用级别，及时反映变化，以保证融通公司的安全性。

（五）法律体系建设

法律体系规范各个市场主体的行为，判决双方的纠纷，并对违法行为予以制裁。随着经济繁荣、市场扩大、交易复杂，市场中的各种行为都将伴随着风险存在，法律的规范作用愈显重要。商业信用要靠担保法等法律来重建与维持，银行信用的再确立同样得依靠法律来规范，融通公司的风险也要依靠保险法等来分摊。此外融通是基于企业、融通公司和买方的法律合同之上的，依次来详细明确彼此之间的权责，所以要加快相关立法步伐，使利用应收账款进行融资走上法制化、正规化的轨道。

三、债权融资的具体方式及特点

（一）转让

1. 抵借。应收账款抵借是指持有应收账款的企业与信贷机构或代理商订立合同，以应收账款作为担保品，在规定的期限内企业有权以一定额度为限借用资金的一种融资方式。合同明确规定信贷机构或代理商借给企业资金所占应收账款的比率，一般为应收账款的 70%～90%。借款企业在借款时，除以应收账款为担保外，还需按实际借款数据出具票据，如果作为担保品的应收账款中某一账款到期收不回来，银行有权向借款企业追索。

应收账款抵借的特点主要有：（1）抵借是一种循环的自我清偿的贷款，在会计意义上算短期借款，但在财务概念中却可以是长期借款；（2）抵借方继续保留应收账款的权益，同时也要承担坏账的责任。

2. 让售。应收账款让售是指企业将应收账款出让给信贷机构，筹集所需资金的一种方式。企业筹措的资金是根据销售发票金额减去允许客户在付款时扣除的现金折扣、信贷机构收取的佣金以及在应收账款上可能发生的销售退回和折让而保留的扣存款后的余额确定的。扣存款占的比例由双方协商确定，一般为10%左右。应收账款让售后，如果出现应收账款拖欠或客户无力清偿，企业无须承担任何责任，信贷机构不能向企业追索，只能自己向客户追索或者承担损失。

应收账款让售的特点主要有：（1）让售相当于一种销售行为，要确认损益；（2）让售既转移了收款权利，同时也转移了坏账损失风险。

（二）保理

保理是应收账款信用风险转移的主要方式之一，具体内容已在本章第三节中介绍，以下阐述一下保理在应收账款管理中的作用。

1. 获取融资上的好处。保理业务具有资金融通的作用，保理商通过管理应收账款，预先付给企业资金，支持企业的发展。企业一般通过自有资金和银行贷款来保证资金顺利运转，但是对于那些规模小、销售业务少的企业来说，向银行贷款将会受到很大限制，而自身的原始积累又不能支撑企业的高速发展，通过保理业务进行融资可能是企业最明智的选择。

2. 完善销售渠道。推行保理业务是市场分工思想的运用。面对市场的激烈竞争，企业把应收账款让与专门的保理商进行管理，可使企业从应收账款的管理中解脱出来，利用保理商的专业知识、专业技能和信息，建立企业的销售客户关系，完善企业的销售渠道，提高企业的销售能力。

3. 提高收款能力和收款的及时性。由专业的保理公司对企业应收账款进行管理，企业可以减少对应收账款管理上的负担；同时，保理公司有专业技术人员和完善的业务运行机制，通过委托专业第三方评级机构详细地对客户信用状况的调查，建立一套有效的收款政策，保证账款的及时收回。

4. 避免坏账损失。应收账款的业务由专门的保理公司进行管理，可以在很大程度上降低坏账发生的可能性，有效地控制风险，加速资金的周转。

（三）证券化

应收账款证券化重视应收账款的时间价值，有效利用未收回的应收账款，提高企业资产的流动性和变现能力，改善企业财务结构的同时，以较低的成本开拓了新的融资渠道。

1. 进行应收账款证券化融资的通用渠道。

（1）发起人或独立第三方组建特设中介机构 SPV 作为证券发行人，其组织形式可为信托投资公司或资产证券发行公司等，该机构具有独立法人地位，可以获得权威第三方评级机构给予的较高级别的信用等级。

（2）发起人对应收账款进行质量分析，按照合约规定的标准对优质应收账款进行组合，然后委托评级机构评级。

（3）发起人以合约方式将评级后的优质应收账款出售给 SPV，并通知原始债务人。使发起人自身经营风险与证券化应收账款回收风险分离。证券购买者对证券化资产部分发生的风险，可向 SPV 追索，不再向发起人追索。

（4）为了减少投资者的风险，SPV 将所购应收账款向担保公司投保，一旦不能按时收回，由担保公司支付，从而增强了应收账款的信用，提高了信用等级。

2. 应收账款证券化融资的价值。

（1）应收账款证券化提高的资产的流动性和变现能力。应收账款相当于企业提供给债务人的无息贷款。企业的资金被占用却没有利息收入，从机会成本的角度看，企业失去了将等额资金存入银行可得的利息收入或用于投资的收益。应收账款证券化重视资金的时间价值，能有效利用未收回的应收账款为企业融资，提高了资产的流动性和变现能力。

（2）应收账款证券化拓宽了企业的融资渠道。在传统融资方式下，资金供给者主要关注的是资金，较少考虑资金需求者的某些特定资产的质量状况。在应收账款证券化下，投资者则将注意力集中于应收账款组合的质量状况、未来现金流量的可靠性和稳定性，以及交易结构的谨慎性和有效性，而将资产发起人本身的资信能力置于了一个相对较次要的位置。

（3）应收账款证券化改善了企业的财务结构。应收账款证券化的实质是企业的应收账款与货币资金的置换。企业的负债和所有者权益都没有量的变化，只是形式和结构的变化，能够保持原有负债比率和财务杠杆比率，从根本上改变了企业传统融资的风险结构和收益结构，为企业再融资提供了便利。

（4）应收账款证券化能有效降低融资费用。尽管应收账款证券化涉及多项费用支出，如托管银行的托管费用、证券承销商的承销费用等，但是其总的融资成本比率很低。有关资料显示，资产证券化交易的中介体系收取的总费用率比其他融资方式的费用率至少低50个基点。而且，运用成熟的交易结构和信用增级技术，改善资产抵押证券的发行条件，使资产发起人能以高于或等于面值的价格出售证券，加上支付的利率较低，其融资成本必然会大幅度降低。

第五节　其他商业信用风险转移手段

一、信用证

信用证是指一家银行（开证行）按照其客户（开证申请人，买方）的需求和指示，或自己主动向另一方（受益人，卖方）所签发的一种书面约定。根据这一约定，如果受益人满足了约定的条件，开证行将向受益人支付信用证中约定的款项，信用证是银行开立的有条件的承诺付款的书面文件。

信用证交易的流程及法律程序一般遵循如下步骤：

1. 进口商申请开证；
2. 开证行开立信用证；
3. 信用证寄给议付行；
4. 信用证交予出口商；
5. 出口商送单议付并索汇；
6. 进口商与开证行清算，赎单提货。

二、备用信用证

备用信用证是集担保、融资、支付以及相关服务为一体的多功能金融产品，其用途广泛以及运作灵活，在国际商务活动中应用普遍。

备用信用证在开立后就是一项不可撤销的、独立的、要求单据的、具有约束力的承诺。备用信用证的适用领域有国际担保、国际融资等。根据其应用领域的不同划分为：履约备用信用证、预付款备用信用证、招投标备用信用证、对开备用信用证、融资备用信用证、直接付款备用信用证、保险备用信用证、商业备用信用证八种类型。

备用信用证在开立后就是一项不可撤销的、独立的、要求单据的、具有约束力的承诺，具有如下法律性质：

1. 不可撤销性。备用信用证一经开立，除非有关当事人同意或备用信用证内另有规定，开证人不得撤销或修改其在该备用信用证项下的义务。

2. 独立性。备用信用证一经开立，就作为一种自主文件而独立存在。独立于赖以开立的申请人与受益人之间的基础交易合约，又独立于申请人和开证人之间的开证契约关系；基础交易合约对备用信用证无任何法律约束力，开证人完全不介入基础交易的履约状况，其义务完全取决于备用信用证条款和受益人提交的单据是否表面上符合这些条款的规定。

3. 单据性。备用信用证有单据要求，并且开证行付款义务的履行与否取决于受益人提交的单据是否符合备用信用证的要求。备用信用证的跟单性质和商业信用证并无二致，但是后者主要用于国际贸易货款结算，其项下的单据以汇票和货运单据为主；而备用信用证则更普遍地用于国际商务担保，通常只要求受益人提交汇票以及声明申请人违约的证明文件等非货运单据。

4. 强制性。不论备用信用证的开立是否由申请人授权，开证人是否收取了费用，受益人是否收到、相信该备用信用证，只要其一经开立，就对开证人具有强制性的约束力。

三、银行保函

银行保函是银行应申请人的要求向保函的受益人开具的书面保证文件，是有条件承担经济责任的契约性文件。如果申请人未按规定履行自己的义务，给受益人造成了经济损失，则银行承担向受益人进行经济赔偿的责任。

银行保函主要有以下几种类型：投保保函、履约保函、预付款保函、工程维修保函、进口物资免税保函等。

银行保函主要内容一般在招标文件中有具体规定，承包商以申请银行规定的格式出具保函；若招标文件没有具体规定，承包商可通过银行按照国际惯例或征得业主的同意出具保函。保函包括以下几个方面的内容：担保人、被担保人（承包商）、受益人（业主或有关方面）；担保的最高限额和使用货币；有效期限；担保的责任，这是保函的核心内容，应充分、完全、最大化地明确规定双方的责任，以便一方违约时，另一方能获得经济赔偿；索赔条件，即一方违约时，另一方进行赔偿的凭证；保函的失效，一般情况下，超过有效期，即认为自动失效；合同及担保书的修订、适用法律等。

信用保函的办理手续：

1. 申请人需填写开立保函申请书并签章；
2. 提交保函的背景资料，包括合同、有关部门的批准文件等；
3. 提供相关的保函格式并加盖公章；
4. 提供企业近期财务报表和其他相关证明文件；
5. 落实银行接受的担保，包括缴纳保证金、质押、抵押或第三者信用担保等；
6. 由银行审核申请人资信情况、履约能力、项目可行性、保函条款及担保、质押或抵押情况后，可对外开出保函。

本章小结

信用担保介入银行与企业、企业与企业之间的交易活动，是由担保方向第三方担保债务方履行债务合同或其他资金契约的责任和义务，其担保效力来自担保方的信用。信用担保是经济生活中保证债权实现的一种重要民事法律制度，是保障债权债务合同顺利履行的有效措施，是化解信用风险、提高整个商业界信用状况的有力保障。目前在信用销售活动中的信用担保方式可以归纳为五种：保证、抵押、质押、留置和定金。

信用保险是在出口贸易或相关经济活动中发生的，是以在信用销售和货币借贷中的债务人的信用作为保险标的，以债务人到期不能履行其债务清偿义务为保险事故，由保险人承担被保险人（债权人）因此遭受的经济损失赔偿责任的一种保险。信用保险有利于保障债权人利益,有利于企业经营的正常运行,有利于促进信用体系的建立和完善,有利于促进国民经济的发展,有利于国际贸易和投资的发展。信用保险主要分为国内信用保险、出口信用保险两大类。

保理是保付代理的简称,是卖方与保理商间的一种契约关系,主要是为信用销售而设计的一宗综合性金融服务。根据服务的贸易领域不同,保理业务可以分为国内保理和国际保理两大类,其中国际保理又分为:无追索权保理和有追索权保理;公开保理和隐蔽保理;融资保理和非融资保理;单方保理和双方保理。保理服务对出口商的益处有:扩大出口营业额;规避收汇风险;节省营业费用;手续简便;增加利润。保理服务对进口商的益处有:有利于资金周转,扩大营业额;降低了进口成本;避免了货物风险;简化购货手续;提供风险保障。

应收账款发生后,企业除了积极催收以外,还应尽量想办法利用它。利用迎合收账款进行融资在直接有效地规避信用风险的同时,迅速低成本地为企业筹集了所需资金,开辟了企业融资的新渠道。应收账款融通关系到借款人、贷款人和客户三方,如何使融通业务正常进行,对三方责任进行协调和约束,以保证商业和金融程序的健康发展,首先必须为应收账款融通创造好的环境,做好应收账款融通前的准备工作。债权融资的方式主要有:转让、保理和证券化。

其他的商业信用风险转移手段主要有:信用证、备用信用证和银行保函等。

本章要点

- 信用担保的概念与功能
- 信用担保的主要方式
- 信用担保的操作流程和注意事项
- 信用保险的作用和类型
- 信用保险的承保范围和除外责任及其理赔方式
- 出口信用保险的国际通行做法

- 保理的概念和种类
- 保理的基本流程和作用及注意事项
- 债权融资的动因和准备
- 债权融资的具体方式及特点
- 其他商业信用风险转移手段

本章关键术语

信用担保　保证　抵押　质押　留置　定金　信用保险　国内信用保险　出口信用保险　保理　国内保理　国际保理　无追索权保理　有追索权保理　公开保理　隐蔽保理　融资保理　非融资保理　单方保理　双方保理　债权融资　抵借　让售　证券化　信用证　备用信用证　银行保函

本章思考题

1. 简述信用担保的概念与功能。
2. 简述信用担保的主要方式，并对具体的案例选择合理的信用担保方式。
3. 简述信用担保的操作流程和注意事项。
4. 简述信用保险的作用和类型。
5. 简述信用保险的承保范围和除外责任及其理赔方式。
6. 介绍出口信用保险的国际通行做法。
7. 简述保理的概念和种类。
8. 简述保理的基本流程和作用及注意事项。
9. 比较信用保险和保理服务在转移商业信用风险方面的优劣。
10. 简述债权融资的动因和准备。
11. 简述债权融资的具体方式及特点。
12. 利用各种商业信用风险转移手段进行案例分析和操作。

第九章　商业信用管理中的相关法律问题

第一节　签订和履行合同中的法律问题

一、签订合同的注意事项

为防范欺诈行为，减少交易风险，企业之间在签订合同时非常有必要考虑交易对方的主体资格、履行合同能力、信用情况等。主体资格方面应当查看一下对方的营业执照、企业每年申报年报的证明资料、特种行业许可证、其他资质证明等，而不能仅凭其名片、介绍信、工作证、公章、授权书、营业执照复印件等证件。

我国《合同法》第十二条规定了合同的必备条款，这些条款在合同中是必不可少的。当然，由于合同的复杂性，有些条款是需要签约双方或多方另行约定的。根据《合同法》的相关规定，合同条款主要包括两类：一类是根据法律规定或按合同性质必须具备的条款；另一类是当事人一方要求必须规定的条款。在审核合同时，要根据合同的基本要求关注其主要条款是否完备（如标的、数量、质量、价款或报酬、履约、违约责任等），对有可能引起纠纷的条款要予以修补，使其具体、明确、完善。合同条文的用词一定要准确清楚，避免词语含糊，模棱两可，否则，就可能发生纠纷。一般来说对合同条文用词的审核，要集中在主要条款的关键词语上，如合同标的、数量与质量、价格、违约责任等。

（一）总体注意事项

1. 采取谨慎的态度订立合同。
2. 本着诚实信用原则签订合同。
3. 合同的内容要符合法律的规定。
4. 合同要以简练的语言尽可能全面地设定双方的权利和义务，避免因缺乏明确的规定而引发的合同纠纷。

合同成立以前双方不存在合同义务，但此时双方当事人存在一种基于诚实信用原则而产生的先合同义务，因而合同缔结过程中如果一方缔约过失将承担相应的损害赔偿责任，主要是对方信赖利益的损失。

（二）签订涉外合同时的注意事项

1. 维护国家主权的原则订立涉外合同时，不得违反我国的司法管辖权、税收管辖权等，不得有损于社会公共利益和社会道德。
2. 平等互利、协商一致的原则。
3. 适用国际惯例的原则。适用国际惯例是当今国际经济交往的趋势。当前，国际上影响较大的国际惯例有：国际商会制定的《国际贸易术语解释通则》，国际法协会制定的《华沙—牛津规则》，国际法协会500号文件《跟单信用证统一惯例》。此外，还有一些通过标准合同所形成的行业惯例和长期流行于某些行业中的惯例。

（三）其他法律问题

1. 要约的撤销。在生效之前，要约是可以撤回的。要约生效后，要约人是否可以改变自己的想法，去变更要约的内容，或者完全使要约归于消灭，在不同的法律制度下关于要约的撤销问题是有很大争议的。因为如果此时允许要约人自由地撤销要约，那不仅要约的生效变得毫无意义，而且要约在受要约人心中的可信度也大为减弱，使得受要约人无法认真对待、研究和作出承诺。但如果此时绝对不允许要约人变更和撤销要约，那么，由于受要约人没有必须同意要约，或不同意时必须及时通知要约人的义务，在相当多的情况下，要约人就必须做无意义的等待。这不仅对要约人显得很不公平，而且也影响商品交易的效率。

我国对于要约撤销的规定总的原则是要约满足一定条件以后可以撤销，但同时限制了要约的任意撤销,并规定了几种条件下要约不可以撤销,具体包括:一是要约中确定了承诺期限,或者以其他形式明示要约是不可撤销的;二是虽然没有明示要约不可以撤销,但受要约人有理由认为要约是不可撤销的,并且已经为履行合同做好了准备工作。

2. 要约的实质性内容。承诺对要约的内容作出非实质性变更的,除要约人及时表示反对,或者要约表明承诺不得对要约的内容作出任何变更外,该承诺就应当是有效的,合同的内容应当以承诺的内容为准。在合同中有关商事合同标的、数量、质量、价款或者报酬、履行期限、履行地点和方式、违约责任和解决争议的方法等方面的条款都视作要约的实质性内容。对这些内容的变更就是对要约内容的实质性变更,而对要约内容作出实质性变更的承诺,就应以新要约对待。

3. 承诺的表示。在承诺的表示以通知的方式做出时,由于法律对通知的语言形式所依赖的媒体并无特别限定,因此应特别注意以下几点:一是承诺应以足以让要约人能够理解和知悉受要约人真实意图的方式进行;二是涉及重要问题的承诺,最好能以在事后留有凭据的方式进行;三是承诺的传递方式应具有保真性,以防可能的篡改和伪造;四是承诺应以要约人能够及时接到的方式进行,这一点对承诺的要求比对要约的要求更为重要。

4. 确认书。在合同的签订中,合同书的形式,即所谓确认书实际上是指能够证明对方当事人对该协议同意的文字凭据,而不一定要求有特定的格式。因此,还应注意的是:

(1)在现实的商务活动实践中,传真在许多情况下被当作通过电话方式所达成的口头协议的确认书。这在很多情况下是很不可靠的,除非有其他佐证,因为传真是容易伪造的。

(2)信件能否作为其他非合同书形式的合同的确认书,应当依据具体情况确定。以信件形式订立的合同也有一个需要被认定的问题,而且信件的真实性事实上也不一定能为对方当事人所承诺。

(3)签订确认书的时间,在确认书以信件方式做出时,应当以信件上所载明的日期为确认标准,没有日期的以邮戳为准。

(4)确认书应当在所要求的期间内作出。

二、履约合同的注意事项

《合同法》第六十条规定:"当事人应当按照约定全面履行自己的义务。当事人应当遵循诚实信用原则,根据合同的性质、目的和交易习惯履行通知、协助、保密等义务。"合同的全面、实际和诚实履行是减少纠纷的重要原则。

当合同双方就质量、价款或者报酬、履行地点等内容没有约定或者约定不明确而可能影响合同的履行时,当事人应当积极主动地协商签订补充协议,以作为本合同的必要附件。否则,出现纠纷时,主张对方违反合同义务的一方就要承担大量的举证责任,用以证明合同双方适用的交易习惯或行业习惯。显然这将增加诉讼成本,诉讼结果也将出现不确定性。

签约双务合同履行时应注意合理运用法律赋予的抗辩权。《合同法》第六十六条:"当事人互负债务,没有先后履行顺序的,应当同时履行。一方在对方履行之前有权拒绝其履行要求。一方在对方履行债务不符合约定时,有权拒绝其相应的履行要求。"当合同约定双方在同一时间履行给付义务,没有先后顺序,如履行期限均已届满,未履行义务的一方就无权向对方提出履行的要求,因为合同相对方可以以同时履行抗辩权予以抗辩。应当注意的是,同时履行的抗辩权只能起到延期履行的作用,使自己有更充足的时间准备履行,但并不能消灭履行的义务。

另一重要的权利是《合同法》第六十七条赋予的先履行抗辩权。即"当事人互负债务,有先后履行顺序,先履行一方未履行的,后履行一方有权拒绝其履行要求。先履行一方履行债务不符合约定的,后履行一方有权拒绝其相应的履行要求"。由此可知,合同订立时已明确双方履行义务的先后顺序的,对后履行义务一方就具有明显优势。

(一) 履行中的情势变更原则

在合同的履行开始之前或者履行之中,由于某些当事人无法预见、无法避免的客观情势发生了变化,使得一方当事人虽不见得完全失去了履行合同约定义务的能力,但若继续按照原合同约定义务履行,则对该当事人显失公平的,则该当事人可以要求与对方当事人重新协商。协商不成的,可以请求人民法院或仲裁机构按照显失公平的有关条款作合理处理,变更或解除原商事合同,即情势变更原则。合同法中某些条文规定隐含了情势变更的原则，规定了因重大误解和显失公平的情形订立的合同，可以申请人民法院或仲裁机构变更或撤销。

（二）合同条款不明的履行规则

合同生效后，如果当事人在商事合同中就合同的标的质量、价款或者报酬、履行地点等内容没有约定或者约定不明确的，可以通过以下三条基本规则加以确定：一是当事人可以通过协商就没有约定的条款加以补充，或就约定不明确的条款加以明确；二是如果当事人不能就有关问题达成补充协议，则应该按照合同中的有关条款加以分析确定，或者依据有关的交易习惯加以确定；三是如果还不能确定的，根据我国《合同法》的相关规定加以明确。具体的适用规则有以下几条：

1. 合同中就标的的质量要求没有约定或者约定不明确的，应该按照国家标准履行；如果该标的没有相应的国家标准，就应按照相应的行业标准履行；如果相应的行业标准也没有，就应按照通常标准履行或者符合合同目的的特定标准履行。

2. 商事合同就标的的价款或者报酬约定不明确的，除依法应当执行政府定价或者政府指导价的，按照规定履行外，应按照合同订立时履行的同类商品或者同类服务的市场价格履行。特别规定，执行政府定价或者政府指导价的，在合同约定的交付期限内政府价格调整时，按照交付时的价格计价。逾期交付标的物的，遇价格上涨时，按照新价格执行；遇价格下降时，按照原价格执行，这种规定把承担价格风险的责任加到违约方身上，对其明显不利。

3. 商事合同履行地点约定不明确的，如果是给付货币的，在接受货币一方的所在地履行；交付不动产的，在不动产所在地履行；其他标的的，在债务人一方的所在地履行。

4. 商事合同履行期限约定不明确的，债务人可以随时向债权人履行，债权人也可以随时要求债务人履行，但应当给对方必要的准备时间。

5. 商事合同履行方式约定不明确的，协商不成，根据交易习惯又不能确定的，应当按照有利于实现合同目的的方式履行。

6. 商事合同履行费用的负担约定不明确的，又协商不成的，由债务人自己负担。

三、如何防范合同欺诈

（一）加强合同制度的建设

合同制度的建设主要包括三个方面：一是市场监管行政部门、业务主管部门和银行、信用社对合同的行政性管理要加强；二是国家司法机关（人民法院、人民检察院）对合同的法律监督要加强；三是作为合同的主要承担者的企业，自身对商事合同的管理要加强。具体措施有以下几点。

1. 建立健全企业的管理制度，对企业的成立、变更和撤销等，一定要按照《公司法》的有关规定办理，其活动与财务一定要处于国家的有效监督之下。对于没有按《公司法》规定建立起来的公司，一律要依照公司法的规定予以整顿；对于一无资金、二无经营场地、三无固定从业人员、四无材料或货源的皮包公司，必须予以取缔，以清除诈骗分子赖以进行诈骗的条件。

2. 强化对商事合同的管理，完善商事合同的签订、履行、公证、审核和管理制度，切实建立健全商事合同的管理。对合同的印刷、保管和废旧合同的处理要有一套严格的制度和必要的手续，以防流失造成不必要的纠纷，或被诈骗分子借以作案。企业应设置专门的合同管理机构，并配有专职或兼职合同管理人员，有条件的企业应充分发挥企业法律顾问和常年律师的职能作用，凡签订重大商事合同或技术协作、联营协议时，一定要请他们共同研究，认真把关，尽量做到预防和减少经济纠纷，防止被欺诈的可能性，以切实维护企业的合法权益。

3. 强化银行信贷现金管理制度，充分发挥银行、信用社的监督作用。银行、信用社不能只凭一封介绍信、一份合同就将巨款贷出，更不能搞"人情贷款"。只要银行、信用社把住信贷关，诈骗分子要从银行、信用社骗取成千上万的巨款就不可能。为了保证把住信贷关，银行、信用社必须建立健全各项制度，如贷款审批制度、贷款对象调查制度、贷款使用监督制度、企业结算制度、结算凭证鉴定制度等。

4. 市场监管行政管理机关和公证机关，也应建立起一套完善的工作制度。如对申请成立公司时实行资金调查制度，对于申请签订公证的商事合同实行贷源调查制度，对于公司的活动、合同的履行实行监督制度，等等。

5. 建立健全财务管理制度，严格执行国家统一的财政制度，对于签订合同的预付款、定金，实行会计监督；经济往来必须坚持钱货两清原则，使财会工作规范化、制度化，以防止诈骗分子利用预付款、定金等手段进行诈骗犯罪活动。

6. 加强人事管理制度。凡是经济管理工作人员都要具备合格的政治和业务条件，信誉良好，防范来自内部的欺瞒、对外泄密或者内外勾结进行诈骗。

（二）强化商事合同主体的自我保护

在各项经济活动中，要严格遵守国家的法律、法规，坚决反对见钱眼开，见利忘义。商事合同主体及其经济管理人员要知法、懂法、守法，并要掌握和懂得与自己业务有密切联系的法律和规章制度。例如，负责签订商事合同的人员，要懂得《合同法》；负责采购经销的人员要知悉与产品的生产、采购、销售有关的法律，以合法的手段经销获取正当的经济利益，等等。

了解并能识别合同欺诈中的一些基本手段、手法，了解典型案例并通过对案例的分析总结经验教训，提高法律意识，识别诈骗。

提高自身的素质修养，增强责任心和警戒心，不贪利，不轻信。

（三）商事合同欺诈的刑事预防

针对诈骗犯罪的表现形式和特点，对之进行科学的预测并制定配套的防范措施，做到未雨绸缪，防患于未然。

公、检、法三机关要依照刑事诉讼法的规定，分工负责，相互配合，互相制约，以保证准确的执行法律，严厉打击诈骗。

第二节 结算中的法律问题

一、结算方式的选择

（一）常见的结算方式

所谓结算方式，是指用一定的形式和条件来实现各单位（或个人）之间货币收付的程序和方法。结算方式是办理结算业务现行的具体组织形式，是结算制度的重要组成部分。结算方式的主要内容包括商品交易货款支付的地点、时间和条件，商品所有权转移的条件，结算凭证及其传递的程序和方法等。

现行的银行结算方式主要包括银行汇票、企业汇票、银行本票、支票、汇兑、委托收款、异地托收承付结算方式七种。这七种结算方式根据结算形式的不同，可以划分为票据结算和支付结算两大类；根据结算地点的不同，可以划分为同城结算方式、异地结算方式和通用结算方式三大类。其中，同城结算方式是指在同一城市范围内各单位或个人之间的经济往来，通过银行办理款项划转的结算方式，具体有支票结算方式和银行本票结算方式。异地结算方式是指不同城市、不同地区的单位或个人之间的经济往来通过银行办理款项划转的结算方式，具体包括银行汇票结算方式、汇兑结算方式和异地托收承付结算方式。通用结算方式是指既适用于同一城市范围内的结算，又适用于不同城镇、不同地区的结算，具体包括企业汇票结算方式和委托收款结算方式，其中企业汇票结算方式又可以分为企业汇票结算方式和银行承兑汇票结算方式。

(二) 国际贸易的支付方式

国际贸易的支付方式可以分为两大类：一类是收付双方不由银行提供信用，但通过银行办理的方式，包括买方直接汇款方式和托收；另一类是由银行提供信用，收付双方从银行得到信用保证及资金通融的便利，如信用证。

常见的外贸结算方式主要有信用证结算方式、汇付和托收结算方式、银行保证函，以及各种结算方式的结合使用。

二、票据风险和防范

票据作为国际结算中一种重要的支付凭证，在国际上使用十分广泛。由于票据种类繁多、性质各异，再加上大多数国内居民极少接触到国外票据，缺乏鉴别能力，因而在票据的使用过程中存在着许多风险。

(一) 票据风险防范的注意事项

1. 贸易成交以前，要了解客户的资信，通过中介机构对客户进行资信调查，特别是对那些资信状况不明的新客户，以及那些外汇紧张、所在地区落后、国家局势动荡的客户。

2. 对客户提交的票据一定要事先委托银行对外查实，以确保能安全收汇。

3. 贸易成交前，买卖双方一定要签署合法合规、平等、互利的销售合同。

4. 在银行未收妥票款之前，不能过早发货，以免货款两空。

5. 即使收到世界上资信最好的银行为付款行的支票也并不等于将来一定会收到货款，要防止国外不法商人利用伪造的票据及汇款凭证在国内行骗。

（二）汇票的风险与防范

在汇票的使用过程中，除了要注意以上所说的之外，还要注意遵循签发、承兑、使用汇票所必须遵守的原则。

1. 使用汇票的单位必须是在银行开立账户的法人。

2. 签发汇票必须以合法的商品交易为基础，禁止签发无商品交易的汇票。

3. 汇票经承兑后，承兑人即付款人负有无条件支付票款的责任。

（三）如何识别真假本票

1. 真本票采用专用纸张印刷，纸质好，有一定防伪措施；假本票只能采用市面上的普通纸张印刷，纸质差，一般比真本票所用纸张薄且软。

2. 印刷真本票的油墨配方是保密的，诈骗分子很难得到，因此，只能以相似颜色的油墨印刷，假本票票面颜色较真本票有一定差异。

3. 真本票号码、字体规范整齐，而有的假本票号码、字体排列不齐，间隔不匀。

4. 由于是非法印刷，假本票上的签字也必然会假冒签字，与银行掌握的预留签字不符。

第三节　担保中的法律问题

一、国际担保法的规定

担保的作用在于提供信用支持，担保公司凭借自己的信用，为缺乏信用能力的多家企业和个人融得银行贷款。信用担保额的放大倍数是担保机构信用能力的标识，正常的应在自有资金的 5~12 倍。

担保制度产生于简单商品经济条件下，但对西方国家商品经济仍然适用，并在近现代得以继承和发展。近现代西方国家的民商立法均规定了人的担保和物的担保等制度，但在立法上大陆法系和英美法系不同。大陆法系把抵押权、质权和留质权等物的担保统一规定于物法篇中，把人的担保规定于债法篇中；英美法系则将物的担保规定于财产法中，而将人的担保规定在合同法中。

法国民法典是资本主义社会第一部成文民法典。在第 3 编第 17 章规定了动产质权和不动产质权。在第 18 章规定了优先权和抵押权。但在动产担保和不动产担保之间是有区别的，不动产担保一般是不占有的担保，不动产质权仅为例外，后来也很少使用。不动产担保主要是抵押权或对不动产的优先权。存在于两者之间唯一的差别，是技术上的差别（优先权往往被称作优先抵押权）。法国民法上的抵押权包括约定抵押权、法定抵押权、裁判上的抵押权。约定抵押权依当事人的合意设定，但需做成公正证书。法定抵押权是依法律的规定而发生的抵押权。例如于夫之财产上存在的妻之抵押权，于监护人财产上存在的被监护人抵押权；裁判上抵押权是依裁判所发生的抵押权。动产担保一般只有在债务人转移占有的情况下才有效。设定质权的契约为实践性的，以质物的交付为成立要件。

法国民法典上没有规定动产抵押权，但在其他法上有规定。现在已有很多的动产担保并不移转占有。其担保方式有质押、典当、留置等多种。例如，农业留置权、旅馆留置权、工业留置权、浮动担保、汽车质权、船舶抵押权，只要能像对不动产那样创立一种动产：公告制度，以保障第三人的利益，那么这种担保便能充分发挥其作用。动产担保的这些发展又同动产财富的实际发展以及相应的需要建立有效的以动产为担保的信贷有关。

其他国家关于担保物权的规定，与法国大体相同，但意大利法不同。特别是意大利民法上也曾规定了担保物权（例如质权和抵押权），但这些内容不是放在财产（物权）法中，而是包含在民法典第 6 篇关于权利保护的章节中。

德国民法是垄断资本主义的代表，德国法的担保物权包括抵押权、土地债务、质权及留置权等。就不动产来说，德国法上最主要的担保物权是抵押权和土地债务。土地债务与抵押权的区别在于：土地债务是独立于任何请求权的，而约定抵押权同它所担保的请求权是不可分的。约定抵押权又分为流通抵押权和保全抵押权等。对约定抵押权和土地债务的限制可记载于土地登记本内或包含在一份抵押契据中。德国法上不承认占有质的不动产担保，任何一项不动产担保物权都可从非权利人上有效地取得。如果非权利人已将抵押契据登入土地登记本而使它的表现权利合法化，各种抵押权益使不动产担保形式成为一项特殊的通用手段和人们愿意采用的保护借贷的方法。德国法上的抵押以流通抵押为原则，以保全抵押为例外体现出德国法重视担保物权的融资功能。

德国民法上包括动产质权和权利质权，从设定方式二分，质权又包括约定质权、法定质权和扣押质权。动产质权和权利质权常从属于一项基本债权，而且有比所有权转让要求更严格的"公示"方式，例如对动产的间接占有就不能满足成立担保物权"公示"的要求。质权以移转标的物占有为要件，但法定质权和扣押质权有的可不移转标的物的占有，如《德国民法典》第704条规定：旅店主因对其住宿的债权或其他为满足客人的需要而提供给客人的给付连同垫款，对客人携入的物品享有质权。实际上，质权大多是将担保物品的完全所有权移转于担保人作为代替，而由债务人作为代理人或受托人占有该物，德国民法中规定的留置权虽不包含受偿权的内容，但商法中规定的商事留置权却有优先受偿的权能。

瑞士民法对担保物权的规定与德国法十分相似。动产担保有质权和留置权，质权也包括动产质权和权利质权。动产质权原则上以移转标的物的占有为要件，但也承认非占有的质权，如《瑞士民法》第884条规定：动产，经将其占有，移转质权人，始为出质，但法律上有特别规定的不在此限。第885条规定：金融机构及合作社取得对家畜的质权时，为保全债权，经其住所地主管官厅授权并在证书登记本上登记后，不得转移占有。瑞士法上的留置权不仅为拒绝给付权而且有变价权和优先受偿权。

日本法受德国法的影响很深，但日本法上的担保物权，有较大的差异。其最主要的不同点是日本法上规定有不动产质权和优先权，不动产质权是一种用益质权，依《日本民法典》第356条规定：不动产质权人，可以依质权的不动产用法，予以使用收益。不动产质权的期间不得超过十年，以长于十年期间设定不动产质权时间的使用，其期间缩短为十年，对于不动产质权准用关于抵押权的规定，优先权称为先取特权。

英美法上的担保包括不动产抵押典质和留置权等，抵押是指设抵人为担保某项债务的清偿而将其财产交付抵押权人的行为。抵押不需实际移动对设抵人财产实际占有，但设抵人必须将该项财产或其利益的权利交付抵押权人（债权人)。抵押又可分卖契抵押、租业权抵押和衡平法上的抵押等。卖契抵押主要遵照1878年和1882年《卖契法》的规定。所谓卖契是指财产的所有人(让与人)将财产抵押给他人(受让人)的证书;财产的产权已经转移于受让人,但财产的本身仍由让与人保管,卖契有两种:一种是绝对的,另一种是作为借款的担保。卖契的格式必须按《卖契法》的规定。典质是由债务人将财产交给债权人,并由债权人保管,直到债务偿清为止。留置权也分为普通法上的留置权(占有留置权,留置权的存续以占有的持续存在为要件),衡平法上的留置权(对其他留置权而言属于原则的例外,其主张对之有留置权之物,并非为其所占有之物),制定法上的留置权(如海上留置权)。在英美,公司如经组织章程明示或默示的授权,是可以合法的抵押,衡平法上的担保以整个企业作为浮动担保,可以签发期票,或发行债券等方式,将它们的财产作为清偿债款的担保。

定金是合同当事人一方,以确保合同的履行为目的,而预先向他方交付的金钱或其他替代物。因对定金的约束力性质的认识不同,世界各国民法规定的定金类型有所不同。《德国民法典》第336条规定:定金是作为合同成立要件的定金,亦即合同因定金的交付而成立,是成约定金。《苏俄民法典》第209条规定:以定金作为订立合同的证据是证约定金。《法国民法典》第1590条,《日本民法典》第557条则以定金为保留解约权的代价,即给付定金者得以抛弃定金而解除合同。接受定金者,得以加倍返还定金而解除合同,是为解约定金。

保证是以担保债权为目的,为确保债权履行的制度,是基于保证人的信用而为,属人保的范畴。保证的范围具有从属性,《法国民法典》第2013条规定:保证,不得超过债务人负责的范围,亦不得约定较重的条件。《瑞士民法典》第495条、《日本民法典》第448条都有类似的规定。先诉抗辩权又称检索抗辩权,是一般保证人对债权人享有的权利。行使该权利的方式有三种:

(1)债权人必须向保证人证明已向主债务人实际执行而无效果的情况下,才能请求保证人履行,否则保证人可行使先诉抗辩权。《瑞士债务法》第495条规定即属此种立法例。

(2)债权人必须对主债务人进行诉讼内或诉讼外催告,催告后若保证人证明主债务人可以履行的,债权人必须对主债务人强制执行。否则,保证人享有先诉抗辩权,也就是说以催告和检索作为拒绝清偿债务的抗辩,《日本民法典》第452条和第453条即属此立法例。《奥地利民法典》也有类似的规定。

(3) 以检索作为拒绝清偿的抗辩。《法国民法典》第2021条、《德国民法典》第771条即属此立法例。我国《担保法》也属此种。但若债务人住所变更,致使债权人要求其履行债务发生重大困难的,保证人不享有先诉抗辩权。《德国民法典》第773条、《瑞士债务法》第495条都规定了此种情形。保证人享有债务人的抗辩权,《法国民法典》第2036条、《德国民法典》第768条、《瑞士债务法》第506条都有此规定。

共同保证是指两个或两个以上的保证人对同一债务进行担保,以德国、法国、瑞士等国家法律为代表,立法侧重保护债权人的权利,都在法律上规定共同保证人原则上应负连带保证责任。法定的保证范围被称为无限保证。无限保证的范围究竟包括哪些具体内容,各国在立法上并不一致。《法国民法典》第2016条规定:对于主债务的无限制保证包括该主债务的一切附带债务,即通知保证人以后的一切费用,都在保证范围之内。日本也有类似的规定。《德国民法典》第767条规定:保证人的义务以主债务的现状为标准,特别在主债务因主债务人的过失迟延变更时,亦适用之。保证人的义务不因主债务人在其承担保证后所为的法律行为而扩大,保证人对主债务人应偿还债权人的预告解约通知费用即权利诉讼费用,也得负保证责任。

《法国民法典》第2019条不仅对保证人的代偿能力作了要求,而且对其用作代偿债务的财产范围做了严格的限制。保证人承担保证责任后,有权向债务人追偿,《德国民法典》第774条、《奥地利民法典》第1358条、《法国民法典》第2029条称为保证人的代位权,《日本民法典》第459条称为追偿权。如果保证合同预先确定保证债务的最高限额,而主债务的范围缩小到低于保证债务的最高限额的限度时,最高限额是否要缩减到主债务的范围上,不同国家作了不同的规定,《法国民法典》第2013条规定:"超过债务的保证应减除至主债务的限度",我国《担保法》对此无明确规定。但根据债务具有从属性原则,应缩减保证合同,依外国立法例,有的为要式合同,如德国(《德国民法典》第766条)、瑞士(《瑞士债务法》第493条);有的则为不要式合同，如法国（《法国民法典》第2011条）、日本（《日本民法典》第446条）。

大陆法系国家，如德国、法国、瑞士、日本等国相继在19世纪初和20世纪初颁布了各自的民法典，从而确立了较为统一的担保制度，这些国家担保制度的共同点在于不同的担保方式规定在民法典的不同章节，民法典没有专门的担保篇章。关于保证担保，一般规定在民法债权篇里，是作为一种合同来规定的；关于物权担保，一般规定在担保物权里，是作为物权的一种来规定的；关于定金，有的规定在合同总则内容里（德国、瑞士、我国台湾地区），有的规定在买卖合同中（法国、日本），而准用于其他有偿契约。我国《担保法》把具有担保作用的保证合同、担保物权及定金明确规定在一部专门法律中，这在世界法律史上还是首创。

二、我国《担保法》的规定

担保，是指由担保人和被担保人依照法律约束或双方约定，用自己特定财产或权利向债权人保证在其债权不能清偿时，以该财产的交易价值得以优先清偿的法律制度。担保合同项下的担保人所承担的义务独立于担保其良好履行的义务的存在或潜在的未来的损害。

担保分为人的担保和物的担保。担保合同的成立，没有形式上的要求。

担保义务的范围由合同确定，对于债权人与担保人之间关系的规定，鉴于担保合同所完成的担保功能是无条件的，所以担保人不得援引债务人与债权人之间的关系产生的抗辩事由。

我国《担保法》规定保证方式分为两种：一般保证和连带责任保证。当事人在合同中约定债务人不能履行债务时由保证人承担担保责任的为一般保证，一般保证人享有先述抗辩权，即主合同纠纷未经审判或仲裁并就债务人财产依法强制执行仍不能履行债务前，保证人可以拒绝承担保证责任。当事人对保证方式没有约定或约定不明，按照连带责任保证承担保证责任，"连带"是指债务人与保证人对债权人就清偿债务上的连带关系，一旦主债务人到期不能偿还债务，债权人可以请求债务人或要求保证人或一并要求债务人、保证人承担连带保证责任。

三、签订担保合同应注意的法律问题

（一）应避免的几种无效担保

1. 国家机关和以公益为目的的事业单位、社会团体提供的担保。
2. 董事、经理以公司资产为本公司的股东或者其他人提供的担保。
3. 未经批准或登记的对外担保，具体包括：
（1）未经国家有关主管部门批准或者登记对外担保的；
（2）未经国家有关主管部门批准或者登记，为境外机构对外担保的。

（二）在担保不明确时应注意的问题

1. 担保方式不明确。担保方式分为一般保证和连带责任保证。当事人对保证方式没有约定或者约定不明确的，承担连带保证责任。

2. 担保范围约定不明确。保证担保的范围包括主债权及利息、违约金、损害赔偿和实现债权的费用。当事人对保证担保的范围没有约定或者约定不明确的，保证人应当对全部债务即上述所有项目承担责任。

3. 担保期限规定不清楚。保证合同约定的保证期间早于或者等于主债务履行期限的，视为没有约定，保证时间为主债务履行期届满之日起6个月；保证合同约定保证人承担保证责任直至主债务本息还清时为止等类似内容的，视为约定不明，保证期间为主债务履行期届满之日起两年。

一般保证的保证人与债权人未约定保证期间的，保证期间为主债务履行期届满之日起6个月；连带责任保证的保证人与债权人未约定保证期间的，债权人有权自主债务人履行期届满之日起6个月内要求保证人承担保证责任。

在合同约定的保证期间和前款规定的保证期间，债权人未要求保证人承担保证责任的，保证人免除保证责任。

（三）担保时的注意事项

1. 防范担保中的欺诈。对于担保中的财产抵押应注意抵押人是否享有所有权或处分权、防止对方以他人财产做抵押从而骗取他人做保证人或从银行骗取贷款。

不动产抵押须经登记后才能产生效力，但在司法实践中却常常发生有些人虽承诺以自己的不动产设定抵押权，却迟迟不去做抵押权登记，结果使债权人利益受损。

对于抵押物是否已经抵押出去，要进行调查了解，避免抵押所担保的债权额大大超出抵押物的实际抵押价值而发生不必要的损失。对于抵押需用的有关证件、印章、产权证书、有价证券等应注意审核其真实性，避免因伪造的证件而上当受骗。

2. 境外商业信用担保法律问题。由于境外企业担保跨越了两个国家或地区，将同时面临不同国家法律制度的管辖，因此增加了操作上的难度和法律上的风险，需要从业人员谨慎对待，以最大限度降低可能的业务风险。

境外企业担保，通常是指银行在针对有外资背景的境内客户提供各类传统融资服务时，由境外企业以其信用或资产为境内客户因这些融资服务而形成的债务提供担保。

境外企业担保中应当重点关注的法律问题有查册的重要性、签署的真实有效性、传递手续的适当性、担保文件的拟定与法律适用及管辖等。

（1）查册的重要性。境外企业提供担保时，聘请当地有资格的律师做查册工作是一个非常重要的环节。根据冲突法的基本原则，对于企业是否具备从事某项民事活动的资格通常是适用企业成立地（注册地）的法律，而各国立法对于企业的成立、经营范围、存续等的规定往往差别很大。要确保境外企业担保行为的有效，应当确保境外企业依其注册地法律是有效成立和存续的，并具有担保资格，否则即使其出具了担保文件，该文件也有可能因主体资格问题而无效，从而使得银行通过担保防范信用资产风险的目的无法达到。查册还有一个重要的用途，即可供银行了解境外企业的基本经营情况和资产情况，对于银行在评判境外企业的担保能力时也是极具参考价值的。

查册工作通常应委托境外企业所在地律师行进行，律师行会根据要求提供境外企业在当地主管机构最新登记情况，并以律师行的名义出具相关法律意见。律师行提供的法律意见及相关资料对于境外企业担保的有效性具有重要意义，一方面其可保证在境外企业出具担保文件时主体资格无误；另一方面是以法律专业机构的身份向委托人提供了一种保证，如果因其在律师意见书中保证事项的问题导致委托人损失，律师行将承担相应责任。其中聘请律师的费用一般由借款人承担，实践中借款人通常希望简化手续，节省费用，银行在激烈的竞争中为了争取客户，可能会同意借款人的要求，但是这种节省费用埋下的法律风险的隐患是很高的。在实际中要视情况而定，如接受知名的跨国大企业的担保时，在查册方面是可以酌情降低要求，采取变通处理方法的，如委托在境外企业所在地的分支机构、代表处、代理行等进行基本查册工作。

（2）签署的真实有效性。境外企业签署担保文件的情况同样直接对担保文件的效力产生影响。由于空间的限制，银行难以见证境外企业在当地签署担保文件的真实情况，这时同样有必要借助境外企业所在地有资格的律师、公证人员或其他人士见证境外企业有权签字人签署担保文件的情况。

（3）传递手续的适当性。在境外签署的担保文件递交给银行需要经过特别的途径，根据目前我国关于香港地区与内地有关法律文书转递手续方面的规定，香港公司处理与内地有关的法律事务时，应当由司法部委托香港公证人进行公证并加盖中国法律服务公司的转递章，内地司法机关方承认其效力。对于香港以外其他地区，虽无明文规定，但也采用同种原则，即要经过正当合法的转递途径，有关法律文书在国内才具有法律效力，为司法机构所认同。实践中的做法主要有两种：一是委托我国驻境外企业所在地使领馆办理转递手续，这种外交、外事途径的转递是为多数国家认可和采用的，是一项常规性的做法；二是由见证境外企业签署担保文件的律师、公证人员或其他人士直接递交。由于后一种做法并未得到我国立法的明确认可，以这种方式获得担保文书在境内的证据效力具有一定的不确定性，在可能的情况下应尽量采取第一种方法。

（4）担保文书的拟订与法律适用及管辖。在前述手续均合法有效的前提下，境外企业担保对于银行保障程度高低主要取决于担保文件的约定，因此担保文件的内容至关重要，而对于担保文件内容的评判取决于该文件所使用的法律。一般情况下，当事人总是倾向于在法律文书中约定适用自己所在地的立法，但是由于境外企业担保涉及跨越两个法域的问题，因此必然面临如何选择法律的问题。如境外企业是以境内资产提供物权担保，适用于我国立法；在信用担保的情况下，适用我国立法和境外企业所在地立法，要分析各自的利弊选择。适用我国立法可以降低银行的诉讼成本，但对境外企业担保能力认定仍需依其所在地立法，而且执行时要依赖境外企业所在地司法机构予以协助。在实际中，要视具体情况来定，如果境外企业同意适用我国立法，其在境内有可供执行的财产，则应优先考虑适用我国立法；但若境外企业在境内没有可供执行的财产，一旦涉诉可能需要境外企业所在地司法机构协助执行，或者境外企业所在地立法能够为作为债权人的银行提供更为全面的利益保障，可以直接选择适用境外企业所在地立法。

关于司法管辖，由于涉及执行效果的问题，也是十分值得关注的问题。就境外企业提供信用担保的情况而言，仲裁应当是一种比诉讼更为合适的争议解决方式，这主要是基于两个原因：一是目前国际间关于相互承认和执行仲裁裁决的合作远比承认和执行司法文书的合作成功；二是我国现有的审判体制具有一定特殊性。根据现行立法的规定，我国实行两审终审制，在此之外还有审判监督程序，由于审判监督程序的存在，导致经两审终审产生的判决存在被更改的可能。由于法律文书强有力的执行是银行将有关争议诉诸法律的终极目的，因此对于银行来说，选择一种更易得到承认和执行的争议解决方式是极具现实意义的，这也是仲裁在境外企业担保业务中较诉讼更受青睐的原因。

第四节　客户破产的法律问题

一、破产法简介

（一）破产法

破产法，是关于债务人不能清偿到期债务时，对其宣告破产，并强制执行其全部财产，使各债权人得到公平满足，或者与债权人达成和解协议进行法定整顿等法律规范的总称。破产法，是典型的实体法和程序法相结合的法规，因此，它主要包括实体规范、程序规范与罚则等内容。

1. 实体规范。凡规定法律关系权利义务本体的法律，称为实体规范，或实体法。破产法的实体规范主要包括破产债权、破产财产、破产费用以及取回权、别除权、抵消权、追回权等。

2. 程序规范。凡规定实现实体法有关诉讼手续的法律规范，称为程序规范，或程序法。破产法的程序规范主要包括破产的申请与宣告、破产案件的管辖与受理、破产债权的调查与确认、破产财产的管理与分配、债权人会议的章程与任务、和解整顿的条件与执行、破产程序的中止与终结。

3. 罚则。主要规定什么是破产犯罪行为，以及如何处罚的基本原则。各国破产罚则中规定的破产犯罪行为包括欺诈破产罪、过急破产罪、第三人欺诈破产罪、违背提交义务罪、违背说明义务罪以及渎职破产罪等。破产法中的罚则保证了对破产犯罪行为予以惩罚，从而保证了破产程序的顺利进行。

(二) 破产法调整的法律关系

破产法所调整的法律关系，是基于破产事件而发生的破产债权债务关系，是一种特定的债权债务关系，具有对民法中的债权债务关系进行扩充和限制的特征。

破产关系的法律主体是破产债权人、破产债务人。对债务人负有债务而被宣告破产的债务人，是破产债务人；对破产财产享有求偿权的人是破产债权人。或者说，破产债务人是基于破产事件而丧失全部财产所有权的人；而破产债务人，则是基于破产宣告前成立的无财产担保的债权人，或者有财产担保而放弃优先受偿权的债权人。破产债权人和债务人既可以是自然人，也可以是法人。

破产法律关系的内容是破产债权和破产债务，即因破产而产生的权利和义务。具体地说，破产债权人享有从破产财产中得到清偿的权利，负有遵守破产程序的义务；破产债务人负有将全部财产用于清偿债务的义务，也享有得到豁免的权利。

破产法律关系的客体是破产债权人、破产债务人等破产法律关系主体之间的权利和义务所共同指向的对象。

(三) 破产法的作用

确认和处理事实上已形成的破产案件，使不能清偿债务的债务人在宣告破产后尽其所能偿还债务。同时，作为一种法律制度，其以国家意志的强制力为后盾，对于各种违法行为加以惩戒，也规定了无论债权人还是债务人都必须以法律为准绳，正当地行使自己的权利，履行自己的义务。债务人破产还债，债权人则通过合法程序取得偿还。

保证债权人的合法权益。债权人的权益是为法律明确保障的，在破产制度中,要求债务人必须根据法律尽其可能、公平合理地对债务人进行偿付,不得损害债权人的合法权益。如果债务人确实无力清偿债务,按照破产程序,债权人应参与破产财产的分配,以期在尽可能大的范围内实现自己的债权,而对于债务人种种欺诈行为,则要依法追究责任。

淘汰那些经营管理不善、无偿还能力、无可挽救的企业。一些生产企业,生产亏损严重,失去偿还债务的能力,按照破产法,宣告破产,拍卖资产抵偿债务后,被自然淘汰,这对于社会生产活动和稳定社会生产秩序都是有好处的。

具有警戒的作用。破产法的警戒作用是令企业面临破产事实,体会到危机感。在我国,这种危机感仍然是经营企业最为缺乏的。破产法颁布施行之后,可以使不同的企业,开始对自己的现状进行思考,预防危机的到来。

(四)我国当前的破产法规范

在我国,目前还没有统一的破产法,构成现行破产制度的只有一些适用特定主体的破产法规,而且我国现行的破产法的范围仅适用于企业,即《企业破产法》。

二、破产预防

(一)法律程序预防

实行企业破产法,是市场经济的需要,要提倡企业之间的竞争,允许企业破产,并规范企业破产。但是对将要破产的企业,能挽救的通过整顿办法尽量挽救,无法挽救的再通过法定程序破产,促进企业优胜劣汰,同时促使企业竭力扭亏为盈,促进经济健康发展。因此,对企业破产还要进行有效的预防。法律规定的预防债务人破产的程序主要包括和解和整顿两个程序。

(二)主体内部预防

建立健全的企业财务管理制度,使财务管理科学化、规范化、透明化。只有使企业的财务状况在内外监督管理下形成良好的运转,才能防范诸如资产流失以致无力清偿债务等问题。

增强相关职能部门对企业经济财务监管的力度。各相关职能部门应互相协作、互通信息,加强对企业经营、资金运转、贷款、贷款归还、其他财产状况和债务状况方面的监管，及时反馈并提出防范措施，预防破产。

促进破产企业树立正确的破产观念，在必要时按照法律程序申请破产，以使债权人损失最小化。

三、破产对策

对于符合破产法按法律程序宣告破产的企业，要保证债权人的合法经济利益按法律要求得到切实保障。要通过法律程序最大限度地满足债权人的经济利益，保护各个债权人公平受偿。

在企业宣告破产后，破产清算是企业破产核心工作的重要内容。按照破产法的规定，法院自宣告企业破产之日起 5 日内便要组织成立清算组，清算组接管破产企业的一切破产账册、文书、各种资料印章等，进行破产企业财产保管、清理、估价、变卖、分配，决定是否履行未履行完毕的合同，交付属于他人的财产，追收破产企业在法院受理破产案件前 6 个月至破产宣告之日期间内非法处理的财产等。清算组随时或定期向法院报告清算工作的进展情况，对法院负责，清算完毕后，提请法院终结破产程序，解散清算组。

第五节　其他相关的法律问题

一、商业信用立法

就经济意义而言，当一国市场上的信用交易方式占主流时，其市场规模就会成倍扩大。这种方式不仅能够适应国际贸易的需要，还能有效地拉动内需，增加就业机会。但是，扩大成熟的市场信用交易体系是建立在先进的商业信用体系之上的，而商业信用体系的支柱之一就是完善的信用立法。

完备的商业信用法规体系是商业信用行业健康规范发展的基础和必然要求。从发达国家的经验看，信用立法工作是一个长期过程。从实践角度考虑，我国的信用立法工作难以在短期内完成，但建立完善的商业信用体系客观需要有完备的信用法规体系作为保障。在这种情况下，可以从两方面推进信用立法工作：一是应充分借鉴发达国家在商业信用方面的法律法规，在此基础上以比较完备的行政管理规定的形式颁布,尽早为信用中介机构的发展奠定制度框架。发达国家的法规体系还有一个特点,即法律处于不断修订完善的过程中,因此,先以部门规章的形式出现,也将为今后正式法律的出台积累经验。二是抓紧研究,率先出台与信用行业直接相关的基本法,如可先出台《信用报告法》,对信用行业的管理定下基本的制度框架,以促进信用行业规范健康发展。

二、我国商业信用法律保护的现状

"有法可依,有法必依,执法必严,违法必究"是社会主义法制的基本准则。但我国关于信用的法制相对薄弱,大大削弱了法制对市场秩序的规范力量。

信用管理有关法律应该起到的作用包括惩罚失信的责任人、保证信用管理行业的发展、规范信用管理行业的行为。在市场经济发展比较成熟的国家,一般都有较为健全的国家信用管理体系,包括立法和执法,我国在这方面存在一定的不足,法律体系尚待进一步完善。我国的《民法通则》《合同法》《反不正当竞争法》《刑法》中都有诚实守信的法律原则,如《民法通则》第四条规定:"民事活动应当遵循自愿、公平、等价有偿、诚实信用的原则";第七条又规定"民事活动应当尊重社会公德,不得损害社会公共利益,破坏国家经济计划,扰乱社会经济秩序"。《反不正当竞争法》第十四条规定,经营者不得对竞争对手的企业信誉、商品信誉进行损害。但这些仍不足以对社会的各种失信行为形成强有力的法律规范和约束,立法仍然滞后。我国到目前为止,虽然国务院多个部委省市都制定了信用体系建设相关条例、办法等,但是国家层面还没有制定关于商业信用管理和制度的专门法律。对于不履行合同拖欠贷款、逃废债务,在法律界定上没有明确是民事纠纷还是刑事犯罪,即使构成刑事犯罪,惩处力度也较轻,更没有行政执法的规定,还有些法律法规已不能适应市场经济发展的要求,这给失信企业可乘之机,而且有些法规在关于信用规则的规定性存在不合理之处,出现"规制失败"。

三、我国商业信用法律的发展趋势

(一)法律会成为商业信用体系的重要组成部分

商业信用体系的正常运转需要法律的支撑,我国要使商业信用真正的市场化,就要像西方发达国家一样,使商业信用信息像商品一样可以合法合规地买卖。银行对企业的商业信用记录不良的客户不提供贷款,不发放信用卡,企业化形成了市场信用的无形约束。这一切都需要法律来进行保障,商业信用体系的建设离不开法律制度的建设。

(二) 建立商业信用保险制度

信用信息的企业化是事前防范的措施,但市场的风云变幻往往出人意料,因此还是会出现债务人不能偿付债务的客观情况。因此,在建立事前防范的信用体系的同时,必须建立相应的风险分散制度,将债权不能实现的风险,依靠社会力量来承担。对此,可以借鉴欧美国家的做法,由担保机构采用发行担保证券的方式,将担保的风险分散给大众。

(三) 完善商业信用风险救济法律制度

对于信用风险的救济主要依赖信用担保法律制度和破产制度的完善。

1. 商业信用担保。商业信用担保主要有两种形式:(1) 以受信人自身的资金提供担保,其局限性在于担保资源有限;(2) 第三方担保,它可分为两种形式,一种是专业的担保机构提供担保,另一种是信用保险制度。信用保险方面我国主要是《保险法》加以调整。在专业担保机构方面,近些年来我国各地纷纷成立信用担保中心,但有关这方面的法律却不够完善。鉴于这种担保的专业性、集中性特点,单纯用《担保法》很难对它进行完善的调整,应当单独立法,对担保机构的成立、职能范围、与政府的关系及提供担保的程序和违反担保合同的救济方面作出规定。

2. 破产制度。破产制度相对于信用担保制度而言,具有事后救济的特点。我国的破产法适用范围过于狭窄,不符合市场主体平等原则,可操作性不强,应对其进一步完善。把适用范围扩大到不具有法人资格的企业、合伙组织、个人独资企业、个体工商户和自然人,做到公平偿债。参考国外经验,建立完善的个人破产制度对保护企业信用非常有利。个人破产在一定程度上对个人有惩戒的作用。法院在受理个人破产案件后的法律后果上,应当限制其高消费行为,并以公告形式向社会公布,同时,也应从法律上限制破产人今后从事某种职业的资格。

(四) 完善立法、增强执法力度

支持信用发挥作用的外在机制中,法律的作用显得尤为重要。法律作为上层建筑，它受制于经济基础，但同时对于经济基础又有巨大的反作用，它可以推动和促进社会经济制度的变革和社会经济的发展。要真正建立信用机制，法律不可或缺。对于信用法律制度，我国不仅要借鉴外国信用法律体系建设的成功经验，还要结合中国国情建设，既要有中国特色，又能适应经济全球化的要求。

1. 完善商业信用法律制度。完善相应的法律法规，包括国家保密法、企业银行法、合同法、反不正当竞争法等法律法规。在法律修订中要注意必须开放哪些数据，以及如何开放。例如修改后的企业银行法应该明确，何种企业银行的数据可以开放、取得企业银行数据的方式、数据处理和传播的限制、信息数据的企业化以及有关信息企业化以后的经营方式。具体而言，中国当务之急是加快立法进程，借鉴西方等发达国家的经验，形成一套完整、系统的规范信用活动的法律体系。

2. 加强执法、提高失信成本。市场主体趋利避害是市场经济的客观规律，只有在失信行为付出的代价大于其获得的利益时，市场主体间的信用关系才能形成良性循环。我国一直对失信行为缺乏强有力的法律制裁措施，造成失信成本低的现象，是赖债现象成风的直接原因。我国应加大对失信主体的执法力度，明确其赔偿责任甚至实施惩罚性赔偿，增加失信成本，让违法的失信者得不偿失。同时，各执法部门应转变观念、严格执法，以营造良好的执法环境。各执法部门及监督部门的工作规则和程序应力求透明、高效，应从过去主要靠行政审批管理转变为靠法律、法规来管理。除此之外，应当在司法领域引入竞争机制，完善诉讼程序，构筑公司诚信。

3. 完善商业征信制度。当前，我国在商业信用上立法的当务之急是建立和完善企业征信制度。首先，要强制公开有关信用数据。明确数据公开的部门、单位、企业，明确公开的范围和内容；明确需要保密的内容和范围，数据公开的时限；明确有义务公开数据而采取多种方式拒绝公开者应承担的法律责任。其次，要保障公开数据的真实性。有法律义务公开信用数据部门、单位、企业，要对其公开数据的真实性负责，对于提供虚假信息者，要承担相应的民事责任和行政责任，严重者还应承担刑事责任。再次，规范信用数据的使用行为，要明确信用数据使用的规则，信用数据修复方法，信用数据允许公开查询的期限。最后，要制定规范征信中介机构行为的行业制度。对于中介机构的准入规则,从业条件,从业人员的资格以及违规惩处都要做明确规定。

(五) 政府的行为规范是法律发挥作用的条件

政府对商业信用的相关法律规定主要应限制在以下几个范围:一是规范信用交易的法律,如合同法;二是促进信用信息公开和保护的法规,如平等信用信息法;三是规范信用信息服务机构的法规;四是对失信行为的惩罚法规。

一切部门和地方都必须与党中央在政治上、思想上和行动上保持高度一致,打破地方保护主义做到政令畅通,令行禁止。建立合理的对各级政府的考核标准,坚持摒弃一切损害全局利益的所谓"能人"和"政绩"。同时,各级政府要把建立信用经济,保证本地区的信用作为自己的主要责任,采取各种措施,用党纪、政纪和法律法规使各种不讲信用的行为受到处罚和制裁。

(六) 企业内部商业信用管理制度的完善有利于更好地发挥法律的效用

企业内部商业信用管理,是提高市场交易信用程度的前提和基础。加强商业信用管理,可以大幅度减少因授信不当导致合约不能履行以及受信企业对履约计划缺乏管理造成违约现象的发生。不仅如此,企业加强信用管理还可以形成对失信企业和机构的约束机制,使信用记录不良的企业在各企业的客户管理中就被拒之于外,使其丧失活动的机会和空间。对于一个失信企业而言,受到的最大的惩罚不是走上法庭,不是高额罚款,而是来自同行业产业链条、供应链条上交易伙伴的排斥,是因为没有人愿意和他做生意而最终被迫退出市场。

对于商业信用管理,国外有先进的经验可以借鉴,那就是建立3+1的科学管理模式,即运用3个信用管理机制和建立1个内部信用组织机构。这3个机制分别是前期信用管理阶段的风险评估预警、尽职调查和信用评价机制、中期信用管理阶段的债权保障机制和实时信用动态监测机制以及后期信用管理应收账款管理和回收机制以及失信行为公示、联合惩戒机制。1个组织机构就是要在企业内部建立一个信用管理的部门。具体而言,信用管理主要解决的就是采购招标中供应商管理和信用销售中应收账款的问题,要有效控制供货质量、周期、成本及赊销拖欠风险,就要对交易各环节进行信用管理,在交易过程每个环节的基础管理工作都做到了,风险自然被控制了。

本章小结

商业信用管理中涉及的法律问题包括:签订和履约合同中的法律问题;结

算中的法律问题；担保中的法律问题；客户破产的法律问题；商业信用法律法规的相关问题。

本章要点

- 签订和履约合同中的法律问题
- 结算中的法律问题
- 担保中的法律问题
- 客户破产的法律问题
- 商业信用法律法规的相关问题

本章思考题

1. 简述签订合同和履约合同中会遇到的法律问题。
2. 简述防范合同欺诈的方法。
3. 分析案例，选择合理的结算方式。
4. 简述票据风险的防范方法。
5. 介绍国际担保法的相关规定。
6. 简述我国担保法的相关规定。
7. 简述签订担保合同应当注意的法律问题。
8. 简述破产预防的方法和债务人发生破产后的对策。
9. 简述我国商业信用法律保护的现状。
10. 简述我国商业信用法律的发展趋势。

参考文献

[1] 朱毅峰，吴晶妹. 信用管理学 [M]. 北京：中国人民大学出版社，2005.

[2] 吴晶妹. 信用管理概论 [M]. 上海：上海财经大学出版社，2005.

[3] 布赖恩·科伊尔. 信用风险管理 [M]. 周道许，关伟，译. 北京：中信出版社，2003.

[4] 叶陈毅. 企业信用制度论 [M]. 北京：中国财政经济出版社，2006.

[5] 吴晶妹. 现代信用学 [M]. 北京：中国金融出版社，2002.

[6] 林钧跃. 企业与消费者信用管理 [M]. 上海：上海财经大学出版社，2005.

[7] 关伟，袁星煜，周泽伽. 第三方信用机构发展与变革 [M]. 北京：中央编译出版社，2017.

[8] 林钧跃. 第三代企业信用管理理论及其特点 [J]. 征信，2014（1）.

[9] 马占芳，符晓波. 现代信用简论 [M]. 北京：中国社会科学出版社，2004.

[10] 李敏，张美灵，韩家平. 企业信用管理 [M]. 上海：复旦大学出版社，2004.

[11] 王亚卓. 现金流、应收账款、存货管理必备手册 [M]. 北京：经济科学出版社，2006.

[12] 约翰·G. 塞莱克. 应收账款管理最佳实务 [M]. 程淑珍，译. 北京：经济科学出版社，2006.

［13］宋志勇．信用销售管理实务［M］．广州：广东经济出版社，2002.

［14］魏文静．企业信用管理［M］．北京：高等教育出版社，2015.

［15］朱荣恩，徐建新．现代企业信用分析［M］．上海：上海三联书店，1995.

［16］赛西尔·邦德．信用管理手册［M］．北京华译网翻译公司，译．北京：中国人民大学出版社，2004.

［17］潘华．商业信用管理概论［M］．北京：中国书籍出版社，2015.

［18］陈文晖．中小企业信用担保体系国际比较［M］．北京：经济科学出版社，2002.

［19］钟晓鹰．企业征信原理［M］．北京：中国金融出版社，2004.

［20］李新庚．信用论纲［M］．北京：中国方正出版社，2004.

［21］孙智英．信用问题的经济学分析［M］．北京：中国城市出版社，2002.

［22］李瑞强，邢颖，杨涛．无规矩不成方圆——信用与法律规范［M］．北京：经济日报出版社，2002.

［23］孙国志，张炎培．企业信用调查实务［M］．北京：中国青年出版社，2005.

［24］朱荣恩，丁豪梁．企业信用管理［M］．北京：中国时代经济出版社，2005.

［25］罗伯特·科恩，朗·米什勒．消费者与企业信用管理［M］．北京华译网翻译公司，译．北京：中国人民大学出版社，2004.

［26］孙京雷．企业信用销售［M］．北京：中国金融出版社，2004.

［27］石晓军，陈殿左．信用治理［M］．北京：机械工业出版社，2004.

［28］关伟．企业信用管理［M］．北京：中国人民大学出版社，2009.

［29］刘宏程．赊销与风险控制［M］．北京：中国社会科学出版社，2002.

［30］高秀屏．企业信用管理［M］．上海：上海财经大学出版社，2013.

［31］李晓安，阮俊杰．信用规制论［M］．北京：北京大学出版社，2004.